아리야와사 법문

• 성자의 집 경 해설 •

제6차 결집 질문자 최승대현자

마하시 사야도

번역 허가증

ဗုဒ္ဓသာသနာနုဂ္ဂဟအဖွဲ့ချုပ်
မဟာစည်သာသနာ့ရိပ်သာ
အမှတ်-၁၆၊သာသနာ့ရိပ်သာလမ်း၊ဗဟန်းမြို့နယ်၊ရန်ကုန်မြို့။

ဖုန်း - ၅၄၅၉၁၈
၅၄၁၉၇၁
ဖက်စ် - ၂၈၉၉၆၀
၂၈၉၉၆၁
သံကြိုးလိပ်၊မဟာစည်

Buddha Sāsana Nuggaha Organization
MAHASI SĀSANA YEIKTHA
16, Sāsana Yeiktha Road,BaHan TSP, Yangon.(MYANMAR)
Email - Mahasi-ygn@mptmail.net.mm

Phone: 545918
541971
Fax-No. 289960
289961
Cable: MAHĀSI

Date 1 January 2016

အကြောင်းအရာ ။ ။ ကိုရီးယားဘာသာဖြင့်ပြန်ဆို၍ စာအုပ်ရိုက်နှိပ်ထုတ်ဝေရန် ဗုဒ္ဓသာသနာနုဂ္ဂဟအဖွဲ့ချုပ်မှ ခွင့်ပြုခြင်း။

ကိုရီးယားနိုင်ငံတွင် မြတ်ဗုဒ္ဓ ထေရဝါဒ သာသနာပြန့်ပွားရေးအတွက် ကျေးဇူးတော်ရှင်မဟာစည်ဆရာ တော်ဘုရားကြီး၏ အောက်ဖော်ပြပါ တရားစာအုပ်(၁၀)အုပ်ကို ပထမအကြိမ်အဖြစ် မြန်မာဘာသာမှ ကိုရီးယား ဘာသာသို့ ပြန်ဆို၍ ဓမ္မဒါနဖြန့်ချီရန် တောင်ကိုရီးယားနိုင်ငံ အန်ညန်းမြို့၊ ကိုရီးယားမဟာစည် ရိပ်သာမှ ဥက္ကဋ္ဌဆရာတော် ဦးသောဓနအား အောက်ပါစည်းကမ်းချက်များနှင့်အညီ ဆောင်ရွက်ရန် ခွင့်ပြုပါသည်။

ဘာသာပြန်ဆိုရမည့် ကျမ်းစာအုပ်များ

(၁) မဟာသတိပဋ္ဌာနသုတ် (ပါဠိနိဿယ)
(၂) ဝိပဿနာအလုပ်ပေးတရားတော်၊
(၃) ဝိပဿနာအခြေခံတရားတော်၊
(၄) ကမ္မဋ္ဌာန်းတရားအားထုတ်ရခြင်းအကြောင်း၊
(၅) ဓမ္မဒါယာဒသုတ်တရားတော်
(၆) အရိယာဝါသတရားတော်၊
(၇) စူဠဝေဒလ္လသုတ်တရားတော်၊
(၈) တက္ကသိုလ်ဝိပ္ပသိုလ်ဝိပဿနာတရားတော်၊
(၉) ရှစ်ဖြာမဂ္ဂင်နိဗ္ဗာန်ဝင်တရားတော်၊
(၁၀) သတ္တပဥသုတ်တရားတော်

စည်းကမ်းချက်များ

၁။ ဤခွင့်ပြုချက်သည် မူပိုင်ခွင့်ပေးခြင်းမဟုတ်ဘဲ ဗုဒ္ဓသာသနာနုဂ္ဂဟအဖွဲ့ချုပ်သာလျှင် မူပိုင်ရှင်ဖြစ်သည်။
၂။ ထုတ်ဝေမည့်စာအုပ်တွင် ဗုဒ္ဓသာသနာနုဂ္ဂဟအဖွဲ့ချုပ်သည် မူပိုင်ရှင် ဖြစ်ကြောင်းဖော်ပြရမည်။
၃။ သာသနာတော်ပြန့်ပွားရေးအတွက် ဓမ္မဒါနအဖြစ် ပုံနှိပ်ဖြန့်ဝေရန်။
၄။ ဤခွင့်ပြုချက်သည် ကိုရီးယားဘာသာဖြင့် ပြန်ဆိုထုတ်ဝေရန်အတွက်သာဖြစ်သည်။
၅။ ပုံနှိပ်ထုတ်ဝေသောစာအုပ်တွင် ကျေးဇူးတော်ရှင်မဟာစည်ဆရာတော်ဘုရားကြီး၏ (ဆေးရောင်စုံ)ဓာတ်ပုံ၊ ဘဝဖြစ်စဉ်နှင့် ထေရုပ္ပတ္တိအကျဉ်း ဖော်ပြပါရှိရမည်။
၆။ ပုံနှိပ်ထုတ်ဝေသောစာအုပ်အရေအတွက် ဖော်ပြရမည်။
၇။ ပုံနှိပ်ထုတ်ဝေသောစာအုပ်(   )ကို ဗုဒ္ဓသာသနာနုဂ္ဂဟအဖွဲ့ချုပ်သို့ ပေးပို့ရမည်။
၈။ စည်းကမ်းချက်များနှင့် ညီညွတ်မှုမရှိပါက ခွင့်ပြုချက်ကို ပြန်လည်ရုပ်သိမ်းမည်။
၉။ ဘာသာပြန်ဆိုသည့်မူရင်းစာအုပ်၏ ထူးခြားချက်ကို အမှာစာတွင်ဖော်ပြရန်။

အထက်ဖော်ပြပါစည်းကမ်းချက်များအတိုင်း လိုက်နာဆောင်ရွက်မည်ဖြစ်ပါကြောင်းဂတိပြုပါသည်။

1/1/2016

ဘဒ္ဒန္တသောဓန
[၅/မရန(သ)၀၀၀၀၉၄]
(သာသနဓဇဓမ္မာစရိယ) မဟာစည်ကမ္မဋ္ဌာနာစရိယ
မဟာစည်နာယကဆရာတော်(ပြည်ပ)
ပဓာနနာယကဆရာတော်၊ကိုရီးယားမဟာစည်ရိပ်သာ
အန်ညန်းမြို့၊တောင်ကိုရီးယားနိုင်ငံ။

1/1/2016

(ဒေါက်တာတင့်စိုးလင်း)
ဥက္ကဋ္ဌ
ဗုဒ္ဓသာသနာနုဂ္ဂဟအဖွဲ့ချုပ်
မဟာစည်သာသနာ့ရိပ်သာ
ဗဟန်း၊ရန်ကုန်မြို့။

Namo tassa bhagavato arahato sammāsambuddhassa.

Namo tassa bhagavato arahato sammāsambuddhassa.

Namo tassa bhagavato arahato sammāsambuddhassa.

아라한이며 정등각자이신 거룩한 세존께 예경 올립니다.

아라한이며 정등각자이신 거룩한 세존께 예경 올립니다.

아라한이며 정등각자이신 거룩한 세존께 예경 올립니다.

차례

첫째 날 법문

둘째 날 법문

약어

㉯	마하시 사야도 원주
㊥	한국마하시선원의 우 소다나 사야도 주석

A.	Aṅguttara Nikāya 앙굿따라 니까야 增支部
AA.	Aṅguttara Nikāya Aṭṭhakathā 앙굿따라 니까야 주석서
Ah.	Abhidhammatthasaṅgaha 아비담맛타상가하
D.	Dīgha Nikāya 디가 니까야 長部
DA.	Dīgha Nikāya Aṭṭhakathā 디가 니까야 주석서
DAṬ.	Dīgha Nikāya Aṭṭhakathā Ṭīkā 디가 니까야 복주서
Dhp.	Dhammapada 담마빠다 法句經
DhpA.	Dhammapada Aṭṭhakathā 담마빠다 주석서
Dhs.	Dhammasaṅgaṇi 담마상가니 法集論
DhsA.	Dhammasaṅgaṇi Aṭṭhakathā = Aṭṭhasālinī 담마상가니 주석서
It.	Itivuttaka 이띠웃따까 如是語說
ItA.	Itivuttaka Aṭṭhakathā 이띠웃따까 주석서
J.	Jātaka 자따까 本生譚
JA.	Jātaka Aṭṭhakathā 자따까 주석서

M.	Majjhima Nikāya 맛지마 니까야 中部
MA.	Majjhima Nikāya Aṭṭhakathā 맛지마 니까야 주석서
Mil.	Milindapañha 밀린다빤하 彌蘭陀王問經
Pm.	Paramatthamañjūsā = Visuddhimagga Mahāṭīkā = Mahāṭīkā 위숫디막가 마하띠까(청정도론 대복주서)
PsA.	Paṭisambhidāmagga Aṭṭhakathā 빠띠삼비다막가 주석서
PTS	Pāli Text Society
Pug.	Puggalapaññatti 뿍갈라빤냣띠 人施設論
S.	Saṁyutta Nikāya 상윳따 니까야 相應部
SA.	Saṁyutta Nikāya Aṭṭhakathā 상윳따 니까야 주석서
SAṬ.	Saṁyutta Nikāya Aṭṭhakathā Ṭīkā 상윳따 니까야 복주서
Thag.	Theragāthā 테라가타 長老偈
UdA.	Udāna Aṭṭhakathā 우다나 주석서
VbhA.	Vibhaṅga Aṭṭhakathā 위방가 주석서
Vin.	Vinaya Piṭaka 위나야 삐따까 律藏
Vis.	Visuddhimagga 위숫디막가 淸淨道論
Vv.	Vimānavatthu 위마나왓투 天宮史

일러두기

1. 본문에 인용된 빠알리 문헌은 모두 제6차 결집본이다.
2. M.ii.147은 제6차 결집본 『맛지마 니까야』 제2권 147쪽을 뜻하고, M142는 『맛지마 니까야』의 142번째 경을 뜻한다. Dhp.350은 『담마빠다』 350번째 게송을, Thag.30은 『테라가타』 30번째 게송을 뜻한다.
3. 법문자인 마하시 사야도의 번역은 **대역**이나 **해석**으로 표시했고 역자의 번역은 **역해**로 표시하거나 괄호로 표시했다.
4. 대역할 때 한 단어의 여러 의미는 쌍반점';'으로 표시했다. 법문자인 마하시 사야도의 보충 설명은 겹화살 괄호 '《 》', 역자의 보충 설명과 청중의 대답은 소괄호 '( )', 관찰할 때 명칭은 홑화살 괄호 '〈 〉'로 표시했다. (시의 단락 구분에서 행을 빗금 '/'으로 표시했다.)
5. 법문자인 마하시 사야도의 주석은 ㉯으로 표시했고, 한국마하시 우 소다나 사야도의 주석은 ㊥으로 표시했다. 표시가 없는 것은 역자의 주석이다.
6. 본문의 보충설명 중 표시가 없는 것은 역자의 보충이고, 저본의 보충과 한국마하시 우 소다나 사야도의 보충은 따로 밝혔다.
7. 빠알리어는 로마자 정체로 표기했고, 영문은 로마자 이탤릭체로 표기했다. 미얀마어는 영어로 표기한 후 로마자 이탤릭체로 표기했다.
8. 약어에 전체 빠알리어가 제시된 문헌은 본문에 따로 빠알리어를 표기하지 않았다.
9. 미얀마어로 된 참고문헌은 로마자 이탤릭체로 표기한 뒤 그 의미를 이어서 소괄호 안에 표기했다. 저자도 로마자 이탤릭체로만 표기했다.
10. 반복 인용된 문헌은 처음에만 저자를 표기하고 두 번째부터는 책의 제목만 표기했다.
11. 인용문과 게송은 들여쓰기를 했다.
12. 우리말 어순이나 표현법 등에 어울리지 않는 부분이 더러 있지만 불교적·경전적 표현으로 허용해 사용했다.

마하시 사야도 일대기

장차 '마하시 사야도*Mahāsi Sayadaw*'라고 불리게 될 귀한 아들이 1904년 7월 29일 금요일 새벽 3시, 사가인 주, 쉐보 시, 세익쿤 마을에서 아버지 우 깐도와 어머니 도 쉐오욱 사이의 둘째 아들로 태어났다. 어릴 때의 이름은 마웅 뜨윈이었다.

마웅 뜨윈은 1910년 6세 때 세익쿤 마을 인진또 정사의 뻬마나 짜웅 사야도 밧단따 아딧짜Bhaddanta Ādicca 스님에게 기초학문을 배웠다. 1916년 12세 때는 부모님의 후원으로 어릴 적 스승이었던 밧단따 아딧짜 스님에게 사미계를 수지했다. 법명은 아신 소바나Ashin Sobhana였다. 그리고 1923년 11월 26일 월요일[1] 오전 8시, 인진또 정사의 밧다Baddha 계단戒壇에서 우 아웅보와 도 띳의 후원으로 탄신 마을에 있는 수메다 짜웅 사야도 밧단따 님말라Bhaddanta Nimmala 장로를 은사로 비구계를 수지하셨다.[2]

1924년[3] 9월 2일, 비구로서 첫 번째 안거를 나기도 전에 정부가 주

1 저본에는 10월 26일로 되어 있으나 1923년 10월 26일은 금요일이다. 미얀마 본에는 미얀마 대왕력 1285년 음력 10월 하현의 4일로 나온다. 미얀마 만세력인 Mycal 앱에 따르면 이날은 양력으로 11월 26일, 월요일이다. 또한 *Ashin Sīlānandabhivaṁsa*, 『*Biography of The most venerable Mahāsi Sayādaw*』, part I, p.23에도 1923년 11월 26일로 돼 있다.

2 저본에 이 단락부터 경어체를 써서 그대로 따랐다.

3 저본에는 1925년으로 돼 있으나 저본에 병기한 미얀마력 1286년과 양력의 9월 1일이라는 표현, 그리고 비구로서 한 번의 안거도 지내지 않았다는 사실을 고려하면 1924년도가 돼야 한다. 미얀마 만세력인 Mycal 앱과도 일치한다.

관하는 빠알리어 시험의 초급에 합격했고, 1927년 중급에 이어 1928년 고급단계까지 합격하셨다. 1942년에는[4] 정부가 두 번째로 시행한 '정부 주관 담마짜리야' 시험에서 필수 세 과목을 포함해 특별 다섯 과목에 합격함으로써 사사나다자 시리빠와라 담마짜리야Sāsanadhaja Sīripavara Dhammācariya 칭호를 받으셨다.

1929년에는 어릴 때의 여러 스승을 포함해서 만달레이 시 서쪽 외곽에 있는 킨마깐 짜웅다익의 브와도 짜웅에 주석하던 찬다지 다익 사야도 밧단따 락카나Bhaddanta Lakkhaṇa, 킨마깐 다익띠짜웅 사야도 밧단따 인다왐사비왐사Bhaddanta Indavaṁsābhivaṁsa 등 교학으로 유명했던 여러 사야도에게 성전과 주석서 등을 배우고 익혀 교학에 능통하게 되셨다. 1930년 음력 6월, 이전에 스승이었던 밧단따 아딧짜 장로의 청으로 몰라먀인의 따운와인갈레이 강원으로 가서 비구와 사미 등 학인들에게 교학을 가르치셨다.

1932년 1월 29일, 사마타 수행과 위빳사나 수행을 실천하기 위해 도반이었던 밧단따 떼자완따Bhaddanta Tejavanta와 함께 진짜익, 따토웅, 쩰라사, 먀더베익 산, 짜익티요우 산, 쉐이야운빠 산, 우오웅칸 숲속 정사 등에서 여러 수행주제를 실천하면서 검증하고 익힌 뒤 마지막에는 따토웅 시의 밍군 제따완 사야도를 찾아가 새김확립 관찰방법을 배우고 실천하셨다. 그러던 중 1932년 7월 9일, 고향이 같은[5] 아딧짜 장로의 건강이 좋지 않다는 소식을 듣고 따토웅에서 다시 몰라먀인 따운와인갈레이 강원으로 가셨다.

4 이전 책들에는 1941년으로 나오는데 미얀마 음력과 양력의 차이 때문에 생긴 오류다.
5 이전 본에는 '스승이었던'이라고 설명했다.

1938년 5월에는 친척들을 섭수하기 위해[6] 고향인 세익쿤 마을 마하시 짜웅다익으로 가셨다. 그곳에서 7개월 정도 머무르며 친척인 우 툰에이, 우 포우초웅, 사야 짠 세 명에게 새김확립 위빳사나 수행을 처음 지도하셨다. 그리고 1941년에 다시 몰라먀인 따운와인갈레이 강원으로 돌아가셨다.

1941년 12월,[7] 제2차 세계대전으로 몰라먀인 따운와인갈레이 강원에서 고향인 세익쿤 마을로 다시 돌아오셨고, 바로 그해부터 새김확립 위빳사나 수행법을 본격적으로 설하셨다. 이후 수행자들이 매년 늘어났다. 이때 주석하시던 곳이 마하시 짜웅*Mahāsi kyaung*이었다. 마하시 짜웅은 세익쿤 마을의 수행자들에게 수행시간을 알리면서 쳤던 큰*Mahā* 북*si*이 있는 정사*kyaung*라는 뜻이다. '마하시 사야도'라는 이름은 여기에서 유래됐다.

1944년에는 총 950쪽이나 되는 『*Vipassanā Shunyikyan*(위빳사나 수행방법론)』(전체 2권)을[8] 7개월 만에 저술하셨고, 이후로 여러 쇄가 출판됐다. 이 외에도 『*Visuddhimagga Mahāṭīkā Nissayakyan*(위숫디막가 마하띠까 대역)』(전체 4권)을 비롯해 설하신 법문집과 저술하신 책이 80권이 넘는다.

1947년 11월 13일, 거룩하신 부처님의 교학과 실천의 가르침을 진흥하고 선양하려는 목적으로 불교진흥회*Buddhasāsanānuggaha Organization*가 사우뜨윈을 회장으로 양곤에 설립됐다. 다음 해 1948년 9월 6일에

6 이전 본에는 '동생의 부고 소식을 전해듣고'라고 설명했다.

7 저본에 1941년 음력 11월로만 나와 있는데, 이는 양력으로 11월과 12월에 걸쳐 있다. 그중 12월을 택했다.

8 이전 본에는 '위빳사나 수행의 실제와 경전 근거에 관해 총망라한 위대한 책이다'라는 설명이 첨가돼 있다.

는 사우뜨윈이 양곤 시 바한 구의 대지 5에이커를 불교진흥회에 보시해 수행센터를[9] 개원하게 됐다. 이 수행센터는 현재 20에이커까지 확장됐고, 수행 법당과 수행 지도자 및 남녀 출가자와 재가자 건물 등이 속속 들어섰다.

마하시 사야도께서는 당시 수상이었던 우 누와 사우뜨윈 등의 요청으로 1949년 11월 10일부터 양곤 수행센터에서 주석하시다가 그해 12월 4일부터는 집중수행자 25명에게 위빳사나 수행법을 지도하셨다. 그 후 몇 년 지나지 않아 미얀마 전역에서 마하시 수행센터가 개원됐으며, 현재 그 수가 미얀마 국내외를 합쳐 697곳에 이른다. 태국이나 스리랑카 등 여러 이웃 나라에도 수행센터가 개원돼 마하시 사야도의 위빳사나 수행법을 지도하고 있다. 2018년 12월 31일 현재 마하시 방법으로 위빳사나 수행을 경험한 미얀마 국내외 수행자들은 무려 518만 3천15명에 이른다.[10]

마하시 수행센터에서 지도하신 지 2년 후인 1952년에는[11] 사야도의 계·삼매·통찰지의 덕목을 존중하고 기리면서 정부에서 수여하는 최승대현자Aggamahāpaṇḍita 칭호를 받으셨다.

1954년 5월 17일, 음력 4월의 보름날(수요일)을 시작으로 2년간 제6차 결집Chaṭṭhasaṅgayanā이 열렸다. 마하시 사야도께서는 제6차 결집의 여러 중요한 모임에서 의무를 다하셨다. 특히 성전과 주석서, 복주서를 최종적으로 검증해 결정하는 최종결정회osānasodheyya의 위원으로서 여러 성전과 주석서를 독송하고 결정하셨다. 그리고 사야도께서

9 저본에는 '마하시 수행센터'라고 표현했다.

10 2018년도 자료는 마하시 사사나 수행센터 불교진흥회 71번째 연례보고서를 참조했다.

11 이전 여러 본에서는 1957년, 1954년으로 되어 있다.

는 제6차 결집 질문자pucchaka 역할도 맡으셨다. 마하시 사야도의 질문에 대답하는 송출자visajjaka 역할은 밍군 삼장법사께서 맡으셨다.

중요한 내용 한 가지를 덧붙이자면, 부처님께서 완전 열반에 드신 뒤 열린 첫 번째 결집에서 마하깟사빠Mahākassapa 존자가 질문자를 맡고 우빨리Upāli 존자와 아난다Ānanda 존자가 독송하고 송출하며 결집에 올리셨던 것과 마찬가지로 삼장 성전을 독송하며 결집한 뒤 주석서와 복주서는 마하시 사야도의 주도로 편집하고 교정, 검증해서 제6차 결집에 올리셨다.

마하시 사야도와 관련된 책은 100권이 넘는다. 그중 『*Visuddhimagga Mahāṭīkā Nissayakyan*(위숫디막가 마하띠까 대역)』 초고는 직접 저술하신 지 6년여 만인 1967년 2월 23일에 완성됐다. 제1권이 1966년에 출간됐고 1967년에 제2권, 1968년에 제3권, 1969년에 제4권까지 모두 출간됐다. 또한 『위숫디막가 마하띠까』의 「사마얀따라Samayantara」 부분을 발췌해 『*Visuddhimagga Mahāṭīkā Samayantara Gaṇṭhi Nissaya*(위숫디막가 마하띠까 사마얀따라 간티 대역)』라는 제목으로 편집, 출간되기도 했다.

마하시 사야도께서는 태국, 라오스, 캄보디아, 스리랑카, 네팔, 인도, 인도네시아, 일본 등[12] 동양의 여러 국가와 미국, 영국, 프랑스, 이탈리아 등 서양의 여러 국가에 가서 새김확립 위빳사나 수행법을 지도하시면서 테라와다 불교 교법Theravāda Buddhasāsana을 널리 보급하셨다.

현재 세계 곳곳에서 마하시 새김확립 위빳사나 관찰방법을 지도하

12 이전 본에는 싱가포르, 말레이시아, 베트남도 언급됐다.

고 있는 정사들, 수행센터들이 늘어나고 있다. 양곤과 만달레이에 있는 국립불교대학의 교과 과정에 수행이 포함돼 있는데, 교학 과정을 마친 뒤 양곤과 만달레이의[13] 마하시 수행센터에서 수행과정을 이수해야만 학위를 받을 수 있다.

1982년 8월 13일 저녁, 마하시 사야도께서는 평상시처럼 수행자들에게 수행방법에 관해 법문하셨다. 그러다 그날 밤 심각한 마비 증세가 왔고, 다음날인 8월 14일 토요일 오후 1시 36분, 마하시 싼자웅 건물에서 세랍 78세, 법랍 58하夏로 입적하셨다. 다비식은 1982년 8월 20일 열렸다.

특출한 용모와 예리한 지혜, 특별한 위빳사나 지혜를 두루 갖춘 마하시 사야도께서는 교학과 실천을 통해 여러 법문을 설하고, 새김확립 위빳사나 법을 능숙하게 지도하셨다.

사야도께서 한평생 설하고 지도하고 저술하신 위빳사나 법은 동서양을 막론하고 온 세계에 퍼져 수많은 사람에게 많은 이익을 주었다. 이렇듯 직접 실천하고 닦으셨던 위빳사나 수행, 평생에 걸친 법과 관련된 업적으로 마하시 사야도께서는 테라와다 교법에서 특별하고 거룩하고 뛰어난 분으로 추앙받고 있다.

2018년 8월에 새로 고쳐 실었다.[14]

13 저본에는 양곤으로만 되어 있으나 만달레이 국립불교대학 학인들은 만달레이의 마하시 센터에서 수행한다.

14 *Mahāsi Sayadaw*, 『*Cittānupassanā tayatogyi hnin Dhammānupassanā tayatogyi*(마음 거듭관찰의 큰 가르침과 법 거듭관찰의 큰 가르침)』의 서문에서 인용했다.

망갈라 우 아운민의 발간사

지금은 마하시 사야도의 『아리야와사 법문』을 출판하기에 더없이 좋은 시기입니다. 최근 미얀마 전역에서 새김확립 수행법을 닦으려는 출가자와 재가자들이 매우 많아졌기 때문입니다.

삼계의 으뜸이신 거룩한 부처님께서는 꾸루Kuru의 깜마사담마Kammāsadhamma 도읍의 출가자 재가자 모두에게 마음의 더러움을 깨끗이 씻어내게 하고, 성스러운 도를 얻게 하고, 열반을 실현하게 하는 유일한 정도正道인 「마하사띠빳타나숫따Mahāsatipaṭṭhānasutta(새김확립 긴 경大念處經)」를 설하셨습니다. 이후 꾸루 국에서는 성스러운 실천을 닦는 이들이 몇 배나 늘어났습니다. 심지어 물을 긷는 곳이나 실을 뽑는 곳에서도 새김확립과 관련된 이야기 외에는 하지 않을 정도였다고 주석서의 스승이 설명했습니다.

이 성스러운 새김확립 수행법을 실천하는 수행자들이 매우 많아졌을 때 거룩한 부처님께서는 앞서 「마하사띠빳타나숫따」를 설하셨던 바로 그 꾸루의 깜마사담마에서 「아리야와사숫따Ariyāvāsasutta(성자의 집 경)」를 다시 설하셨습니다. 그렇기 때문에 꾸루 국의 참된 출가자와 재가자들은 '성자의 집'이라는, 성자들이 실천하는 법을 듣고 성자들의 마음가짐이나 지혜의 모습을 잘 알 수 있었습니다.

존경하는 마하시 사야도께서도 1949년 11월 10일부터 양곤 시의 사사나 수행센터에 주석하시면서 1949년 12월 4일부터 첫 법문으로 『담마짝까 법문(초전법륜경 해설)』을 설하셨습니다. 그 후로 양곤을 비롯한 미얀마 여러 지역에서 「마하사띠빳타나숫따」, 「아시위소빠마숫따Āsīvisopamasutta(독사비유경)」, 「말루짜뿟따숫따Mālukyaputtasutta(말루짜뿟따 경)」, 「삭까빤하숫따Sakkapañhasutta(제석왕문경)」, 「왐미까숫따Vammikasutta(개미탑경)」, 「웃데사위방가숫따Uddesavibhaṅgasutta(개요 분석경)」, 「아낫딸락카나숫따Anattalakkhaṇasutta(무아특성경)」, 「살라야따나위방가숫따Saḷāyatanavibhaṅgasutta(여섯 감각장소 분석경)」, 「마하살라야따나위방가숫따Mahāsaḷāyatanavibhaṅgasutta(위대한 여섯 감각장소 분석경)」, 「마두삔디까숫따Madhupiṇḍikasutta(꿀 덩어리 경)」 등 여러 경을 시기와 장소에 따라 계속 설하셨습니다. 이러한 이유로도 미얀마 전역에서 새김확립 수행법을 실천하는 출가자와 재가자들이 더욱더 늘어나고 있습니다.

이렇게 새김확립 수행법을 실천하는 출가자와 재가자들이 계속 늘어나고 있는 지금 마하시 사야도께서는 그러한 출가자와 재가자들이 '성자의 집'이라고 표현되는, 성자들의 실천법을 알도록 이 『아리야와사 법문』을 설하셨습니다.

『앙굿따라 니까야(10가지 모음)』에는 「아리야와사숫따Ariyāvāsasutta(성자의 집 경)」라는 제목의 경이 두 개 있습니다. 마하시 사야도께서 법문하신 것은 두 번째 「아리야와사숫따」입니다.

마하시 사야도의 『아리야와사 법문』이 출판되는 과정에 대해 잠깐 소개하겠습니다. 마하시 사야도께서는 1962년 11월, 짜우딴 시에 있는 냐운와인 마을의 계단sīmā·戒壇 지정 행사를 마치고 돌아오시던 길에 함사와띠 주에 사는 우 떼인아웅과 부인 도 뽀우뽀우, 불자단체 회장인 우 보우흘라 등 예전에 마하시 사야도께 수행지도를 받았던 이들로부터 법문을 해달라는 요청을 받으셨습니다. 그래서 사야도께서는 딴린 시의 사사나다자담마짜리야Sāsanadhajadhammācariya 악가마하 아쬬 *Aggamahā akyo* 아신 완나시리*Ashin Vaṇṇasirī* 스님이 주석하는 민짜웅 빠타마뺜Minkyaun pathamapyan 강원에서 11월 5일과 6일 밤에 『아리야와사 법문』을 설하셨습니다. 당시 판사를 역임한 우 떼인 한이 이 법문을 녹음했고 의사인 우 민스웨이의 권청으로 책으로 출판되기에 이르렀는데 더 자세한 내용은 이 책의 본문에 소개돼 있습니다.

마하시 사야도께서는 『아리야와사 법문』을 쉐보우 시 세익쿤 마을, 양곤 시 가바에이 마하간다용 강원의 계단 헌수식, 바고 시 짜카와인 강원 계단 헌수식, 아따인차운 시 마하시 수행센터 계단 지정식, 양곤 시 패야 란 짜구 법당과 만달레이 시 윈라익 영화관의 대표인 우 세인 윈과 도 인인의 이사 길상식에서도 설하셨습니다. 그 밖에 에인메 시, 먀웅먀 시, 와케마 시, 냐운우 시, 따운드윈 시, 삐마나 시, 버모 시, 모우따 시, 쉐보우 시, 짜우마욘 시, 민흘라 시 등 여러 곳에서 설하셨습니다.

『아리야와사 법문』의 출간을 청한 닥터 우 민스웨이는 가르침에 관심이 많은 사람이었습니다. 그는 제6차 결집 기간 내내(1954~1956년) 교법의 이익을 위해 힘쓴 자원봉사자였습니다. 결집을 위해 여러 테라와다 국가에서 많은 승가가 시리망갈라Sīrimaṅgalā 언덕에 조성된 칠엽굴에 모였을 때 그는 의료봉사를 담당했습니다. 그때 그는 당시 여러 유명한 사야도께 법과 관련된 질문을 자주 했다고 합니다. 그래서 사야도들께 "이 의사는 법 의사입니다"라고 칭찬을 받곤 했다고 합니다.

닥터 우 민스웨이는 평소에도 새김확립 수행을 실천하고 있었기 때문에 마하시 사야도의 『아리야와사 법문』을 들었을 때 법 희열이 크게 일어나서 이런 경험을 다른 도반들에게도 들려주고 싶었습니다. 자신이 경험한 법의 맛을 다른 도반들과 나누고 싶었던 것입니다. 이러한 이유로 닥터 우 민스웨이는 마하시 사야도의 『아리야와사 법문』이 책으로 출판되는 데 최선을 다했습니다.

마하시 사야도의 『아리야와사 법문』을 읽는 법우들이라면 '성자들이 머무는 집'이라고 표현된, 성자들이 갖춘 법들을 알게 될 것입니다. 그래서 성자들의 모습, 성자들의 위의威儀, 성자들의 마음가짐, 성자들의 지혜도 유추해서 알 수 있을 것입니다. 최근에 수행을 마쳤거나 지금 수행을 하고 있는 출가자와 재가 수행자들에게도 전해져서 그들도 성자들의 덕목을 존경하게 될 것입니다.

길상이 가득하기를.

망갈라 우 아운민
1963년 6월 21일

닥터 우 민스웨이의 서문

"Bhavatu sabbamaṇgalaṁ."

"모든 길상이 가득하기를."

마하시 사야도의 『아리야와사 법문』을 출판하게 된 데는 개인적으로 몇 가지 계기가 있었습니다. 그 계기와 출판 과정을 어릴 때 지혜가 생겨났던 모습, 존경하는 마하시 사야도를 친견했던 모습, 법을 구하러 다녔던 모습, 『아리야와사 법문』을 들었던 모습, 책으로 출판하기 위해 노력했던 모습이라는 다섯 가지로 나누어 살펴보겠습니다.

어릴 때 지혜가 생겨나다

저는 만달레이에서 의사였던 부친 우 산쮸 박사와 모친 도 마말레이의 장남으로 태어났습니다. 저의 부친은 많은 출가자와 재가자들에게 "계의 덕목과 삼매의 덕목을 갖춘 의사 선생님"으로 불릴 만큼 당시 만달레이 지역에서 덕망이 높은 분이었습니다. 부친은 30년 가까이 공무원으로 재직하신 후 은퇴하셨습니다. 은퇴 후에는 일반인들을 진료하셨는데, 당시 만달레이에는 부친께 치료받지 않은 환자가 없을 정도였습니다.

제가 열다섯 살쯤 됐을 때입니다. 아직 어려서 사리를 분명하게 분별할 수 있는 지혜가 없던 저는 다음과 같이 잘못된 생각을 가지고 있었습니다.

'우리 아버지를 포함해 의사 선생님들은 사람들에게 생겨난 모든 병을 치료해서 낫게 할 수 있다. 아픈 사람들이 죽는 것은 병원에 와서 치료하지 않기 때문이다. 죽지 않을 수도 있는데 죽는 것이다. 양곤에 있는 의사 선생님들이라면 의료기구와 약을 제대로 갖추고 있기 때문에 어떤 병이든 다 낫게 할 수 있을 것이다.'

저의 부모님은 재산이 넉넉하고 명성이 자자했으며 집과 건물, 차도 있었기 때문에 특별히 애쓰거나 바라지 않아도 원하는 것을 다 누리며 사셨습니다. 그래서 저는 '사람의 생이란 행복과 즐거움으로 가득 찬 천상의 궁전과도 같구나'라고 생각했습니다. 당연히 죽음은 고사하고 괴로움조차 생각해 보지 않았습니다.

그러다가 저의 모친이 덜컥 심장병에 걸렸습니다. 모친의 병명은 '울혈성심부전*congestive heart failure*'이었습니다. 이 병은 밤낮을 가리지 않고 모친을 괴롭혔습니다. 당시 의술에 있어 만달레이에서 제일 유명했던 영국 의사와 부친이 최선을 다해 치료했지만 모친은 끝내 숨을 거두고 말았습니다.

이 일을 겪고 난 후 제게 이런 지혜가 생겼습니다. '언제 어느 때나 병이 찾아올 수 있구나. 그렇게 찾아온 병을 의사들도 막을 수 없구나. 사람이라면 어른이나 아이나 죽을 수 있구나.'

그 후 저는 23세에 의과대학에 갔습니다. 대학에서 해부학 실습 중 사람의 여러 장기를 접하면서 이런 생각을 했습니다.

'죽은 뒤에는 사람도 바나나 줄기나 텅 빈 나무처럼 전혀 쓸모가 없구나. 이 사람들도 과거 언젠가는 자신은 죽지 않을 것으로 생각하면서 놀고 즐기고 우쭐대며 지냈을 것이다. 어떤 이는 마시고, 어떤 이는 취하고, 어떤 이는 싸우고, 어떤 이는 마음대로 악행을 저지르며 지냈을 것이다. 어떤 이는 "꼭 부자가 돼야지. 그러려면 내년에 무엇을 해야 할까? 몇 년 안에 어느 정도는 이뤄야겠지"라고 계획과 목표를 세운 뒤 그것을 기대하며 상상하다가 죽어서 이렇게 의대생들의 해부 실습용으로 침상 위에 쭉 뻗어 있구나. 그들의 계획은 완전히 산산조각 나버렸구나.'

이런 생각을 하다 보니 저에게 경각심이 일어났습니다.

어느 날, 저의 스승이기도 했던 의사 한 분이 혼자 있을 때 단절업 upacchedakakamma[15] 때문인지 갑자기 죽어 병원 영안실에 안치됐습니다. 시신을 살펴보니 젊고 활력이 넘칠 때 갑자기 죽은 탓인지 신체 여러 부위가 심하게 훼손돼 있었습니다. 그 시신을 본 순간 제게 다시 한 번 크게 경각심이 일어났습니다. 정식으로 의사가 된 이후에도 그 시신과 같은 원치 않는 대상을 접하는 일이 자주 있었습니다.

이러한 일들을 겪으면서 새김과 경각심이 생겨 집안에서 대대로 귀의했던 것처럼 저도 부처님, 가르침, 승가라는 삼보에 자연스럽게 마음을 기울이게 됐습니다.

존경하는 마하시 사야도를 친견하다

제6차 결집이 열리기 몇 해 전인 1952년, 태국·스리랑카·캄보디아·라오스·미얀마 각지에서 승가를 이끄는 큰스님들, 대장로들, 학장스님들, 문헌에 정통한 스님들이 제6차 결집에 올리기 위한 삼장 문헌을 미리 점검하고 정리하기 위해 양곤에 있는 사사나 수행센터에 모이셨습니다.

15 업은 과보를 주는 작용에 따라 생산업, 지지업, 방해업, 파괴업이라는 네 종류로 나뉜다. 그중 다른 업이 과보를 주는 것을 파괴하는 업을 '파괴업upaghātakakamma'이라고 한다. 단절업은 이 파괴업을 말한다. 비구 일창 담마간다 지음, 『가르침을 배우다』, p.324 참조.

당시 저는 정부 불교협회로부터 의료봉사를 부탁받고 일주일에 두 번씩 사사나 수행센터를 방문했습니다. 그때 저는 처음으로 마하시 사야도를 친견했습니다. 아시다시피 사사나 수행센터는 마하시 사야도께서 주석하시는 곳입니다.

그즈음 저는 시간이 날 때마다 불교 관련 서적들을 읽었습니다. 어느 날, 『담마짝깝빠왓따나숫따(초전법륜경) 대역』을 읽던 중 "yaṁ kiñci samudayadhammaṁ, sabbaṁ taṁ nirodhadhammaṁ(생겨나기 마련인 법은 모두 사라지기 마련인 법이다)"이라는 구절에 마음이 심하게 쿵쾅거렸습니다. 저는 잠시 책을 내려놓고 세상이 생겨나는 모습과 사라지는 모습을 숙고해 보았습니다. 그리고 얼마의 시간이 흐른 후 이런 생각이 떠올랐습니다. '근심하는 이는 근심하느라, 화내는 이는 화를 내느라, 우는 이는 우느라, 사람들에게 완전히 좋은 날이라고는 없구나. 비가 내리는 저녁에 한 번씩 번개가 치듯이 슬픔과 근심 사이에 잠깐의 행복을 누리는 것일 뿐이구나.'

1951년 11월 27일 저녁, 마하시 사야도의 『마하사띠빳타나숫따 법문』을 읽게 됐습니다. 마하시 사야도께서 방송국에서 설하신 법문을 정리한 책이었습니다. 그 책에서 "새김확립을 실천하면 마음의 더러움으로부터 벗어나 깨끗하게 된다. 슬픔과 비탄을 극복할 수 있다. 고통과 근심이 사라진다. 성스러운 도의 지혜를 증득한다. 열반을 실현할 수 있다"라는 내용을 접하고 『마하사띠빳타나숫따 법문』에 더 많은 관심을 갖게 됐습니다. 마하시 사야도께서 설하시는 법회에 직접 참석해 법문을 듣고 싶다는 마음도 일어났습니다.

하지만 당시 진료 업무가 많아 마음처럼 몸이 따라주지 않았습니다. 그러다가 일주일에 두 번 의료봉사 차 사사나 수행센터에 갈 때마다 공양간 봉사자이자 가까운 도반인 도 에이찌에게서 마하시 사야도의 새 법문집을 받아볼 수 있었습니다.

사야도의 새 법문집을 볼 때마다 저는 이렇게 숙고했습니다. '이전에 내가 법에 대해 알았던 것은 수행해서 아는 지혜bhāvanāmaya ñāṇa로 아는 것이 아니었구나. 들어서 아는 지혜sutamaya ñāṇa나 생각해서 아는 지혜cintāmaya ñāṇa로 알도록 계속 노력할 필요가 있을까?'

중생들은 이생으로 끝나지 않습니다. 여러 생을 전전해야 합니다. 얼마나 많은 생을 전전해야 할지 누구도 알지 못합니다. 열반에 도달하기 전까지는 이리저리 헤매면서 윤회해야 합니다. 사람의 생으로 전전하면 그나마 다행입니다. 축생의 생이나 아귀의 생 등으로 전전한다고 생각하면 매우 두렵지 않을 수 없습니다.

사람의 생으로 전전한다고 해도 여러 고통에 휩싸이게 됩니다. 하나의 고통에서 벗어나기도 전에 다시 새로운 고통이 찾아옵니다. 저는 이러한 고통을 끝내려면 새김확립이라는 방법밖에 없다고 이해했습니다. '직접 경험하기 위해서는 수행해야만 할 것이다'라고 이해했습니다. 하지만 당시에는 생각만 있을 뿐 수행할 기회는 생기지 않았습니다.

"Manussattabhāvo dullabho(사람의 생을 얻기란 힘들다)"라고 여러 재가자와 출가자가 말합니다. 하지만 사람으로 태어나는 것의 가치를 진실로 아는 이는 드뭅니다. 사람의 생을 얻은 것은 결혼을 해서 가정을 꾸리고, 자식을 낳아 키우고, 사람의 영화를 누리기 위한 것만이 아닙니다. 현생과 다음 여러 생에 필요한 바라밀을 쌓기 위한 것이기도 합니다. 현생에 사람으로 태어난 것도 이전 어느 한 생에서 실천하고 쌓아 온 바라밀 덕분입니다. 따라서 앞으로 열반에 도달하도록, 그리고 열반에 도달하기 전 중간에 필요한 바라밀도 현생에 쌓아야 합니다.

특히 지금처럼 부처님의 가르침과 만났을 때 그 가르침에 따라 자신의 마음을 잘 단속하고 제어하는 방법을 찾는 것, 직접 수행을 실천하는 것, 미래의 여러 생을 위해 좋은 바탕과 기반을 마련하는 것 등 여러 선업을 실천해야 합니다.

하지만 이렇게 바라밀을 실천하고 쌓아가는 이들은 매우 적습니다. 자식과 친척, 지위, 영화, 재산 등에 도취돼 '지옥꽃'을 '황금꽃'으로 잘못 생각하고 거머쥐는 이처럼 고통을 겪고 있습니다. 고통을 행복이라고 여기며 울고 웃다가 사람의 생을 낭비합니다.

어떤 이들은 장관, 부호, 의사, 사장, 관료라는 지위와 명예를 누리면서 우쭐거리며 지내는 것을 큰 행복이라고 생각합니다. 그들의 아내들도 장관의 아내, 부호의 아내, 의사의 아내, 사장의 아내, 관료의 아내로 불리는 것을 즐기고 우쭐거리면서 흡사 '불로장생약'이라도 먹은 것처럼 태생의 자만, 재산의 자만, 지위의 자만, 학식의 자만에 도취돼 살아갑니다.

법을 구하러 다니다

사람이란 바뀌지 않고 무너지지 않는 것들로 이루어진 존재가 아닙니다. 바뀌고 무너지는 성품법들의 모임일 뿐이어서 언젠가는 바뀌고 무너지고 맙니다. 완전히 무너지기 전에도 자식의 일, 배우자의 일, 친척의 일, 생계 등 일일이 열거하기도 힘든 갖가지 일로 슬픔과 근심이 수시로 찾아와서 불면증, 공황장애, 고혈압, 심장병 등 여러 병에 걸립니다.

어떤 부호들은 자기 재산으로 자신의 병을 치료할 수 있다고 생각합니다. 어떤 권력자들은 자기가 가진 권력으로 병을 치료할 수 있다고 믿습니다. 저도 한때는 그렇게 믿었습니다.

물 때문에 생긴 더러움은 물로 씻어 내야만 깨끗해지듯이 마음 때문에 생긴 병은 마음으로 치료해야 사라집니다. 마음의 고통이 엄습할 때 자신의 마음을 잘 간수하지 못하면 제대로 서지도 못하고 똑바로 걷지도 못하고 바르게 앉지도 못하고 편하게 눕지도 못한 채 여러 병이 찾아옵니다. 그중에서도 불면증이 제일 심합니다.

유명한 부호들 가운데 마음을 다스리는 실천을 하지 않는 이들 중 일부는 앞에서 언급한 여러 증상이 나타날 때 마음의 안정을 찾기 위해 최근에는 신경안정제*tranquiliser*를 가지고 다닌다고 합니다. 실제로 신경안정제를 복용하면 뇌가 잠시 편안해져서 마음이 안정됩니다. 불면증에 시달리는 이라면 신경안정제를 처방대로 복용해서 어느 정도 수면을 취할 수 있습니다. 그래서 아침에 잠에서 깨어났을 때는 조금이나마 마음이 안정돼 있습니다. 하지만 '해가 높이 뜰수록 광란이 심해진다'라는 속담처럼 시간이 조금 지나 하루 일을 시작하려고 할 즈음에는 다시 신경이 불안정해집니다. 그때는 다른 사람을 질투하거나 미워하는 마음, 나쁜 짓을 하려는 마음, 다른 사람의 말을 믿지 못하는 마음이 생겨나기 쉽습니다.

저도 신경안정제를 가지고 다닌 적이 있습니다. 어느 날은 처방대로 복용했음에도 잠들지 못해 처방보다 더 많은 양을 복용한 후에야 겨우 두세 시간 잠을 잘 수 있었습니다.

1962년 11월 어느 날 밤, 저는 그날도 잠들지 못하고 자리에서 일어나 이런저런 생각을 했습니다. 그러다가 선업이 지지해 주는 시간이 됐는지 문득 마하시 사야도의 위빳사나 수행방법에 대해 생각하게 됐습니다. '신경안정제가 주는 효과는 잠시뿐이다. 마하시 사야도의 위빳사나 수행방법에 따라 이 어지러운 정신을 깨끗하게 하도록 노력해야겠다'라고 특별한 생각이 떠올랐고 그 즉시 침대에 바로 누운 채 배의 부풂과 꺼짐을 관찰했습니다. 그리고 시간이 얼마나 흘렀는지는 모르겠습니다. 관찰하는 마음이 사라지면서 잠이 들었습니다.

다음날 아침, 잠에서 깨어났을 때 놀랍고도 기뻤습니다. '마음을 단속하는 제일 좋은 방법을 얻었구나'라고 생각하니 주체하지 못할 정도로 기뻤습니다. 부처님이나 가르침의 덕목이 거듭 떠올랐고 마하시 사야도의 은혜와 덕목에도 마음을 기울였습니다. 저의 마음도 특별히 깨끗했습니다. 서거나 걷거나 앉거나 일할 때도 계속 좋았습니다. 부처님을 비롯해서 스님이나 재가자들이 "모든 맛들 중에 법의 맛이 제일 거룩하다"라고 말합니다. 저는 '관찰하는 이의 마음은 신경안정제를 복용하는 이들의 마음보다 고요하다'라고 믿게 됐습니다. 그래서 부처님의 가르침이야말로 마음에 안정을 가져다주는 제일 좋은 신경안정제라고 장담합니다.

제가 사사나 수행센터에서 의료봉사자로 있었던 1952년부터 법의 맛을 알게 된 날까지 돌이켜 헤아려보면 11년이라는 시간이 흘렀습니다. 그 시간 동안 마하시 사야도와 가깝게 지내면서 많은 법문과 가르침을 듣는 '청법길상'을 누릴 수 있었습니다. 하지만 듣는 것으로만 법의 맛을 누렸을 뿐 수행에 의한 지혜로 법의 맛을 알 정도로 직접 수행하지는 못했습니다. 그것이 제가 아쉽게 생각하는 일 중 하나입니다.

이렇게 법의 맛을 경험한 날부터 저는 매일 잠자리에 들 때마다 부풂과 꺼짐을 관찰했습니다. 〈부푼다, 꺼진다〉라고 관찰하는 것이야말로 저에게는 제일 좋은 신경안정제입니다.

저는 법 성품을 자세하게 설명하지는 못합니다. 마하시 사야도께서 사사나 수행센터로 수행하러 온 출가자와 재가자에게 처음 수행법을 설하신 내용을 책으로 출판한 『*Vipassanā Aloukpei tayato*(위빳사나 수행법 법문)』 내용 그대로 관찰했습니다.

저는 1963년 1월 1일부터 오전 5시에서 6시까지 매일 한 시간씩 위빳사나 수행을 규칙적으로 실천했습니다. 시간이 흐를수록 마음이 부드러워지고 지혜도 더 늘어났습니다. 두려워하거나 놀라는 일도 중간에 있었겠지만 용기도 더 생겼습니다. 이번 생에 윤회에서 완전히 벗어나는 것에만 마음을 기울였습니다. 흐리멍덩한 정신이 사라지며 마음이 매우 가벼워졌습니다. 도의 지혜에 도달하기 전까지 금생에 직접 누릴 만한 이익은 누렸습니다.

『아리야와사 법문』을 듣다

도의 지혜를 증득한 성자들이 많다고 들었습니다. "그러한 성자들의 마음성품이나 지혜양상, 실천법을 직접 경험하지는 못해도 성자의 집 열 가지 법을 통해 추론의 지혜로 살펴보면 '이 사람은 성자다. 이 사람은 성자가 아니다'라고 확실하게 알고 볼 수 있다"라는 『*Nyanunyan Vinicchaya Paunchouk kyan*(냐운냔 결정 종합본)』 제1권, p.627의 내용을 기억합니다. 그 내용을 접했을 때 '어떻게 하면 이해할 수 있을까'라고 숙고하고 기대했습니다.

마치 세상이 어둠에 뒤덮여 있다가 해나 달이 떠오르며 하나씩 드러나는 것처럼 알고자 하는 법이 있으면 머지않아 그것을 알 수 있는 인연이 닿는 경우가 많습니다.

어느 금요일 저녁, 여느 때처럼 의료봉사 차 사사나 수행센터에 갔을 때 가까운 도반 도 에이찌가 "선생님을 위해 빌렸어요. 천천히 들어

보세요"라며 카세트테이프 하나를 건네주었습니다. 그 카세트테이프는 마하시 사야도께서 딴린에서 이틀 밤에 걸쳐 설하신『아리야와사 법문』을 판사를 역임한 우 떼인 한이 녹음한 것이었습니다.

그날 수행센터에서 돌아와 10번가에 있는 친구 우 툰딘의 집으로 가서 그 가족과 함께 사야도의 법문을 들었습니다. 마치 한 번도 본 적도, 가진 적도 없는 보배상자를 얻은 것처럼 매우 기뻤습니다. 우 툰딘의 가족들도 두 시간가량 공손히 법문을 경청했습니다.

그때 저는『아리야와사 법문』을 단지 듣는 것에 만족하지 못했습니다. '이 법문을 완전히 알고 이해하리라'라는 생각이 일어났습니다.

만약 대학교수나 강사가 한 시간 수업을 했다면 그는 자신이 가르친 그 한 시간의 수업 중 어느 정도를 기억할까요? 4분의 1쯤은 기억할까요? 기억력이 매우 뛰어난 이라야 절반 정도 기억할 것입니다.『아리야와사 법문』을 두 시간에 걸쳐 매우 기쁘게 들었지만 법문의 4분의 1 정도 밖에 기억하지 못했습니다.

출판을 위해 노력하다

저는『아리야와사 법문』을 반복해서 듣고 싶었고 다른 도반들에게도 들려주고 싶었습니다. 하지만 그 카세트테이프는 제 것이 아니었습니다. 그때 '만약 법문을 책으로 출판하면 나는 물론이고 도반들에게도 큰 도움이 될 것이다'라는 생각이 떠올랐습니다. 법보시 선업도 행하고 싶었습니다. 그래서 다음날 마하시 사야도를 찾아뵙고『아리야와사 법문』을 책으로 출판하면 좋겠다고 공손하게 청했습니다.

마하시 사야도께 허락을 받은 뒤 카세트테이프에 있는 음성 법문를 녹취해 달라고 남성 수행자 부서 서기였던 조카 마 누누에게 부탁했습니다. 마 누누는 어리긴 해도 삼보와 스승님을 매우 공경했기 때문에 저의 부탁을 흔쾌히 수락했고, 5일 만에 법문을 모두 녹취해 주었습니다.

이렇게 만들어진 녹취본으로 마하시 사야도께서 약 한 달간 교정을 보셨습니다. 그리고 그 교정본을 평소 출판과 관련해 도움을 받던 붓다담말로까 잡지 편집자 망갈라 우 아운민에게 전달했습니다. 교정본을 받은 망갈라 우 아운민은 "이 책의 서문이 필요합니다. 책이 나오도록 선생님이 애쓰셨으니 서문도 직접 쓰시는 것이 좋겠습니다"라고 제게 청했고, 마 누누의 도움을 받아 서문을 쓰게 됐습니다.

마하시 사야도의 『아리야와사 법문』은 이렇게 우 아운민의 도움으로 잇차사야 출판사를 통해 세상에 나오게 됐습니다.

도반들에게

윤회하는 우리들은 늙고 싶지 않아도 늙어야 합니다. 아프고 싶지 않아도 아파야 합니다. 죽고 싶지 않아도 죽어야 합니다. 죽은 뒤 다시 새로운 생에 태어나고 싶지 않아도 태어나야 합니다. 태어날 때도 태어나고 싶은 곳에만 태어날 수 없습니다. 존재더미사견이 아직 남아 있는 이라면 지옥에도 태어날 수 있습니다. 아수라라는 악처의 생에도 태어날 수 있습니다. '그곳에는 태어나지 않기를'이라고 바라도 그렇게 되지 않습니다. 이전에 행했던 업에 따라 태어날 곳에 태어나야만 합니다.

이렇게 윤회라는 것을 확실하게 안다면 매우 두렵지 않을 수 없습니다. 그래서 윤회의 위험에서 벗어나 열반에 도달하게 하는 위빳사나 수행을 하도록 특별히 권유하고 싶습니다. 윤회에서 완전히 벗어나지는 못하더라도 사악도 윤회에서는 벗어나도록 수행해야 합니다. 사악도 윤회에 떨어지게 하는 존재더미사견이라는 큰 집착을 남김없이 제거해야 그러한 위험에서 벗어날 것입니다. 마하시 사야도께서도 "존재더미사견을 남김없이 제거할 수 있는 성스러운 도와 과, 출세간의 계·삼매·통찰지를 갖추도록 노력해야 합니다"라고 『위빳사나 수행법 법문』에서 설하셨습니다.

어떻게 수행해야 하는지 알고자 하는 마음이 생겨난 저는 당시 수행지도 스승이었던 우 빤디따 사야도와 우 자와나 사야도를 찾아뵙고 공손하게 수행방법을 청했습니다. 두 분은 마하시 사야도께서 설하신 방법 그대로 설명해 주셨습니다.

앞서도 말했듯이 저는 1963년 1월 1일부터 매일 오전 5시부터 6시까지 한 시간씩 위빳사나 수행을 실천했습니다. 몸에서 분명하게 드러나는 모든 현상을 관찰했을 때 배가 부풀고 꺼지는 것을 알게 됐습니다. 그렇게 아는 도중에 제가 치료하던 환자의 모습이 보였습니다. 환자의 모습이 사라지자 이번에는 가까운 친구가 재미있는 내용을 말하는 것이 떠올랐습니다. 뒤이어 다리에서의 아픔과 귀에서의 참기 힘든 가려움이 생겨난 뒤 사라졌습니다. 저는 다시 허벅지가 저려오는 것에 주의를 기울였습니다. 허벅지의 저린 곳에 마음이 갔다가 언젠가 어떤 사람과 말이 안 통해 화를 냈던 사실이 떠올랐습니다. 수행 중의 이러한 모든 경험을 지도 스승님에게 보고하자 스승님들은 제게 이렇게 지도해 주셨습니다. "거사님, 수행 중에 분명하게 드러나는 모든 것, 좋고 나쁜 느낌들, 앎들, 전에 경험했던 것들, 그것에 잘 마음 기울여 관찰해 보십시오. 수행 중에 생각이 떠오르면 다른 곳에 마음을 두지 말고 그 생각에만 집중해서 관찰하십시오. 아무리 생각이 많이 떠오르더라도, 아무리 아프고 저리고 쑤시더라도 실망하지 마십시오."

스웨덴 띨라신

이렇게 하루에 한 번, 한 시간씩 수행하면서 한 달 정도 지났지만 전혀 법의 맛을 보지 못했습니다. 그로 인해 실망하던 차에 다시 다음과 같은 사실을 돌이켜 숙고했습니다. 사사나 수행센터에서 수행하는 참 사람들이 법의 맛을 알고 지혜단계 법문을 듣는다는 사실, 그리고 저 멀리 스웨덴에서 와서 띨라신이 된 도 아밋따가 지혜단계 법문을 듣고 나서 "*Meditation is a very marvellous process*(수행은 참으로 놀라운 과정입니다)"라고 저에게 사사나 수행센터 치료실에서 설명했던 사실을 떠올렸습니다.

'도 아밋따처럼 많은 이가 법의 맛을 보았다고 말한다. 실제로 맛보지 않고서 그렇다고 말하지는 않을 것이다. 그들은 팔계를 수지하는 이들이다. 바른 맛을 경험했기 때문에 사실을 말했을 것이다. 지도 스승님들도 수행하면서 드러나는 것들을 관찰하라고, 관찰하면 법의 진정한 맛을 경험할 것이라고 격려하신다. 나도 끈기를 가지고 수행해 나가리라'라고 스스로를 격려한 뒤 다시 관찰하기 시작했습니다. 좋고 나쁜 느낌들을 비롯해서 경험하는 모든 것을 드러나는 대로 관찰해 나가면서 마음을 관찰하는 대상에만 잘 집중했습니다.

그렇게 관찰해 나가자 드러나는 모든 감촉, 좋고 나쁜 느낌들이 어떻게 되는지 알게 됐습니다. 아픔, 저림, 쑤심 등의 느낌들이 생겨나서는 사라지는 것을 알게 됐습니다.

법의 맛

1963년 1월부터 수행을 시작한 후 그해 12월의 어느 날 아침, 저는 말로는 표현하기 힘든 법의 맛을 경험했습니다. 그 맛은 평생 경험한 그 어떤 맛에도 견줄 수 없는 것이었습니다. 그날 아침 그 맛을 경험한 뒤 1964년[16] 2월 25일 오후 4시 30분에 지혜단계 법문을 듣게 됐습니다.

지혜단계 법문을 듣는 것은 수행이 끝난 것을 의미하지 않습니다. 도리어 아직 수행할 것이 남았다는 사실을 알게 합니다. 이렇듯 수행할 일이 남았음에도 저는 세상 속에서 여러 장애와 매일 섞여 살아가야 했기 때문에 수행과 멀어질 일이 생겼습니다. 출세간의 영역에서 지내던 저는 불가피한 사정으로 세간의 영역으로 다시 돌아가야 했습니다. 잠시 지혜를 증장시키기 위해 노력했지만 이제는 실천행을 하기 위해 가바에이 승가병원에서 근무해야 하는 상황이 생긴 것입니다.

복통

승가병원에서 근무하던 1966년 8월 11일 밤 10시, 집으로 돌아와 잠자리에 들었을 때 평생 한 번도 겪어보지 못한 심한 복통이 찾아왔습니다. 뱃속 창자를 억지로 잡아끄는 것 같은 참을 수 없는 고통이었습니다. 극심한 통증에 바로 눕지도, 엎드려 눕지도 못했습니다. 어떤 자세를 취해도 통증은 계속됐습니다. 설사를 하면 나아질까 싶어서 설사약下劑인 수산화마그네슘을 복용해 봤지만 소용없었습니다. 저는 아내에게 관장을 해달라고 부탁했습니다. 하지만 관장을 해도 변은 나오지 않았습니다. 그제야 저는 장이 막힌 것을 알게 됐습니다. 그 사실을 안 순간 죽을 수도 있다는 생각이 들었습니다. 그런 생각이 들자 문득 마하시 사야도께서 설하신 웃띠야Uttiya 존자의 감흥어가 떠올랐습니다.

16 저본에서 수행을 시작한 연도가 1962년과 1963년으로 일정하지 않다. p.31에 1962년 11월에야 새김확립에 대해 생각하게 됐다고 나온다. 이 내용을 바탕으로 1963년 수행을 시작한 것으로 통일했다.

Ābādhe me samuppanne, sati me udapajjatha;

Ābādho me samuppanno, kālo me nappamajjituṁ. (Thag.30)

해석

나에게 병이 생겨나자, 나에게 새김이 일어났다네.

나에게 병이 생겨났으니, 나에게 방일할 시간 아니네.

대역

Me나에게 ābādhe병이 samuppanne생겨나자 sati새김이 me나에게 udapajjatha일어났다. kinti어떻게 일어났는가? me나에게; 나의 상속에 ābādho병이 samuppanno생겨났다. 《iminā eva ābādhena바로 이 병으로 maraṇaṁ vā pāpuṇeyya죽음에도 이를 수 있다. tasmā그러니 idāni지금은》 me나에게 pamajjituṁ 방일할; 관찰하지 않고 잊어버리고 지낼 na kālo시간이 아니다. atha kho사실은 nappamajjituṁ kālo방일하지 말아야 할; 잊어버리지 않고 하나의 새김으로 끊임없이 관찰해 나가야 할 때다. iti이렇게; 이렇게 숙고하고 마음 기울이며 sati새김이 udapajjatha일어났다.[17]

기댈 곳은 관찰뿐

'심하게 아프다고 앓는 소리를 내는 것은 특별한 이익이 없다. 화가 나서 옆에 있는 사람을 저주하고 욕한다 해도 병은 사라지지 않는다. 불선업만 생겨날 뿐이다. 죽는 것은 어쩔 수 없는 일이다. 이전에 관찰했던 법만이 의지할 곳이다. 그대로 관찰하리라'라고 결심했습니다. 그

17 저본에는 게송의 의미를 마하시 사야도의 『쉐보우 시에 보내는 인사』 법문을 참조하라고만 설명돼 있으나 본문에 실었다.

렇게 결심하자마자 1962년에 수행했던 대로 몸에서 드러나는 느낌에 마음을 온전히 보낸 뒤 집중해서 관찰했습니다. 그러자 느낌이 몸에만 존재한다는 사실을 분명하게 알게 됐습니다. 수행해 보지 않으면 느낌이 있다는 사실을 알기 어려울 것입니다.

그것이 어떠한 느낌이든 참기 힘든 느낌이 생겨나는 그 신체 부위에 마음을 두고 관찰하다가 다음과 같은 현상을 경험했습니다.

먼저 뱃속의 장이 심하게 꼬인 것처럼 생각됐습니다. 막혀 있는 위와 장이 팽창해서 소화된 음식들과 섞여 가득 찬 것에도 주시했습니다. 위와 장이 팽창해서 배 전체가 구동 벨트처럼 팽팽해진 것에도 주시했습니다. 그렇게 배 한가운데를 관찰하다가 왼쪽으로 눕고 싶어졌습니다.

옆으로 눕고 싶은 마음이 일어나서 왼쪽으로 몸을 돌리자 배 가운데서 생겨났던 느낌이 사라지고 다시 왼쪽 어느 한 곳에서 아픈 느낌이 생겨났습니다. 편해지리라는 생각에 오른쪽으로 누우려고 했습니다. 그래서 관찰하면서 오른쪽으로 누웠습니다. 왼쪽 배 한 곳의 통증이 사라지고 오른쪽 배 한 곳에서 아픈 느낌이 생겨난 것에 주의를 기울였습니다. 통증이 거듭 생겨났다가 사라졌다가 반복됐습니다. 이것을 계속 관찰하면서 마음은 통증이 생겨나는 배 전체 부위에 계속 집중됐습니다.

저의 마음은 느낌에게 승리를 헌납하지 않았습니다. 그렇다고 패배를 안기지도 못했습니다. 관찰하던 그대로 관찰만 이어나갔습니다. 아내는 할 수 있는 만큼 간호하면서 제 상태에 대해 이것저것 물어보았습니다. 하지만 자세하게 대답하지 않고 간략하게만 설명한 뒤 느낌만 관찰했습니다. 그날 밤 내내 심한 복통을 관찰하는 것만으로 치료하다가 날이 밝아왔습니다.

1966년 8월 12일, 아침이 밝았지만 통증은 사라지지 않았습니다. 막힌 장을 뚫기 위해 밤중에 설사약을 복용하고 관장을 했지만 변은 나오지 않았습니다. 배는 시간이 갈수록 더욱 단단해지고 부풀어 올랐습니다.

아내가 양곤 병원의 외과 전문의에게 전화를 걸어 "선생님, 어젯밤부터 남편이 심한 복통을 앓고 있습니다. 설사약도 복용했고, 양잿물로 관장도 했지만 지금까지 차도가 없습니다. 두 번 정도 토하기도 했습니다. 제발 와서 한 번 봐주세요"라고 왕진을 요청하는 소리가 제 귀에 들렸습니다. 하지만 소리가 귀에 들어오자마자 즉시 사라졌습니다. 한참 있다가 집으로 들른 특진 담당의의 목소리도 귀에 들렸습니다. 그는 손으로 배 이곳저곳을 눌러보며 검진하고는 저에게 이것저것 물었습니다. 저는 중요한 것만 대답하고 마음은 느낌에만 두었습니다.

장폐색

설사약을 복용하거나 관장을 해도 변이 나오지 않으면 대부분의 의사는 장폐색*intestinal obstruction*, 즉 장이 막힌 것을 의심합니다. 하지만 배를 열어서 직접 보아야 장이 막힌 것을 확실하게 알 수 있습니다. 장폐색을 일으키는 여러 병 중 암은 제일 두려운 것으로 의사들이 치료해도 낫기 어렵습니다. 장이 갑자기 막혔다면 환자가 살 가능성보다 죽을 가능성이 더 많다는 것을 특진 담당의도 알고 있었고, 저 또한 알고 있었습니다.

특진 담당의는 "너무 걱정하지 마십시오. 할 수 있는 만큼 열심히 치료해 보겠습니다"라고 저와 아내를 안심시키려 했습니다. 저에게 두려운 마음은 없었습니다. 마음을 배 전체에서 생겨나는 느낌에만 두었습니다. '확실히 죽겠구나'라고 생각하고 제 몸에서 생기고 사라지는 느낌 외에는 어떠한 대상에도 마음이 달아나지 않게 했습니다. 재산도 생각나지 않았습니다. 아내와 자식들도 생각나지 않았습니다. 집착할 만한 대상은 어느 하나도 드러나지 않고 뻣뻣하고 팽창하고 아픈 느낌만 아는 마음이 생겼다가 사라졌다가 하는 것을 알았습니다. 저는 움직이지도 못한 채 침대 위에 바로 누워 있었습니다.

차도가 없다

특진 담당의는 저의 배를 오른손으로 만지면서 살펴보고는 아내에게 글리세린으로 한 번 더 관장해 보라고 알려준 뒤 돌아갔습니다. 하지만 다시 관장을 해도 상태는 호전되지 않았고, 결국 그날 밤 저는 병원으로 이송됐습니다. 그런 상황에서도 관찰하는 마음은 느낌과 마치 하나가 된 듯 계속 느낌에만 머물고 있었습니다. 시간이 갈수록 병세가 악화돼 관찰하기 어려울 정도가 됐지만 저는 관찰을 멈추지 않았습니다.

상태가 악화된 저는 가만히 누워 있는 자세를 취하기가 어려워 침대에서 이리저리 몸을 움직여 보았습니다. 왼쪽 무릎을 구부려 세운 뒤 오른발을 그 위에 올려놓으면 편해질까 싶어 그리 해보기도 했습니다. 관찰하는 마음, 줄기차게 생겨나는 느낌, 이리저리 움직이는 몸, 이 세 가지가 '네가 이기나, 내가 이기나' 싸우는 것처럼 드러났습니다.

집에서 병원에 도착할 때까지 어떤 극심한 느낌이 생겼다가 사라지고, 아는 마음이 생겼다가 사라지고, 주위의 시끄러운 소리가 들렸다가 사라지기를 반복했습니다. 그렇게 받아들이기 힘든 대상들만 번갈아가며 드러났습니다. 가끔 매우 심한 고통도 일어났습니다.

병원 침상에 몸을 눕힌 후에는 침상 위에서 느낌, 혹은 분명하게 드러나는 다른 대상들에만 집중해서 관찰했습니다. 그때 담당의가 와서 급히 복부 엑스레이 촬영을 하라고 지시했고, 간호사와 실습생들이 저를 촬영실로 데려갔습니다. 상황이 긴박하게 돌아갔지만 걱정이나 두려움, 슬픔, 성냄은 전혀 생겨나지 않았습니다. 검사 결과 장폐색으로 진단이 내려졌습니다.

이제 병명을 확실하게 알게 된 것입니다. 담당의는 수술 전 저의 아내에게 수술 동의서를 건넸습니다. 동의서에는 다음과 같은 내용이 적혀 있었습니다. '개복해서 장의 막힌 부분만 잘라내서 다시 연결하도록, 장이 꼬인 것이면 정상적으로 다시 펴도록, 협착된 부분이 튀어나온 아랫부분으로 들어가 있으면 그 부분을 끄집어내도록, 암 덩어리를 발견하면 절제하도록, 가능한 수단이 없으면 아무 조치도 하지 말고 그냥 두도록 한다'는 것이었습니다. 그러면서 수술을 하더라도, 혹은 수술 중에 제가 죽을 수도 있고, 죽지 않더라도 확실히 병을 치료할 수 있다는 장담은 하지 못한다고 했습니다. 최선을 다하겠지만 만일 결과가 좋지 않더라도 받아들여 달라는 뜻이었습니다.

아내가 수술 동의서에 서명하자 수술하기로 최종적으로 결정됐습니다. 그 순간에도 저는 침상 위에서 눈을 감은 채 드러나는 대상만 관찰하고 있었습니다. 그때 담당 레지던트와 간호사가 콧속으로 S-튜브를 위장에 닿을 때까지 밀어 넣었습니다. 튜브의 한쪽 끝이 목에 닿을 때 목구멍이 막힌 것 같은 느낌을 경험했습니다.

튜브가 목구멍을 지나 식도를 거쳐 위장 안으로 들어가자 목구멍이 막힌 것 같은 기분은 조금 줄어드는 것이 느껴졌습니다. 제 마음은 계속 통증이 지속되고 있는 배에 머물렀다가, 목구멍의 간질간질한 느낌에 머물렀다가 했습니다.

도중에 링거액을 주입하기 위해 의사 한 분이 팔 정맥에 주사바늘을 찔렀는데 그때 생겨나는 따끔한 느낌에도 주의를 기울였습니다. 병실 안에서 드러나는 모든 대상이 생겨날 때마다 사라져 버리는 것만 경험하고 있었습니다. 그러다가 밤 10시쯤 담당의가 병실로 와서 제게 말했습니다. "수술해야 할 사유는 충분합니다. 하지만 우선 보존치료*conservative treatment*로 개복하지 않고 지켜보려 합니다. 이제 흡인치환술*suction and replacement*로 위장에서 부패한 것들을 빨아내면서 팔의 정맥으로는 링거액을 계속 주입할 것입니다."

생겨났다가 사라졌다가

담당의가 병실에서 나가자 전담의가 와서 제 위장에서 부패해서 고약한 냄새가 나는 담록색 액을 뽑아냈습니다. 그 액을 유리관으로 뽑아낼 때마다 제 곁에 있던 레지던트가 폐기물 접시*kidney tray*에 버렸고, 거기서 나오는 배설물 냄새가 제 코까지 이르렀습니다.

배의 통증, 목구멍의 간지러움, 뽑아낸 액체에서 풍기는 배설물 냄새, 옆 침상에서 다른 환자가 내지르는 비명과 신음소리, 이러한 대상들을 계속해서 하나씩 경험해 갔습니다. 경험한 것, 들은 것, 맡은 것 모두가 번갈아가면서 생겨났다가 사라지고 있었습니다.

밤 11시가 되자 담당의 처방에 따라 전담의가 수면제를 주사했고, 저는 30분 정도 관찰하다가 잠들었습니다.

1966년 8월 13일 토요일 오전 10시 30분, 당시 담당 수간호사였던 마 테이메이를 만났습니다. 수간호사를 만나기 전에 저는 조심스레 배를 살펴보았고, 어제와는 달리 조금 편안해진 것을 알았습니다. 코도 시원해졌고, 몸이 전체적으로 편안해졌습니다.

마 테이메이는 제게 "어젯밤 레지던트들이 2시간마다 한 번씩 위장에서 부패한 것들을 빼냈습니다. 조금 있으면 또 올 것입니다"라고 말했습니다.

그때 저는 반쯤 잠들어 있었습니다. 심한 고통이 차츰 사라졌습니다. 마음이 고요해져 주위에서 여러 대상이 전날처럼 드러나도 그 대상을 평온하게 관찰할 수 있었습니다.

몸은 아프더라도 마음은 아프지 마라

친지들이 병문안을 왔지만 고통 때문인지 정신이 혼미해 계속 잠만 잤습니다. 이후 다시 눈을 떴을 때 사사나 수행센터에서 오신 마하시 사야도의 제자 우 빤디따 사야도와 우 자와나 사야도가 침상 곁에 서 계시는 것이 보였습니다. 우 빤디따 사야도께서는 고요하고 근엄한 얼굴로 "거사님, 몸은 아프더라도 마음은 아프지 마세요"라고 가르침의 말 한마디만 하셨습니다.

아내와 자식들은 여전히 슬픔으로 마음이 불타고 있었습니다. 친척과 지인들도 걱정이 많았습니다. 하지만 그렇게 걱정하고 있는 가족과 친척들을 보는 제 마음에는 아무런 동요가 없었습니다. "볼 때는 단지 보는 것만 생겨나게 하라"라는 부처님의 가르침에 일치되는 상태인지 모르겠습니다. 두 사야도께서는 저의 침상 옆에서 장애와 위험을 없애는 보호경을 독송하고 사사나 수행센터로 돌아가셨습니다.

차츰 회복하다

그날 저녁이 되자 전날 겪었던 극심한 고통은 거의 사라졌습니다. 새김도 좋아져서 자세하게 관찰할 수 있게 됐습니다. 병원 남쪽에서 불어오는 시원한 바람 때문에 생겨난 행복한 느낌까지 관찰할 수 있었습니다.

가족과 친인척들에게 이제 많이 좋아졌다고 안심시키고는 다시 눈을 감은 채 드러나는 행복한 느낌을 관찰했습니다.

행복한 느낌을 관찰하면서 시간이 갈수록 좋아졌습니다. 아직 제거하지 않은 튜브만 목에서 걸리적거렸습니다. 침을 삼킬 때도 가시에 걸린 듯했습니다.

회복하다

담당의가 저녁 회진 때 제 상태를 물었고, 저는 관찰을 잠시 중단한 채 대답했습니다. "많이 좋아졌습니다. 목에 있는 튜브 때문에 조금 불편한 것만 있습니다." 위장에 아직 남아 있는 부패물들을 뽑아내기 위해 그때까지 튜브를 그대로 둔 상태였습니다.

시간이 지날수록 통증이 점점 줄어들었지만 완전히 좋아진 것은 아니었습니다. 그렇게 토요일 밤이 지나고 다음날 아침, 담당의가 회진을 왔습니다. 그는 제 얼굴과 손가락이 푸르게 변색된 것을 알고 크게 염려하면서, 개복을 해야 할지 말지 고민했습니다. 한동안 제 옆에 서서 골똘히 생각하고 있는 듯 보였습니다. 저는 담당의를 한 번 흘깃 본 뒤 다시 눈을 살짝 감은 채 관찰만 계속 이어나갔습니다. 얼마간 시간이 지나고 담당의는 메스를 사용하지 않고 주사약으로 치료하기로 결정한 후 말했습니다. "이렇게 가만히 둡시다. 차츰 편안해질 것입니다."

그날 저녁, 마하시 사야도께서 수행지도 스승 네 분과 함께 오셨습니다.

깨달음 구성요소

그때까지도 제 낯빛과 손가락은 여전히 푸르죽죽한 상태였습니다. 사실 저는 아침에 회진 온 담당의가 제 손가락을 보고 “손가락이 처음부터 파랬습니까?”라고 물을 때까지 제 손가락이 푸르죽죽하게 변색된 상태인지 전혀 모르고 있었습니다.

마하시 사야도께서는 「봊장가숫따Bojjhaṅgasutta(깨달음 구성요소 경)」를[18] 독송해 주신 뒤 관찰하던 대로 계속 관찰을 이어가라고 당부하시고 가셨습니다. 병문안을 온 가족과 친척들도 모두 각자의 집으로 돌아갔습니다.

그리고 저녁, 저를 다시 살펴본 담당의가 상기된 표정으로 말했습니다. “수술하지 않아도 되겠습니다. 이대로 회복될 것 같습니다.”

밤 10시쯤에는 담당 인턴이 목에서 튜브도 제거했습니다. 그러자 몸이 한결 더 편해졌습니다.

8월 12일 금요일 밤 10시 병원에 들어온 순간부터 8월 14일 일요일 밤 10시까지 물을 한 방울도 마시지 못해서 목구멍이 타는 듯 건조했습니다. 물을 한 모금 마시자 몸이 확 깨어났고, 건조했던 목구멍도 어느새 촉촉해진 것을 느꼈습니다. 담당의가 수면제를 처방해 그날 밤에는 관찰하지 않고 그대로 잠들었습니다.

이렇게 저는 죽음의 위험에서 벗어났습니다. 이전에 열심히 수행했던 법이 죽을지도 모르는 상황에서 제게 큰 의지처가 됐습니다. 고통이 매우 심할 때 제가 관찰한 법의 지지가 없이 마음이 집착할 만한 어느 대상 하나에 머물렀다면, 그리고 그 병 때문에 죽었다면 저는 혐오스

18 한국마하시선원, 『수행독송집』, pp.154~159; 『법회의식집』, pp.172~193 참조.

러운 생에 도달했을지도 모릅니다. 하지만 거룩한 법을 실천해 두었기 때문에 죽음이 임박한 저에게 법은 진정한 의지처가 됐습니다. '진실한 법, 바른 법을 직접 경험했구나'라는 생각에 매우 기뻤습니다.

저는 먹을 것, 입을 것, 지낼 곳을 마련하느라 생계와 관련된 일, 그리고 자식과 아내를 위해 가족과 관련된 일에 많은 시간을 보냈습니다. 그러나 그렇게 시간을 보내는 중에도 하루에 적어도 한 시간은 위빳사나 수행을 놓치지 않았습니다. 제가 직접 겪은 것처럼 짧은 시간이라도 계속 수행하면 특별하고 거룩한 법을 경험할 수 있습니다. 이 책의 독자 여러분에게 수행을 시작해 보시기를 권합니다.

하지만 스승 없이 수행하지는 마십시오. 스승을 친견하고 의지해서 수행해야만 바른 결과를 얻을 수 있습니다.

『아리야와사 법문』의 출판과 법보시를 허락해 주신 마하시 사야도를 비롯해 출판과 관련해 여러 도움을 준 망갈라 우 아운민, 사사나 수행센터 공양간 담당 도 에이찌, 남성 수행자 부서 서기이자 조카인 마 누누에게 감사의 말을 전합니다.

완나쪼틴 닥터 우 민스웨이
제6차 결집 승가의료 총책임자
양곤 사사나 수행센터 책임의료원

첫째 날 법문

1962년 11월 5일

(음력 10월 9일)

오늘 설할 법문은 『앙굿따라 니까야』 「아리야와사숫따Ariyāvāsasutta(성자의 집 경)」(A10:19, 20) 가르침입니다. 본승은 법문할 때 부처님께서 원래 설하신 경전을 먼저 기본으로 두고 설합니다. 이렇게 기본이 되는 경전을 제시하지 않고 부처님께서 설하신 의미만을 취해 쉽게 설할 수도 있습니다. 하지만 부처님께서 직접 설하신 경전을 기본으로 둔 다음 법문을 설하는 것이 더 확실하고 의미도 더 분명할 것이라고 생각합니다.

경전은 먹줄과 같다

부처님께서 설하신 법문들을 '숫따sutta·經'라고 부릅니다. '숫따sutta'라는 빠알리어에는 여러 의미가 있습니다. 그중 '숫따란 먹줄이다'라는 의미를 특별히 숙고해 볼 만합니다. 먹줄이란 기준을 잡는 줄입니다. 목수들이 나무를 베고 자르고 다듬고 조각할 때는 제일 먼저 먹줄을 튕겨야 합니다. 이것은 당연한 작업과정입니다. 여러분도 본 적이 있을 것입니다. 그렇게 먹줄을 튕긴 뒤 먹줄에 따라서 베고 자르고 다듬고 조각해야 합니다. 목수가 '나는 유능하다. 그러니 먹줄을 튕길 필요가 없다'라고 하면서 눈으로 대강 짐작해서 베고 자르고 다듬고 조각한다면 원하는 모양이 나오지 않아서 작업이 제대로 이루어지지 않을 것입니다. 먹줄을 튕긴 후에 베고 자르고 다듬고 조각한다면 잘못되지 않고 자기가 원하는 모양대로 잘 나올 것입니다. 따라서 목수라면 먹줄을 튕겨 그 먹줄대로 나무를 베고 자르고 다듬고 조각해야 합니다.

교법이라는 먹줄

부처님의 교법sāsana도 마찬가지입니다. 부처님의 훈계이자 가르침인 경전은 법을 실천하기를 원하는 이들에게 먹줄과 같습니다. 그리고 불교에 입문한 이들이라면 가르침이라는 먹줄 그대로만 실천해야 합니다.

부처님께서는 가르침이라는 먹줄을 다음과 같이 튕겨 놓으셨습니다. 먼저 계sīla를 어떻게 실천해야 하는지 먹줄로 튕겨 놓으셨습니다. 그 먹줄에 따라서만 계를 실천해야 합니다. 계를 마음대로 바꿔서 실천해서는 안 됩니다. 부처님께서 '살생을 삼가야 한다. 도둑질을 삼가야 한다'라고 오계를[19] 설하셨습니다. 그 오계를 부처님께서 설해 놓으신 그대로 실천해야 합니다. 오계 중 어느 것을 빼고서 사계, 삼계 등으로 실천해서도 안 되고, 더 첨가해서 육계, 칠계 등으로 실천해서도 안 됩니다.[20]

그리고 삼매samādhi를 어떻게 실천해야 하는지도 먹줄을 튕겨 놓으셨습니다. 그 먹줄에 따라서만 삼매를 실천해야 합니다. 삼매 수행주제에는 모두 40가지가 있습니다.[21] 그 가르침에 따라서 실천해야 합니다. 그러지 않고 50가지, 60가지, 70가지 삼매 수행주제 등으로 바른 법들이 아닌 것들을 이것저것 만들어 첨가해서 실천하면 안 됩니다.

또한 통찰지paññā를 어떻게 실천해야 하는지도 먹줄을 튕겨 놓으셨

19 오계에 대해서는『가르침을 배우다』제5장 참조.

20 부처님의 성전에는 '일계, 이계, 육계 등이 없지만 지킬 수 있는 만큼 계목을 수지해서 지킬 수도 있다'라는 내용은『가르침을 배우다』, pp.208~210 참조.

21 사마타 수행주제 40가지를 간략하게 정리한 내용은 비구 일창 담마간다 편역,『위빳사나 백문백답』, pp.28~31 참조.

습니다. 통찰지 수행의 먹줄은 여러 종류가 있습니다. 무더기khandha로도 먹줄을 튕겨 놓으셨습니다. 감각장소āyatana로도 튕겨 놓으셨습니다. 요소dhātu로도 튕겨 놓으셨습니다. 진리sacca로도 튕겨 놓으셨습니다. 연기paṭiccasamuppāda로도 튕겨 놓으셨습니다. 물질·정신nāmarūpa으로도 튕겨 놓으셨습니다. 이렇게 통찰지 수행의 먹줄은 다양합니다. 그 먹줄들 중 어느 하나에 따라서 실천해야 합니다. 이렇게 먹줄과 비슷하기 때문에 부처님께서 설해 놓으신 가르침을 '숫따sutta'라고 부릅니다.

그래서 본승은 법을 설할 때 '숫따', 즉 '경전'이라는 먹줄을 먼저 튕겨 놓습니다. 일부 사람들은 글을 쓸 때 '먹줄이 없어도 잘 쓸 수 있다'라고 자신하며 먹줄 없이 글을 씁니다. 그렇게 하더라도 어느 정도는 똑바로 잘 쓸 수 있을 것입니다. 하지만 먹줄을 튕긴 후에 글을 쓴 것만큼 확실하지는 않습니다. 안심할 수도 없습니다. 그래서 본승은 매번 가르침의 먹줄을 튕겨 놓습니다. 오늘 설할 가르침의 먹줄은 「아리야와사숫따」라는 경입니다. 경의 명칭은 이미 배부한 게송 자료를 통해 알고 있을 것입니다. 그 게송들은 부처님께서 설하신 가르침을 쉽게 기억할 수 있도록 본승이 간략하게 만든 것입니다. 모두 삼장piṭaka의 가르침이니 나중에 원할 때 꺼내볼 수 있도록 소중히 보관하기 바랍니다.

이제 부처님께서 설하신 「아리야와사숫따」라는 가르침의 먹줄을 본승이 먼저 빠알리어로 독송하며 튕겨 놓겠습니다. '부처님께서도 이렇게 말씀하셨을 것이다'라고 생각하면서 주의를 기울여 정성스럽게 듣기 바랍니다.

아리야와사 가르침의 먹줄

Dasayime, bhikkhave, ariyāvāsā, ye ariyā āvasiṁsu vā āvasanti vā āvasissanti vā. (A.iii.279)

해 석

비구들이여, 이 성자의 집은 열 가지이니 성자들은 그것들을 의지해서 살았고 의지해서 살고 있고 의지해서 살 것이다.[22]

대 역

Bhikkhave비구들이여, ime ariyāvāsā이 성자의 집은; 성자들이 머무는 집은 dasa열 가지이니 ye그것들을; 성자의 집인 열 가지 법들을 ariyā성자들은 āvasiṁsu vā의지해서 살았고; 과거에도 의지해서 살았고, āvasanti vā의지해서 살고 있고; 현재에도 의지해서 살고 있고, āvasissanti vā의지해서 살 것이다; 나중에도 의지해서 살 것이다.

성자 여덟 분

'아리야와사ariyāvāsa'란 여덟 분의 성자를[23] 뜻하는 '아리야ariyā'와 머무는 집을 뜻하는 '아와사āvāsa'의 합성어입니다. 그래서 '아리야와사ariyāvāsa'란 성자들이 머무는 집을 말합니다. 여덟 분의 성자란 수다원

22 본문의 'āvasati'는 '(어느 장소에서) 산다'라는 뜻이 기본 의미지만 '의지해서 산다'라는 뜻도 있고(*Sayadaw U Paññissarābhivaṁsa* 등, 『*Tipiṭaka pāḷi-myanmā ābhidhān*(삼장 빠알리어-미얀마 사전)』 제4권, p.420 참조), 앞에 'ye'라는 단어가 목적격이어서 저본의 대역대로 '성자의 집을 의지해서 산다' 등으로 해석했다.

23 성자라는 단어는 "번뇌로부터 멀리 떨어졌다고āraka 해서 성자ariya다"라고(UdA.277) 분석할 수 있다. 이와 관련해서 범부에는 무더기나 요소 등에 대해 배우거나 질문하거나 반조하지 않는 눈먼 범부andhaputhujjana와 그렇게 하는 훌륭한 범부kalyāṇaputhujjana, 두 종류가 있다. 범부라는 단어는 "많은puthu 번뇌를 생겨나게 한다고janenti 해서 범부puthujjana다. 많은puthu 스승을 고대하기 때문에 범부다"라고(DA.i.58) 분석할 수 있다.

도, 사다함도, 아나함도, 아라한도, 이렇게 도의 단계에 있는 네 분, 수다원, 사다함, 아나함, 아라한, 이렇게 과의 단계에 있는 네 분, 합쳐서 여덟 분입니다. 이 중 도의 단계에 있는 네 분은 헤아리는 정도로만 설명할 수 있습니다. '어떠한 사람이다'라고 분명히 말하기는 어렵습니다. 도의 단계에 있는 사람은 마음 한 찰나 정도만 존재하기 때문입니다.[24] 위빳사나 수행자의 지혜가 성숙돼 완전히 구족되면[25] 성스러운 도로 열반을 경험합니다.[26] 그렇게 경험하는 순간은 긴 시간이 아닙니다. 1초도 걸리지 않습니다. 매우 짧은 '마음 한 찰나' 정도입니다. 그렇게 열반을 보고 증득하는 한 찰나에 존재하는 개인을 '도의 단계에 있는 개인'이라고 부릅니다. 성스러운 도를 통해 열반을 경험한 뒤 바로 다음에 도와 비슷한 과의 마음이 생겨납니다. 과의 마음이 생겨나는 순간부터 그를 '과의 단계에 있는 개인'이라고 부릅니다.[27] 간략하게 말하면 과의 단계에 있는 네 개인으로만 성자들을 분명하게 나타낼 수 있고, 직접 만날 수 있습니다.

---

24 마하시 사야도 지음, 비구 일창 담마간다 옮김, 『위빳사나 수행방법론』 제2권, pp.390~391 참조.

25 ㊞수행과 관련해서 수행자의 일이 따로, 법의 일이 따로이다. 〈부푼다, 꺼진다〉 등으로 바른 방법에 따라 확신을 가지고, 정성 다해, 열심히 관찰하는 것만이 수행자의 일이다. 정신과 물질이 구별되고, 조건과 결과가 파악되고, 무상과 괴로움과 무아를 아는 등으로 지혜가 향상되는 것은 법의 일이다. 수행자가 "왜 지혜가 향상되지 않는가? 왜 무상을 보지 못하는가?"라고 따지는 것은 법의 일에 수행자가 간섭하는 것이다. 그렇게 간섭하면 오히려 수행이 더디게 진행된다. 수행자는 수행자의 일인 관찰만 열심히 해야 한다. 그러면 나중에 지혜가 저절로 향상된다.

26 ㊞미얀마에서는 '열반에 도달한다'로도 표현하지만 몸이 열반이라는 어떤 황금 궁전, 장소에 도달하는 것이 아니다. 마음이 열반을 대상으로 하는 것을 말한다.

27 ㊞도와 과를 증득한 비구, 사미, 청신사 등을 부처님의 '진짜 아들'이라고 부른다. 도와 과를 증득한 비구니, 식차마니, 사미니, 청신녀 등을 부처님의 '진짜 딸'이라고 부른다. 이렇게 부처님의 진짜 아들과 진짜 딸이 돼야 "부처님을 친견했다. 부처님을 직접 봤다"라고 말할 수 있다. "법을 보는 것이 나를 보는 것이다"라고 부처님께서 설하셨기 때문이다.(It.256) 하지만 열반을 증득하기 위해 열심히 노력하는 위빳사나 수행자라면 '입양한 아들', '입양한 딸' 정도는 될 수 있다. 친자식이 되도록 더 노력해야 한다.

도의 단계에 있는 개인

도의 단계에 있는 개인에게 보시하는 방법

성자에게 베푼 보시는 큰 결과가 있습니다.(Vv.62) 그렇다면 찰나로만 존재하는 도의 단계에 있는 성자에게 어떻게 보시할 수 있을까요? 열심히 노력하는 위빳사나 행자āraddhavipassaka라면 어느 장소, 어느 때를 막론하고 도에 도달할 가능성이 있습니다. 탁발하려고 서 있는 비구에게 음식을 보시할 때 그 비구에게 도가 생겨난다면, 혹은 공양을 위한 정자에[28] 앉아 있는 비구에게 음식을 보시할 때 그 비구에게 도가 생겨난다면, 혹은 정사나 공양을 위한 정자에 앉아 있는 비구의 발우를 집으로 가져와 그 발우에 음식을 보시하는 순간 그 비구에게 도가 생겨난다면 그것은 도의 단계에 있는 성자에게 보시한 것입니다.(MA.iii.224)[29]

좀 더 넓은 의미에서 본다면 삼귀의를 수지하고 오계 등을 잘 지키는 범부 재가자나, 비구계를 잘 준수하며 사문의 도를 잘 실천하는 범부 출가자도 모두 수다원도의 위치에 있는 개인에 포함된다고 설명합니다.(M142/MA.iv.2224) 그래서 이러한 이들에게 보시하는 것도 도의 단계에 있는 성자에게 보시하는 것에 해당한다고 말할 수 있습니다.[30]

28 스리랑카에는 마을 입구마다 비구들이 공양을 할 수 있도록 정자가 마련돼 있다.
29 비구 일창 담마간다 편역, 『보배경 강설』, pp.125~126 참조.
30 『가르침을 배우다』, p.108 참조.

겁 중지자

도 마음이 생겨난 뒤에는 과 마음이 두세 번 확실하게 일어납니다. 도 마음이 일어났는데도 과 마음이 일어나지 않게 할 수 있는 방법은 없습니다. 이것을 문헌에서는 "만약에 도 마음이 일어나고 과 마음이 일어나기 직전에 우주가 무너지려고 하더라도 도 마음이 워낙 강하기 때문에 그 순간에는 우주가 무너지지 않는다. 과 마음이 일어난 다음에야 우주가 무너진다"라고 설명합니다. 이러한 개인을 '겁 중지자ṭhitakappī'라고 합니다. 파괴되는 겁을 멈추게 하는 개인이라는 뜻입니다.(Pug.16)[31]

도의 위력

도는 각각 해당하는 번뇌를 뿌리 뽑기 때문에 진실로 깨끗합니다. 또한 자신처럼 매우 청정한 과라는 결과를 줍니다. 그렇게 결과를 줄 때 '시간이 걸리지 않고' 즉시 다음 마음 찰나에 줄 수 있습니다. 이러한 여러 덕목 때문에 성스러운 도를 '성스러운 도 삼매와 견줄 만한 보배는 없다'라고 부처님께서 「라따나숫따Ratanasutta(보배경)」에서 설하셨습니다. 색계 삼매와 무색계 삼매를 닦으면 범천 탄생지에 태어날 수는 있지만 지옥 등 사악도에 태어나는 것에서 완전히 벗어나지는 못합니다. 성스러운 도, 특히 아라한도 삼매를 닦았다면 모든 재생연결을 완전히 제거합니다. 그래서 도 삼매와 동일한 삼매는 없다고 주석서에서 밝혔습니다.[32]

31 우 소다나 사야도 법문, 비구 일창 담마간다 편역, 『아비담마 강설 1』, p.410; 『보배경 강설』, pp.106~107 참조.

32 『보배경 강설』, p.107 참조.

성자의 집

이러한 성자들은 어디에서 지낼까요?[33] 바로 '아리야와사ariyāvāsa'라는 성자의[34] 집에서 지냅니다. 일반인들이 각자의 집에서 지내고, 출가자들이 각자의 정사에서 지내는 것과 마찬가지로 성자들은 성자의 집에서 지냅니다.[35]

과거의 성자들도 성자의 집에서 지냈습니다. 고따마Gotama 부처님 바로 전에 출현하셨던 깟사빠Kassapa 부처님 당시 깟사빠 부처님과 함께 많은 성제자가 있었습니다. 그 성자들도 모두 '아리야와사ariyāvāsa'라는 성자의 집, 성자들이 실천하는 법을 의지해서 지냈습니다. 그보다 더 과거에 출현하신 꼬나가마나Koṇāgamana 부처님, 그보다 더 전에 출현하신 까꾸산다Kakusandha 부처님 등 과거에 출현하셨던 헤아릴 수 없이 많은 부처님들과 성제자들도 이 '아리야와사ariyāvāsa'라는 '성자의 집', '성자들이 실천하는 법'을 의지해서 지냈습니다.

고따마 부처님께서 출현하신 지금도 고따마 부처님을 비롯해 많은 제자가 있습니다. 부처님께서 「아리야와사숫따」를 설하신 때도 시간상으로는 현재입니다. 그렇게 현재 존재하고 있는 성자들도 이 성자의 집을 의지해서 지내고 있고, 지내는 중이고, 계속 지냅니다. 고따마 부처님의 가르침은 지금도 지속되고 있고 앞으로도 계속 이어질 것이기 때문에 고따마 부처님 교법이 존재하는 동안은 '아리야와사ariyāvāsa'라는

33 저본에서는 과거형으로 표현했으나 문맥상 일반적인 의미를 담고자 현재형으로 바꿨다.

34 저본에서는 복수형으로 표현했으나 단수형 표현을 선호하는 우리말에 따라 단수형으로 표현했다.

35 ㉻그렇다면 새김 없이 방일하게 지내는 자들은 어디에서 산다고 할 수 있는가? "Pamattassa ca nāma cattāro apāyā sakagehasadisā 방일한 자에게는 사악도가 자신의 집과 같다"라는(DhpA. i.6) 주석서 설명처럼 살생이나 도둑질 등의 악행을 일삼는 자들, 보시나 계 등의 선행을 하지 않는 자들은 모두 방일하게 지내는 자들이고 그들은 주로 사악도에서 산다고 말할 수 있다.

'성자의 집', '성자들이 실천하는 법'을 의지해서 지내고 있다고 말할 수 있습니다.

미래에 아리멧떼이야Arimetteyya 부처님을 시작으로 출현하실 부처님들과 성제자들도 헤아릴 수 없이 많을 것입니다. 그러한 성자들도 이 '아리야와사ariyāvāsa', '성자의 집', '성자들이 실천하는 법'을 의지해서 지낼 것입니다. 이러한 '아리야와사ariyāvāsa'라는 '성자의 집', '성자들이 실천하는 법'에는 열 가지가 있습니다. 부처님께서는 그 법들을 하나씩 설하셨습니다.

성자의 집 열 가지 개요

Katame dasa? Idha, bhikkhave, bhikkhu pañcaṅgavippahīno hoti, chaḷaṅgasamannāgato, ekārakkho, caturāpasseno, paṇunnapaccekasacco, samavayasaṭṭhesano, anāvilasaṅkappo, passaddhakāyasaṅkhāro, suvimuttacitto, suvimuttapañño. (A.iii.279)

이것이 성자의 집 열 가지 법의 개요입니다. 부처님께서 원래 설하신 빠알리어 그대로 개요를 독송하면서 먹줄을 튕겨 놓은 것입니다. 이 독송은 듣기에 매우 좋습니다. 빠알리어를 이해하는 수행자들이라면 의미까지 전달돼 더 좋을 것입니다. 본승의 빠알리어 경전 독송을 포함한 법문을 들으면 일부 빠알리어에 능숙한 수행자들에게 찌릿찌릿한 희열이 생겨난다고 합니다. 과거 부처님께서 직접 설하시는 빠알리어 음성을 듣는다면 얼마나 더 큰 희열이 생겨날지 알 수 없습니다. 빠알리어 독송을 들을 때 생겨나는 그 '찌릿찌릿함'이 무엇인지 묻는 이들도 있었습니다. 그것을 '법 희열dhammapīti'이라고 합니다. 법 희열은 빠알리어 독송을 듣는 것만으로도 생겨날 수 있고, 독송이 의미하는 바와 자신이 수행하면서 관찰한 모습이 일치하는 것을 알고 생겨날 수도 있습니다. 하지만 빠알리어를 모르는 이들에게는 빠알리어 독송이 매우 어려울 것입니다. 이제 그 의미를 해석하겠습니다.

해 석

열 가지란 무엇인가? 비구들이여, 여기서 비구는 다섯 가지 구성요소를 제거했고[36], 여섯 가지 구성요소를 갖췄고, 한 가지 보호가 있고, 네 가지 의지처가 있고, 독자적 진리를 잘라냈고, 추구를 완전히 버리고 그만뒀고[37], 생각이 혼탁하지 않고, 몸의 형성이 고요하고, 잘 해탈한 마음이 있고, 잘 해탈한 통찰지가 있다.

대 역

Dasa열 가지란; 성자의 집 열 가지 법이란 katame무엇인가? bhikkhave비구들이여, idha여기서; 이 가르침에서 bhikkhu비구는; 윤회의 위험을 내다보는 이는; 번뇌를 무너뜨리려는 수행자는 pañcaṅgavippahīno hoti다섯 가지 구성요소를 제거했고; 다섯 가지 구성요소를 제거한 이고, chaḷaṅgasamannāgato hoti여섯 가지 구성요소를 갖췄고; 여섯 가지 구성요소를 갖춘 이고, ekārakkho한 가지 보호가 있고; 한 가지 보호가 있는 이고, caturāpasseno hoti네 가지 의지처가 있고; 네 가지 의지처

36 직역하면 '제거한 이고'라고 표현해야 하지만 한국어 표현으로는 어색해 해석에서는 '제거했고'라고 표현했다. 대역에서는 그대로 직역했다. 나머지도 마찬가지다.

37 '버리고'에 '그만두고'라는 의미가 포함되지만 성전 본문에 비슷한 의미를 강조하기 위해 사용됐기 때문에 포함해서 해석했다.

가 있는 이고, paṇunnapaccekasacco hoti독자적 진리를 잘라냈고; 독자적 진리를 잘라낸 이고, samavayasaṭṭhesano hoti추구를 완전히 버리고 그만뒀고; 추구를 완전히 버리고 그만둔 이고, anāvilasaṅkappo hoti생각이 혼탁하지 않고; 생각이 혼탁하지 않은 이고, passaddhakāyasaṅkhāro hoti몸의 형성이 고요하고; 몸의 형성이 고요한 이고, suvimuttacitto hoti잘 해탈한 마음이 있고; 잘 해탈한 마음이 있는 이고, suvimuttapañño hoti 잘 해탈한 통찰지가 있다; 잘 해탈한 통찰지가 있는 이다.

비구 두 종류

먼저 첫 부분에 "bhikkhu비구는; 윤회의 위험을 내다보는 이는; 번뇌를 무너뜨리려는 수행자는"이라고 대역했습니다. 여기서 'bhikkhu 비구'에는 경장에 따른 비구도 있고 율장에 따른 비구도 있습니다. 먼저 경전 가르침에 따라서는 "saṁsāre bhayaṁ ikkhatīti bhikkhu(윤회에서 위험을 내다본다. 그래서 비구이다)"라는(ItA.61) 구절에 따라 윤회의 위험을 내다보는 이를 비구라고 합니다. 『디가 니까야 주석서』에서는 다음과 같이 설명합니다.

Paṭipannako hi devo vā hotu manusso vā, bhikkhūti saṅkhyaṁ gacchati. (DA.ii.346)

대역

Devo vā hotu천신이든 manusso vā사람이든 paṭipannako실천하는 이는; 법을 수행하는 이는 bhikkhūti saṅkhyaṁ비구라는 용어에 gacchati포함된다.

"천신이든 인간이든 윤회의 위험을 내다보고 그 윤회로부터 벗어나려고 법을 실천하고 있으면 그러한 이는 모두 비구라고 부를 수 있다"라는 뜻입니다.

다른 방법으로는 "kilese bhindatīti bhikkhu(번뇌들을 무너뜨린다. 그래서 비구이다)"라고도(VbhA.314) 설명합니다. 번뇌들을 무너뜨리고 있으면 비구라고 할 수 있다는 뜻입니다. 법을 실천하고 있는 이들에게는 번뇌들이 무너져 버립니다. 수행하지 않으면 번뇌들이 없어지지 않습니다. 오히려 늘어나고 많아집니다. 수행할 때도 적게 수행하면 번뇌들이 적게 없어지고 많이 수행하면 많이 없어집니다. 완벽하게 수행하면 번뇌들이 완전히 없어져 아라한이 됩니다. 그러므로 법을 실천하는 이들이 먼저 계sīla를 잘 지키며 실천하고 있으면 계와 관계된 '위범번뇌vītikkama kilesa·違犯煩惱'를 없애고 있다고 말합니다. '위범번뇌'란 살생이나 도둑질 등 몸과 말로 그릇된 실천을 하도록 부추기는 탐욕이나 성냄 등의 번뇌를 말합니다. 계를 잘 실천하고 있으면 그렇게 매우 거친 위범번뇌들을 없애고 있다고 말할 수 있습니다. 삼매samādhi 수행을 잘 실천하고 있으면 삼매와 관계된 '현전번뇌pariyuṭṭhāna kilesa·現前煩惱'를 무너뜨리고 있다고 말할 수 있습니다. '현전번뇌'란 마음으로 생각하고 망상하면서 생겨나는 탐욕이나 성냄 등의 번뇌들입니다. 삼매 수행을 실천하고 있으면 그렇게 중간 정도로 거친 현전번뇌들을 제거하고 있다고 말할 수 있습니다. 이어서 '잠재번뇌anusaya kilesa·潛在煩惱'란 조건이 형성될 때마다, 기회를 얻을 때마다 생겨날 수 있는 탐욕이나 성냄 등의 번뇌들을 말합니다. 위빳사나 관찰을 하고 있으면 계속해서 관찰할 때마다 그렇게 미세한 잠재번뇌들을 제거하고 있다고 말할 수 있습니다. 비유하자면 손도끼로 나무의 가지를 쳐낸다고 할 때, 쳐낼 때마다 원하지 않는 부분들이 탁탁 떨어져 나가는 것과 같습니다. 혹은 괭이로 땅을 팔 때, 팔 때마다 흙이 조금씩 계속 떨어져 나가는 것과 마찬가지입니다. 여섯 문에서 물질과 정신이 드러날 때마다 계속해서 관찰하고 있으면 관찰할 때마다 계속해서 번뇌들이 떨어져 나가고 없어져 버립니다. 그래서 위빳사나 지혜 수행을 실천하고 있는 이들은 관찰할 때마다 계속해서 번뇌들을 제거하고 있다고 말할 수 있습니다. 그래서 "kilese번뇌들을 bhindati무너뜨린다. iti그래서 bhikkhu비구이다"라고 설명한 것입니다. 지금까지는 경장에 따른 비구를 설명했습니다.

율장에 따른 비구는 율장에 일치하게 수계해서 가사를 두르고 바르게 실천하고 있는 출가자들을 말합니다. 이러한 율장에 따른 비구에는 부처님 당시의 경우, 부처님께서 직접 "ehi bhikkhu 오라 비구여"라고 부르시는 것만으로 비구가 된 이들이 있습니다. 그리고 다른 방법으로 비구가 된 이들도 있습니다.[38] 일반적으로는 승가 모임에서 공식 갈마kamma를[39] 통해 구족계를 받는 경우가 대부분입니다. 지금 이곳에 계신 스님들도 모두 갈마를 통해 구족계를 받은 스님들입니다.

「아리야와사숫따」에서의 비구는 경장에 따른 비구입니다. 경전에 따라 말하면 갈마를 통해 출가한 스님이든 재가자든 법을 실천하고 있는 이는 모두 비구라고 부를 수 있습니다. 그러므로 이 경에서의 비구는 사람들뿐만 아니라 욕계천신과 범천들까지도 포함합니다. 그래서 "idha여기서; 이 가르침에서 bhikkhu비구는; 윤회의 위험을 내다보는 이는; 번

38 초기에는 삼귀의로 수계를 받았다. 비구 일창 담마간다 지음, 『부처님을 만나다』, p.233 참조. 마하깟사빠 존자의 경우는 가르침을 듣는 것만으로 비구계를 받았다. 『부처님을 만나다』, p.254 참조.

39 갈마에 해당하는 빠알리어 'kamma'는 '행위'나 '업'을 뜻하기도 한다. 여기서는 승단이 공식적인 절차를 통해 여러 사안을 결정하는 것을 말한다. 빠알리어 'kamma'에 해당하는 산스크리트 용어 'karma'를 음차한 한역의 갈마羯磨라는 용어를 그대로 사용했다. 전재성 역주, 『비나야삐따까』, p.43 참조.

뇌를 무너뜨리려는 수행자는 pañcaṅgavippahīno hoti다섯 가지 구성요소를 제거했다; 다섯 가지 구성요소를 제거한 이다"라고 대역했습니다.

성자의 집 열 가지

"성자의 집 열 가지란 무엇인가?"라는 질문에 부처님께서는 먼저 "다섯 가지 구성요소를 버리는 것이 성자가 머무는 집 중 하나다"라고 설하셨습니다.

세상 사람들은 집을 지어 그곳에서 지냅니다. 각자의 형편대로 적당한 집을 짓습니다. 미얀마에서는 비바람을 막기 위해 니파*nipa* 야자수나 야자 잎, 대나무 등으로 지붕을 얹기도 합니다. 어떤 집들은 비바람조차 잘 막지 못합니다. 부유한 이들은 안전하고 보기에도 좋은 집을 짓습니다. 나무로도 짓고 벽돌로도 짓습니다. 이렇게 각자 형편에 맞게 집을 지어 그곳에서 지내는 것은 무엇 때문입니까? 여러 위험으로부터 자신과 가족들을 보호하기 위해서입니다. 집 없이 노지露地에서 지낸다면 한여름에는 너무 더워 괴롭습니다. 비가 많이 내리면 비에 젖어 괴롭습니다. 바람이 심하게 불어도 괴롭습니다. 이렇게 되면 건강이 나빠지고 병에 걸려 죽을 때까지 고통을 당합니다. 이뿐만이 아닙니다. 모기나 등에[40], 뱀이나 지네 등에 물릴 수도 있습니다. 심지어 도둑이나 강도들이 침입해서 때리고 괴롭히고 죽일 수도 있습니다. 나쁜 사람들이 지나가다가 함부로 돌멩이를 던져도 보호막이 없어 무방비 상태로 당해야 합니다. 이러한 모든 위험으로부터 자신과 가족을 보호하기 위해 안전한 집을 짓고 그곳에서 지내는 것입니다.

40 동물의 몸에 달라붙어 피를 빨며 살아가는 곤충이다.

윤회에서도 마찬가지입니다. 성자의 집이라는, 위험으로부터 안전한 집이 없으면 겪어야 하는 위험들이 너무 많습니다. 일반적인 집이 없어 생기는 위험들보다 훨씬 더 심합니다. 뜨거운 햇볕과 세찬 비, 모기나 지네에 물리는 것, 돌멩이에 맞는 것과는 비교도 되지 않습니다. 도둑질과 강도를 당하는 것도 윤회의 위험에 비하면 전혀 심하다고 할 수 없습니다. 그 이유는 이 세상의 위험들은 지금 한 생에만 고통을 주기 때문입니다. 다음 생까지 따라가 고통을 줄 수는 없습니다. 그러나 윤회의 위험은 윤회하는 내내 고통을 줍니다. 어느 정도로 심한가 하면 사악도까지 떨어지게 할 수 있습니다. 사악도 중에서도 지옥에 떨어져 몇 십만 년, 몇 백만 년, 몇 천만 년 동안 극심한 고통을 겪어야 합니다. 아귀로 태어났을 때도 마찬가지입니다. 몇 십만 년, 몇 백만 년, 몇 천만 년 동안 극심한 고통을 겪어야 합니다. 축생으로 태어났을 때도 마찬가지입니다. 오랜 세월 동안 극심한 고통을 겪어야 합니다. 사람의 생에서도 빈곤한 가정에 태어나면 먹을 것을 구하는 데 어려움을 겪거나 다른 사람이 시키는 일을 해야 하는 등 여러 고통을 겪어야 합니다. 부유한 가정에 태어나도 늙고 병들고 죽어야 하는 여러 고통을 피할 수 없습니다. 이러한 것들이 윤회의 위험입니다. '아리야와사ariyāvāsa'라는 성자의 집에서 지내지 않는 이들은 그러한 윤회의 위험과 거듭거듭 만나야 합니다.[41] 성자의 집에 해당하는 법들을 실천해

41 ㊞성자의 집에서 지내지 않아 사악도 등의 고통을 겪는 것처럼, 사악도 등에 태어났을 때도 성자의 집에서 지내기 힘들다. 성자들의 법을 실천하기 힘들다. 손톱 위에 올려놓은 흙의 양이 온 세상의 흙에 비하면 극히 적은 것처럼 선처에서 선처로 태어나는 중생은 매우 드물다.(S20:2; S5:102~131) 백 년 만에 한 번씩 물위로 올라오는 눈먼 거북이가 넓은 바다에 떠다니는 널빤지에 뚫린 자기 머리 크기의 구멍 속으로 목을 내미는 것보다 악처에 떨어진 뒤 다시 인간의 몸을 받는 것이 더 어렵다.(S56:47) 선처에 태어났어도 무상유정천에 태어난 시기, 사람으로 태어났어도 변방에 태어난 시기, 지혜를 갖추지 못한 시기, 부처님의 가르침이 없는 시기에는 성자의 집에 해당하는 법들을 실천하기 어렵다. 『가르침을 배우다』, pp.382~386 참조.

서 성자의 집에 머물고 있는 부처님이나 아라한 성자들은 그러한 위험으로부터 완전히 벗어나셨습니다. 그래서 윤회의 위험으로부터 벗어나 진정 안전한 성자의 집을 잘 지어서 몸도 편하고 마음도 편하게 지낼 수 있도록 부처님께서 다음과 같이 성자의 집에 해당하는 법들을 설하셨습니다.

성자의 집① 다섯 가지 구성요소를 제거했다

Idha, bhikkhave, bhikkhu pañcaṅgavippahīno hoti. (A.iii.279)

대 역

Bhikkhave비구들이여, idha여기서; 이 가르침에서 bhikkhu비구는; 윤회의 위험을 내다보는 이는; 번뇌를 무너뜨리려는 수행자는 pañcaṅgavippahīno hoti다섯 가지 구성요소를 제거했다; 다섯 가지 구성요소를 제거한 이다.

성자의 집 첫 번째는 "다섯 가지 구성요소를 제거한 것"입니다. 다섯 가지 구성요소를 완전히 제거하도록 실천해야 한다는 뜻입니다. 다섯 가지 구성요소를 제거하는 모습은 뒤에서 자세히 설명할 것입니다. 여기서는 '다섯 가지 구성요소가 무엇인가? 어떻게 제거해야 하는가?' 라고 한 번 생각해 보는 것으로 충분합니다. 그렇게 생각해 보도록 부처님께서 서문을 설하신 것입니다.

성자의 집② 여섯 가지 구성요소를 갖췄다

Chaḷaṅgasamannāgato. (A.iii.279)

대 역

Chaḷaṅgasamannāgato hoti여섯 가지 구성요소를 갖췄다; 여섯 가지 구성요소를 갖춘 이다.

성자의 집 두 번째는 "여섯 가지 구성요소를 갖춘 것"입니다. 여섯 가지 구성요소를 갖추도록 실천해야 한다는 뜻입니다. 집은 기둥, 들보, 서까래, 지붕틀, 지붕, 바닥, 문, 창문 등 여러 부분으로 이루어져 있습니다. 현관, 조명 등도 있습니다. 이렇게 사람들이 사는 집에 여러 많은 부분이 있는 것처럼 성자들이 머무는 집에도 여섯 부분, 여섯 구성요소가 있다는 뜻입니다. 이러한 여섯 가지 구성요소도 갖춰야 합니다.

성자의 집③ 한 가지 보호가 있다

Ekārakkho. (A.iii.279)

대 역

Ekārakkho hoti한 가지 보호가 있다; 한 가지 보호가 있는 이다.

성자의 집 세 번째는 "보호하는 한 가지가 있어야 한다"입니다. 보호하는 것 하나를 실천해야 한다는 뜻입니다. 인간 세상에서 부유한 이들의 집에는 안전장치가 있습니다. 안전장치는 여러 위험으로부터 보호하기 위해 마련해 두는 것입니다. 성자의 집도 마찬가지입니다. 번뇌 등의 여러 위험으로부터 보호하는 것 하나가 있어야 합니다.

이 세 가지 항목을 "다섯제거 육구족 하나보호해"라고 표현했습니다. 이렇게 게송으로 표현하는 것은 빠알리어를 잘 알지 못하는 이들도 쉽게 기억하도록 간략하게 보여 주기 위해서입니다. 게송을 독송합시다.

다섯제거 육구족 하나보호해

다섯 가지 구성요소를 제거하는 것이 성자의 집 하나, 여섯 가지 구성요소를 갖추는 것이 성자의 집 하나, 보호하는 것 하나를 갖추는 것이 성자의 집 하나, 이 세 가지를 설명했습니다.

성자의 집④ 네 가지 의지처가 있다

Caturāpasseno. (A.iii.279)

대 역

Caturāpasseno hoti네 가지 의지처가 있다; 네 가지 의지처가 있는 이다.

성자의 집 네 번째는 "네 가지 의지처가 있어야 한다"는 것입니다. 이것도 성자의 집 하나입니다.

성자의 집⑤ 독자적 진리를 잘라냈다

Paṇunnapaccekasacco. (A.iii.279)

대 역

Paṇunnapaccekasacco hoti독자적 진리를 잘라냈다; 독자적 진리라는 진리교리saccāvāda를 잘라낸 이다.

성자의 집 다섯 번째는 "독자적 진리를 잘라낸 것"입니다. 세상에는 부처님의 가르침 외에 다른 종교, 견해, 교리를 주장하는 이들이 많습니다. 그들은 각자 자기의 교리와 견해만 옳다고 주장합니다. 하지만 고유성품 법sabhāva dhamma이라는 잣대로 헤아려 보면 이들의 주장은 옳지 않습니다. 이렇게 잘못된 견해를 가진 이들이 제각기 '우리가 옳다. 우리의 가르침이 진리다'라고 주장하기 때문에 그러한 교리들을 부처님께서 '독자적 진리paccekasacca'라고 표현하셨습니다. 독자적 진리로 불리는 그릇된 견해들도 제거해야 한다는 뜻입니다. 이것도 성자의 집 하나입니다. 성자의 집 네 번째와 다섯 번째 항목을 '넷을의지 독자견 거부해야해'라고 표현했습니다. 같이 독송합시다.

넷을의지 독자견 거부해야해

성자의 집⑥ 추구를 완전히 버리고 그만뒀다

Samavayasaṭṭhesano. (A.iii.279)

대 역

Samavayasaṭṭhesano hoti추구를 완전히 버리고 그만뒀다;
추구를 완전히 버리고 그만둔 이다.

성자의 집 여섯 번째는 "추구를 완전히 버리고 그만둔 것"입니다. 이 구절의 빠알리어는 조금 어렵습니다. 분석하면 'saṁ 잘' + 'avaya 버리고 제거된' + 'saṭṭha 그만둔'[42] + 'esanā 갈구하고 바라는'이라는

42 저본에는 'saṭṭhe'라고 표현됐으나 단어분석이므로 'saṭṭha'라고 원형대로 표현했다. 저본에 의미 설명이 없어 역자가 의미를 첨가했다.

네 단어가 결합된 복합어입니다. 합치면 'samavayasaṭṭhesano', '추구를 완전히 버리고 그만둔'이라는 뜻입니다. 아직 구하고 있거나 무언가를 바라고 있으면 이 덕목을 완전히 갖춘 것이 아닙니다. 구하는 것을 완전히 버려서 더 이상 구하지 않으면 부족한 것이 없이 완벽하게 갖춘 것입니다. 그래서 이 여섯 번째 구성요소를 갖춘 성자의 집도 지내기에 매우 좋습니다.

성자의 집⑦ 생각이 혼탁하지 않다

Anāvilasaṅkappo. (A.iii.279)

대 역

Anāvilasaṅkappo hoti생각이 혼탁하지 않다; 생각이 혼탁하지 않은 이다.

성자의 집 일곱 번째는 "생각이 혼탁하지 않은 것"입니다. 생각이 흐릿하거나 혼탁하지 않고 항상 깨끗하고, 투명하고, 청정하게 지내야 한다는 뜻입니다. 이러한 성자의 집도 지내기에 매우 좋습니다.

성자의 집⑧ 몸의 형성이 고요하다

Passaddhakāyasaṅkhāro. (A.iii.279)

대 역

Passaddhakāyasaṅkhāro hoti몸의 형성이 고요하다; 몸의 형성이 고요한 이다.

성자의 집 여덟 번째는 "몸의 형성이 고요한 것"입니다. '몸의 형성 kāyasaṅkhāra'이란 여기서는 들숨과 날숨을 말합니다. 들숨과 날숨이 완전히 고요하고 잠재워진 제4선정도 갖추도록 노력해야 한다는 뜻입니다. 이것은 갖추면 더욱더 좋기 때문에 설하신 것입니다. 모두가 갖추어야 한다는 뜻이 아닙니다. 원래 부처님께서 근본적으로 바라시는 것은 제자들이 번뇌들을 완전히 말려버려 아라한이 되는 것입니다. 왜냐하면 제4선정을 얻지 못했지만 성자의 일ariya kicca을 다 마친 아라한들도 많기 때문입니다. 성자의 집 여섯 번째, 일곱 번째, 여덟 번째 항목을 '추구버려 사유청 호흡고요해'라고[43] 표현했습니다. 같이 독송합시다.

추구버려 사유청 호흡고요해

성자의 집 ⑨, ⑩ 잘 해탈한 마음과 잘 해탈한 통찰지가 있다

Suvimuttacitto, suvimuttapañño. (A.iii.279)

대 역

Suvimuttacitto hoti잘 해탈한 마음이 있고; 잘 해탈한 마음이 있는 이고, suvimuttapañño hoti잘 해탈한 통찰지가 있다; 잘 해탈한 통찰지가 있는 이다.

성자의 집 아홉 번째와 열 번째는 "마음이 번뇌라는 지배자의 손에서 벗어난 것, 이렇게 벗어난 것을 아는 통찰지도 갖추는 것"입니다.

43 원래는 '사유청정'으로 표현해야 하나 미얀마 게송의 운율을 맞추기 위해 '사유청'으로 표현했다.

마음이 잘 해탈하면 그러한 해탈을 반조해서 아는 지혜도 같이 포함됩니다. 이 항목들은 “마음해탈 혜해탈 열가지덕목”이라고 표현했습니다. 같이 독송합시다.

마음해탈 혜해탈 열가지덕목

성자의 집 열 가지에 대한 개요가 끝났습니다. 이 열 가지 법은 일반인이 말한 것이 아닙니다. 부처님께서 직접 설하셨습니다. 그래서 맺음말로 “성자의집 설하신 거룩한붓다”라고 표현했습니다. 같이 독송합시다.

성자의집 설하신 거룩한붓다

지금까지 성자의 집 열 가지에 대해 간략하게 소개했습니다. 이제 하나씩 자세히 설명하겠습니다. 가르침의 차례desanakkamma에 따르자면 “다섯제거”라는 표현에 따라 ‘다섯 가지 구성요소를 제거하는 모습’을 먼저 설명해야 합니다. 하지만 실천의 차례paṭipattikkamma에 따르면 성자의 집 세 번째 항목부터 설명하는 것이 더욱 이해하기 쉽습니다. 그래서 “다섯제거 육구족 하나보호해”라는 게송 중 ‘보호함 하나를 갖추는 모습’부터 설명하겠습니다.

성자의 집 ❸ 한 가지 보호가 있다

보호라는 성자의 집

Kathañca, bhikkhave, bhikkhu ekārakkho hoti? (A.iii.279)

해석

비구들이여, 비구는 어떻게 한 가지 보호가 있는가?

대역

Bhikkhave비구들이여, bhikkhu비구는; 윤회의 위험을 내다보는 이는; 번뇌를 무너뜨리려는 수행자는 kathañca어떻게; 어떤 모습과 방법으로 ekārakkho hoti한 가지 보호가 있는가; 한 가지 보호하는 것이 있는 이가 되는가?

"보호하는 하나가 있어야 한다는 것은 무엇을 말하는가?"라는 뜻입니다. 앞서 인간 세상에서 부유한 이들의 집에는 집을 보호하는 어떤 장치가 있다고 말했습니다. 그와 같이 성자의 집에는 어떠한 보호 장치가 있는지, 또한 그것을 어떻게 갖추어야 하는지 질문하신 것입니다. 이 질문은 부처님께서 스스로 대답하기 위한 질문입니다. 그것을 다음과 같이 대답하셨습니다.

Idha, bhikkhave, bhikkhu satārakkhena cetasā samannāgato hoti. (A.iii.279)

해석

비구들이여, 여기서 비구는 새김이라는 보호가 있는 마음을 갖췄다.

대역

Bhikkhave비구들이여, idha여기서; 이 불교 교단에서 bhikkhu비구는; 윤회의 위험을 내다보는 이는; 번뇌를 무너뜨리려는 수행자는 satārakkhena새김이라는 보호가 있는 cetasā마음을 samannāgato hoti갖췄다; 갖춘 이다; 갖추어야 한다.

"'한 가지 보호하는 것이 있는 이'가 되려면 새김이라는 보호가 있는 마음을 갖춰야 한다"는 뜻입니다. 마음이 일어날 때마다 새김이라는 보호를 항상 갖춘 이는 누구일까요? 바로 아라한들입니다. 아라한이라야 완벽하게 갖추고 있습니다. 아라한들이 몸으로 어떠한 행위를 할 때마다kāya kamma, 말로 어떠한 말을 할 때마다vacī kamma, 마음으로 어떠한 생각을 할 때마다mano kamma 새김이 항상 포함돼 있습니다. 새김 없이 아무렇게 몸으로 잘못 행하는 일이 없습니다. 새김 없이 아무렇게 잘못 말하는 일도 없습니다. 새김 없이, 잊어버린 채 이리저리 적당하지 않은 것들을 함부로 생각하는 일도 없습니다. 새김이라는 보호가 착 달라붙어 새깁니다. 그래서 아라한들을 다음과 같이 칭송하기도 합니다.

Carato ca assa[44] tiṭṭhato ca suttassa ca jāgarassa ca satataṁ samitaṁ ñāṇadassanaṁ paccupaṭṭhitaṁ. (M.ii.147)

해석

갈 때도, 서 있을 때도, 잠잘 때도, 깨어 있을 때도 그의 지견은 항상 끊임없이 현전한다.

44 성전 원본에는 대부분 '나에게, 나의'를 뜻하는 'me'로 표현됐다.

대역

Carato ca갈 때도, tiṭṭhato ca서 있을 때도, suttassa ca잠잘 때도, jāgarassa ca깨어 있을 때도 assa그의; 그 아라한의 ñāṇadassanaṁ 지견은 satataṁ samitaṁ항상 끊임없이 paccupaṭṭhitaṁ현전한다.[45]

새김이 좋은 모습

이 구절 중 '잠잘 때'라는 표현이 있습니다. 이것은 잠들기 바로 전과 잠에서 깨자마자 새김과 지혜가 드러나는 모습을 말합니다. 완전히 잠들어 있는 동안에는 새김과 지혜가 생겨나지 못합니다. 그렇게 되는 모습을 염두에 두고 말한 것도 아닙니다. 여기에서는 몸을 움직일 때마다, 말을 할 때마다, 마음으로 생각할 때마다 아라한들에게는 새김이 항상 현전한다는, 항상 생겨난다는 사실에 특히 주의해야 합니다. 아라한이 되면 새김의 힘이 매우 좋다고 해서 갑자기 확 좋아진 것이 아닙니다. 그 이전부터 열심히 실천하고 노력해 왔기 때문에 단계적으로 좋아진 것입니다. 어떻게 좋아졌을까요? 이들은 아라한이 되기 전 아나함일 때부터 수행해 왔습니다. 아나함도 어느 정도 새김이 좋습니다.[46] 아나함의 새김은 사다함일 때부터 수행해 왔기 때문에 좋은 것입니다. 사다

45 사실 이 내용은 자이나교의 창시자인 니간타 나타뿟따가 주장하는 것으로 부처님을 올바르게 표현한 것이 아니라고 성전 원문에 나온다. 대림스님 옮김, 『맛지마 니까야』 제3권, pp.76~77 주11 참조. 덧붙이자면 아라한은 새김을 언제나 갖춘다. 하지만 지혜를 언제나 갖추는 것은 아니다. 아라한의 작용 마음에는 지혜가 포함되지 않은 두 가지 원인의 작용 마음도 있다. 이 마음이 평상시 생활하면서 일어날 수 있다. 『아비담마 강설 1』, pp.267~271 참조. 이 구절에 대한 적절한 인용구는 "sadā sato hoti(항상 새긴다)"이다(Dhp.350 등). 이어지는 내용에 새김이 항상 현전한다는 내용이 나온다.

46 ㊞미얀마의 한 사야도가 사가인에서 60마일 떨어진 곳에 있는 부처님 족적을 친견하러 다녀온 뒤 다른 스님들에게 몇 걸음 만에 가서 몇 걸음 만에 돌아왔다고 말했다고 한다. 일부러 걸음 수를 센 것이 아니라 저절로 헤아릴 수 있을 정도로 새김의 힘이 좋았던 것이다. 그래서 주위 스님들은 '그 사야도는 적어도 아나함이 아닐까'하며 칭송했다고 한다.

함도 마찬가지입니다. 수다원도 범부와 비교하면 새김이 매우 좋습니다. 그래서 수다원에게는 사악도에 떨어지게 하는 불선업들이 생겨나지 않는 것입니다.

직접 수행해 보라

하지만 수다원에게는 감각욕망거리, 감각욕망대상을 즐기고 애착하는 감각욕망kāmarāga이 아직 남아 있습니다. 분노byāpāda라는 성냄도 여전히 남아 있습니다. 어리석음moha이나 자만māna 등도 아직 남아 있습니다. 탐욕과 성냄이 일어나기는 하지만 다른 생명을 죽일 정도로 거칠고 심한 불선업들은 생겨나지 않습니다. 불선업의 정도가 약해집니다. 그 이유는 새김의 힘이 좋기 때문입니다. 새김이 뒤따라와 보호하기 때문입니다. 이러한 모습은 수행을 열심히 해 본 이들이라면 스스로 직접 경험할 수 있습니다. 아직 수행을 해 본 적이 없는 이들이라면 처음부터 불신하지 말고 한 번 짐작해 보십시오. 유추해 보십시오. 일단 '그럴 것 같다'라고 믿어 보십시오. "수다원은 사악도에 떨어지게 하는 불선업들을 행하지 않는다. 다른 생명도 해치지 않는다"라는 사실을 부처님께서 설하셨고, 본승도 수행을 해 보아서 '부처님 말씀대로 사실이다'라는 것을 알기 때문에 말하는 것입니다. 스스로 경험하여 알고 싶으면 진실로 열심히 수행해 보십시오. 확실하게 수행해 본다면 이 성품을 스스로 경험할 수 있을 것입니다. 어떠한 성품입니까? 새김이라는 보호가 뒤에 착 달라붙어 따라오고 있는 것 같은 성품입니다.

수다원들에게 새김이 따라오는 모습은 다음과 같습니다. 바라고 좋아하고 애착할 만한 대상과 갑자기 만나면 수다원에게도 좋아하고 애착하는 탐욕lobha이 생겨납니다. 싫어할 만한 대상과 만나면 성냄dosa

도 생겨납니다. 탐욕과 성냄이 완전히 없어진 것은 아니어서 아직 생겨나기는 합니다. 하지만 탐욕이나 성냄이 조금 힘이 세질 것 같으면 새김이라는 보호가 바로 따라붙어 제어하기 때문에 탐욕이나 성냄의 힘이 약해집니다. 그래서 범부들처럼 강하고 거칠게 생겨나지는 않습니다. 이렇게 수다원들은 탐욕이나 성냄이 아직 완전히 없어지지는 않았지만 다른 생명을 죽일 정도로, 다른 이의 재산을 훔칠 정도로, 다른 이의 불이익을 바라면서 거짓말을 할 정도로 생겨나지는 않습니다. 이를 두고 부처님께서 "수다원은 사악도에 떨어지게 하는 불선업들을 행하지 않는다. 다른 생명의 목숨도 해치지 않는다"라고 설하신 것입니다.

어떤 작가의 글

세계적으로 유명한 한 작가가 수다원의 덕목들을 훼손하면서 함부로 써 놓은 글을 읽은 적이 있습니다. 여러분들 중에도 그 작가의 글을 읽은 분이 있을 것입니다. 그 작가는 글을 잘 쓴다는 자만에 빠져 자신의 수준에 적당하지 않은 내용까지 함부로 쓰고 있습니다. 그중에는 '수다원이라도 다른 생명을 죽일 수 있다'라는 내용도 있었습니다. 이는 진실로 수다원의 덕목을 훼손하는 것입니다. 그런 내용을 다룬 글이 미얀마어로만 쓰여진 것이 아니라 영문 잡지에까지 번역돼 소개되고 있습니다. 그 글을 영문 잡지에 실은 편집자도 책임이 없지 않습니다. 미얀마의 위상과 영광[47], 부처님 가르침의 덕목과 영광에 먹칠을 하고 훼손하는 글을 도대체 왜 실었는지 모르겠습니다. 작가가 사실과 다른 글을 썼다면 편집자는 그 글을 세상에 내보내지 말았어야 합니다.

47 바로 아래에 그 내용이 나온다. 교학의 측면에서는 결집을 하는, 실천의 측면에서는 여러 수행방법을 지도할 수 있는 위상과 영광을 말한다.

수다원도 사람을 죽일 수 있다는 글

지금 미얀마는 교학pariyatti의 측면에서 보자면 제6차 결집을 개최할 정도로 세계에서 가장 높은 위치에서 그 의무를 다하고 있습니다. 실천paṭipatti의 측면에서도 도와 과에 이르게 하는 여러 수행주제와 수행방법을 직접 경험할 수 있도록 분명하게 지도하고 있습니다. 그래서 동서양을 막론하고 전 세계에서 불교수행을 하고자 하는 이들이 미얀마로 모여들고 있는 것입니다. 이러한 사정을 잘 모르는 이들은 스리랑카나 인도로 가기도 합니다. 그러나 인도에서는 부처님의 가르침과 관련해서 어떠한 도움도 받을 수 없습니다. 스리랑카에서도 수행방법을 확실하게 보이는 곳은 찾을 수 없습니다. 결국 인도나 스리랑카에서 얻은 정보를 가지고 미얀마로 오게 됩니다. 이런 과정을 거쳐 미얀마에 와서 직접 수행을 하게 되면 매우 만족하고 행복해 합니다. 그렇게 외국에서 찾아 온 이들이 양곤 마하시 사사나 수행센터만 하더라도 꽤 많습니다. 이렇게 미얀마가 부처님의 가르침과 관련해서 다른 나라들보다 앞서가는데도 앞서 말한 작가처럼 '수다원도 사람을 죽일 수 있다'라는 잘못된 글을 전 세계에 내보내는 것은 매우 우려할 만한 일입니다. 이렇게 사실과 다른 글로 인해 수다원의 가치와 덕목도 손상됩니다.

해침없음

인도 사람들, 특히 힌두교도들은 '해침없음ahiṁsā'이라는 법을 매우 중시합니다. 힌두교도들은 해침없음, 즉 생명 있는 중생들을 괴롭히지 말고 죽이지 말아야 한다고 생각합니다. 심지어 풀 한 포기조차 괴롭히거나 죽여서는 안 된다고 생각합니다. 그들은 풀 같은 식물들도 'ekindriya', 닿아 알 수 있는 기능indriya이 포함돼 있는 살아있는 중생이라고 생각합니다. 그래서 부처님께서도 그들과의 충돌을 피하고자[48] 비구들은 풀을 꺾지 말아야 한다는 계목을 제정하셨던 것입니다.[49] 이렇게 괴롭히지 말아야 한다는 해침없음ahiṁsā을 세상에서 매우 중시하는데 불교도가 "열심히 수행해서 수다원의 단계에 도달한 매우 거룩한 이라도 다른 사람을 죽일 수 있다"라고 말할 수 있겠습니까? 실제로 수다원은 생명을 죽일 수 없습니다. 죽일 수 있다면 수다원이 아닙니다. 이뿐만이 아닙니다. 진짜 수다원이라면 다른 사람의 물건을 훔칠 수도 없습니다. 다른 사람에게 불이익이 생겨나도록 거짓말을 할 수도 없습니다. 술도 마시지 않습니다.[50] 그래서 부처님께서는 수다원을 "sīlesu paripūrakārī 계를 남김없이 완벽하게 갖춘 이"(D.ii.163)라고 설해 놓으셨습니다. 그렇게 죽일 수 있고, 훔칠 수 있고, 다른 사람의 배우자와 삿된 음행을 할 수 있고, 거짓말을 할 수 있고, 술을 마실 수 있다면 그런 사람은 진짜 수다원이 아니라고 알아야 합니다.[51]

앞서 언급했던 작가는 자신의 글에서 '수다원은 술을 마시는 것까지 포함해서 오계를 여전히 범할 수 있다'라고 썼습니다. 그는 자신이 오랫동안 사람들의 마음을 연구해 왔기 때문에 자신 있게 말할 수 있다고 했습니다. 이 부분도 전혀 근거가 없습니다. 그가 연구해 왔다는 것은 도대체 어떤 이들의 마음입니까? 자신의 마음을 자신이 연구한 것은 아닐까요? 그는 자신을 스스로 수다원이라고 생각한 것 같습니다. 그

48 그들의 견해를 존중하려는 뜻이다.

49 Bhūtagāmapātabyatāya pācittiyaṁ.(Vin.ii.52) 살아있는 초목을 해치면 속죄해야 한다. 비구 속죄죄pācittiya 11번 계목.

50 ㉻마치 백로가 우유와 물을 같이 마시면 우유만 내뱉듯이 설령 수다원에게 억지로 술을 먹이더라도 술이 체내에 흡수되지 않는다.

51 본서 부록 p.262 참조.

작가가 술을 아주 좋아한다는 소문을 들었습니다. 그래서 자신의 마음과 비교해서 결정한 듯합니다. 이 부분도 전혀 근거가 없습니다. '자기와 비교하면 거칠지 않다'[52]라는 미얀마 속담은 수준이 어느 정도 비슷한 사람들끼리 사용하는 말입니다. 수준이 같지 않은 사람과 비교한다면 매우 거친 말이 됩니다. 한 번 숙고해 보십시오. 숫자 세는 것을 배우지 않은 어떤 사람이 숫자 세는 것에 정통한 이에 대해서 '숫자 세는 것에서는 나와 마찬가지구나'라고 자신과 비교한다면 매우 잘못된 것이고 거친 말이 됩니다. 그와 마찬가지입니다. 범부가 자기 마음과 비교해서 수다원의 성품을 결정한다면 매우 잘못된 것이고 매우 거친 말이 될 것입니다.

진짜 수다원은 새김이라는 보호법이 매우 좋아진 상태입니다. 그래서 어쩌다가 탐욕이 일어나더라도 새김이 저절로 생겨나서 붙잡아 줍니다. 이렇게 새김이 붙잡고 제어해 주기 때문에 탐욕의 힘이 사라집니다. 심하게 생겨나지는 않습니다. 성냄이 일어나더라도 새김이 마찬가지 방법으로 제어해 줍니다. 어리석음, 자만 등이 생겨나더라도 새김이 바로 따라와 제어해 줍니다. 이렇게 불선법들이 더 이상 심하고 거칠게 생겨나지는 않습니다. 계의 수련항목을 범하게 할 정도로 과도하게 생겨나지는 않습니다.[53] 수다원에게 사악도에 떨어지게 하는 불선법들이 사라지는 것, 사악도에서 완전히 벗어났다고 믿고 안심할 수 있는 것은 바로 새김이 좋기 때문입니다. 수다원의 새김이 이 정도로 좋은 것은 훌륭한kalyāṇa 범부로서 위빳사나 수행을 할 때부터 새김을 끊임없

52 거친 사람이 자기보다 조금 덜 거친 사람을 자기와 비교해서 "그는 거칠지 않다"라고 말하는 것이다.

53 ㉻계를 범하려는 의도조차 생겨나지 않는다.

이 열심히 닦아 왔기 때문입니다. 범부일 때부터 이렇게 새김이 좋도록 노력해 왔다는 사실이 분명합니다. 아직 성자가 되기 전 수행자로서 여섯 문에서 물질과 정신이 드러날 때마다 계속해서 물질과 정신을 새기는 것이 바로 '새김확립satipaṭṭhāna'입니다. 생겨나는 모든 물질적·정신적 현상들을 새겨야 합니다. 이렇게 새기면 알아야 하고 알기에 적당한 것들을 모두 압니다. 어느 것도 남기지 않습니다. 새김확립은 매우 좋습니다. 매우 바람직합니다. 수행하기도 쉽습니다. 그래서 본승도 새김확립 방법에 따라 관찰방법을 쉽게 설명하고 있습니다. 왜냐하면 '물질, 정신, 마음, 마음부수, 물질묶음' 등을 자세하게 관찰하고 반조하도록 설명하면 경전에 해박하지 않은 이들은 '무엇을 반조해야 하는가, 무엇을 관찰해야 하는가?' 고민하느라 직접적인 수행지혜bhāvanāñāṇa가 전혀 생겨나지 않기 때문입니다. 부처님께서도 다음과 같이 관찰방법을 쉽게 설하셨습니다.

갈 때는 간다고 알아라

Gacchanto vā gacchāmīti pajānāti. (D.ii.232)

대역

Gacchanto vā갈 때도 gacchāmīti간다고 pajānāti안다.

이것은 부처님께서 직접 설하신 「마하사띠빳타나숫따Mahāsatipaṭṭhānasutta(새김확립 긴 경大念處經)」 경전 내용입니다. "갈 때는 간다고 알라", 혹은 "가면 간다고 알라"라는 의미입니다. 이렇게 매우 쉽게 설하셨습니다. "갈 때는 내부의 여러 물질과 마음, 여러 요소, 물질묶음을 자세하게 분석해서 안다"라고 어렵게 설하지 않으셨습니다.

누구나 수행할 수 있도록 부처님께서는 “갈 때는 ‘간다’라고 안다”라고 쉽게 설하셨습니다. “gacchāmi iti간다고 pajānāti안다”라는 구절에서 ‘gacchāmi’라는 단어에 특히 주의해야 합니다. 매우 중요합니다. 빠알리어 문법에서 ‘gacchāmi’라고 표현하면 동사가 1인칭임을 말합니다. ‘나는 간다’라고 번역해야 합니다. ‘gacchasi’라고 표현하면 2인칭을 말합니다. ‘너는 간다’라고 번역해야 합니다. ‘gacchati’라고 표현하면 3인칭을 말합니다. ‘그가 간다. 사람이 간다. 천신이 간다. 스님이 간다. 물질과 정신이 간다’라는 등으로 각각 알맞게 번역해야 합니다. 정리하면 빠알리어 문법에서 동사 끝에 ‘ti’라는 접사가 붙으면 3인칭nāmayoga입니다. ‘gacchati 그가 간다’라는 등으로 번역해야 합니다. 동사 끝에 ‘si’라는 접사가 붙으면 2인칭tumhayoga입니다. ‘gacchasi 너는 간다’라고 번역해야 합니다. 동사 끝에 ‘mi’라는 접사가 붙으면 1인칭amhayoga입니다. ‘gacchāmi 나는 간다’라고 번역해야 합니다. ‘이렇게 번역해야 한다’라는 내용은 지금 이곳 딴린 민짜웅 강원의 모든 스님이 알고 있을 것입니다. 또한 빠알리어 문법을 배운 적이 있는 스님들도 모두 알 것입니다. 빠알리어 문법을 갓 배운 사미나 아이들도 어느 정도는 알 것입니다.

딴린에서 출판된 책

지금 인용한 「마하사띠빳타나숫따」에서 부처님께서는 ‘mi’라는 접사를 사용해 ‘gacchāmi’라고 설하셨습니다. ‘ti’라는 접사를 써서 ‘gacchati’라고 설하지 않으셨습니다. 그래서 이 ‘gacchāmi’를 직역한다면 ‘나는 간다’라고 번역해야 합니다. ‘그가 간다’라고 번역해서도 안 되고, ‘물질과 정신이 간다’라고 번역해서도 안 됩니다. 그래서 레디 사야도께서

『아낫따 디빠니Anatta dīpanī(무아 해설서)』의 첫 부분에 자세에서 관찰하는 모습을 다음과 같이 설명하셨습니다.

> "가는 자세에서는 발걸음마다 '나는 간다, 나는 간다'라고 다리에 마음을 두고 가야 한다. 한 걸음이라도 무심코 가서는 안 된다."

이 내용을 약 1년 전에 출판된 어떤 책이 반박했습니다. 그 책은 무려 840쪽에 달하는 방대한 분량으로 미얀마의 여러 위빳사나 수행방법을 거의 모두 부정했습니다. 그중에서도 레디 사야도의 '나는 간다'라고 관찰하는 방법을 제일 먼저 부정했습니다. 그렇게 부정한 이유를 '나'라는 단어가 포함됐기 때문이라고 밝혔습니다. 그러나 그것은 엄밀하게 말하면 'gacchāmi'라는 1인칭으로 설하신 부처님의 가르침을 부정하는 것이 됩니다. 부처님께서 'gacchāmi'라고 설하셨기 때문에 레디 사야도가 '나는 간다'라고 빠알리어 문법에 따라 정확하게 번역한 것입니다. 빠알리어에 능숙한 이라면 어느 누구도 'gacchāmi'라는 구절을 '나는 간다'라고 번역한 것이 잘못됐다고 말하지 않습니다. 그 책처럼 '나는 간다'라는 번역이 적합하지 않다고 부정하면 'gacchāmi'라는 부처님의 가르침도 부정하는 것이 됩니다. 이러한 내용까지 지금 여기서 굳이 첨가해 설명하는 것은 다른 이유 때문이 아닙니다. 그렇게 잘못된 책이 이 딴린 시에서 출간됐기 때문에 지금 법문을 듣고 있는 대중들에게 부처님께서 설해 놓으신 새김확립 방법에 대한 의심이 사라지게 하기 위해서입니다.

세 종류의 '나'

'나'라는 것에는 세 종류가 있습니다. '자아atta'라고 사견diṭṭhi으로 집착하는 '나', '나'라고 자만māna으로 집착하는 '나', 세상에서 쓰는 명칭으로서의 '나', 이렇게 세 종류입니다. 'gacchāmi'라는 설법에 포함된 '나'는 사견으로 집착하는 나, 자만으로 집착하는 나가 아닙니다. 세상에서 사용되는 명칭으로서의 나입니다. 이러한 '나'는 부처님이나 제자인 아라한들도 사용하는 말입니다. 그렇게 말하는 것을 "사견으로 집착한다. 자만으로 집착한다"라고 트집을 잡아서는 안 됩니다.[54] 본승도 세상에서 쓰는 명칭으로 갈 때는 가는 걸음마다 〈간다, 간다〉 등으로 관찰하고 새기도록 지도하고 있습니다. 이렇게 세상에서 쓰는 명칭을 붙여 관찰하고 있지만, 실제로 삼매와 지혜의 힘이 성숙되면 그러한 명칭이나 용어들은 전부 사라지고 순간도 끊임없이 물질들만 걸음마다 단계단계 끊임없이 생멸하고 있는 것을 경험하여 알 수 있습니다. 형체나 모양은 전혀 드러나지 않습니다. 성품법들만 저절로 생멸하고 있는 것을 경험할 수 있습니다. 경험할 수 있는 것은 관찰되는 물질·정신 대상들만이 아닙니다. 관찰하여 알고 있는 마음들도 알고는 사라지고, 다시 알고는 사라지는 것도 스스로 경험하여 알 수 있습니다. 믿지 못하겠거든 일단 수행해 보십시오. 실제로 수행해 보면 스스로 경험할 수 있다는 것을 본승이 확실하게 보증하겠습니다.[55]

54 ㉻하지만 범부들이 내 아들, 내 재산, 나, 너라고 할 때는 대부분 갈애의 나, 사견의 나, 자만의 나가 포함됐다고 알아야 한다. 비유하면 쓰레기를 태울 때 항상 연기가 나는 것과 같다.

55 ㉻수행이 향상돼 명칭을 붙이지 않고도 저절로 관찰할 수 있는 것을 말한다. 처음부터 명칭을 붙이지 않으면 애쓰는 정진의 힘, 대상으로 보내주는 사유의 힘이 약해지기 때문에 분명하게 드러나는 대상을 관찰하기가 어렵다. 처음에는 수행자 개인의 노력으로 조금 애쓰듯이 명칭을 붙이면서 관찰해야 수행이 향상됐을 때 법의 노력이 생겨나서 애쓰지 않고 명칭을 붙이지 않아도 저절로 관찰이 진행된다.

처음에는 믿지 않았다

하지만 아직 수행을 해 보지 않아서 믿지 않는 이들을 본승은 책망하지 않습니다. 그들 스스로 아직 경험해 보지 않았기 때문입니다. 직접 경험하지 못해서 믿지 않을 수도 있습니다.[56] 사실 본승도 처음에는 믿지 않았습니다.

따토웅 시에서 밍군 제따완 사야도께서 새김확립 수행을 지도하신다는 소식을 본승은 8안거 때(1931~1932년) 이미 들어 알고 있었습니다. 그때 본승은 다음과 같이 생각했습니다.

'갈 때는 〈간다〉라고 관찰해야 한다고? 서면 〈선다〉라고, 앉으면 〈앉는다〉라고, 누우면 〈눕는다〉라고, 굽히면 〈굽힌다〉라고, 펴면 〈편다〉라고, 먹으면 〈먹는다〉라고 관찰해야 한다고? 이 방법에는 물질과 정신이라는 고유성품 법sabhāva dhamma의 명칭도 포함돼 있지 않구나. 무상과 괴로움과 무아라는 것도 포함돼 있지 않구나. 매우 특이하구나'라고 생각하고는 믿지 않았습니다.

하지만 이후에 다시 한번 숙고해 보았습니다. '수행방법이 특이하기는 하다. 하지만 밍군 제따완 사야도께서는 경전에도 해박한 분이시다. 스스로 직접 수행한 후에 설하시는 것이기 때문에 사실일 것이다. 그러니 한번 시험 삼아 수행해 보고 결정하리라'라고 생각했습니다. 그래서 시험 삼아 밍군 제따완 사야도께 가서 수행하게 됐습니다.

56 (한)'없는 것보다 모르는 것이 어렵다. 모르는 것보다 하지 않는 것이 더 어렵다'라는 미얀마 속담이 있다. 없는 것은 있게 할 수 있지만 모르면 곤란하다. 또 모르는 것은 알게 해 줄 수 있지만 하지 않으면 더욱 어찌해 줄 수 없다. 여기에 '하지 않는 것보다 믿지 않는 것이 더 어렵다'라고 첨가할 수 있다. 믿지 않으면 도저히 어떻게 해 줄 수 없다.

스스로 수행해 보았을 때

하지만 처음 한 달 정도는 수행방법에 관해 전혀 이해하지 못했습니다. 어떻게 이해할 수 있었겠습니까? 그때까지 수행을 확실하게 해보지 않은 상태였으니 말입니다. 지금 본승에게 와서 수행하는 남자 수행자나 여자 수행자 중 일부는 경전에 대한 지식이 전혀 없습니다. 하지만 수행 후 5~6일쯤 지나면 삼매와 지혜가 어느 정도 향상됩니다. 그래서 물질과 정신의 성품, 물질과 정신이 생겨나고 사라지는 성품, 무상과 괴로움과 무아의 성품들을 어느 정도 알게 됩니다. 본승의 경우에는 그렇게 수행을 시작한 지 5~6일은커녕 한 달이 지나도 특별한 지혜가 생겨나지 않았습니다. 여전히 제자리걸음이었습니다. 확실하게 믿지 않았기 때문입니다. 확실하게 수행하지 않았기 때문입니다. 믿지 않는 것은 '의심vicikicchā'이라는 장애입니다. 의심은 위빳사나 지혜가 생겨나지 못하도록, 도와 과를 증득하지 못하도록 방해합니다. 그것을 제거하는 것이 매우 중요합니다.

본승은 당시에 의심을 좋은 것이라 생각하고 수행방법에 대해 계속 이리저리 숙고하고 있었습니다. '〈간다; 굽힌다; 편다〉라고 이렇게 새기는 것들은 개념일 뿐이다. 형체 개념을 관찰하고 있는 것이다. 빠라맛타 절대 성품에 아직 도달하지 못한 것이다. 그런 것들을 관찰하도록 사야도께서 설하신 것은 기초단계일 것이다. 나중에는 물질과 정신 등으로 매우 자세하게 분석해 주실 것이다'라고 기대하면서 숙고하고 있었습니다. 수행도 열심히 하지 않았습니다. 그래서 20일이 지나고 한 달이 지나도록 전혀 특별한 지혜가 생겨나지 않았던 것입니다.

수행을 계속하면서 나중에 저절로 이해하게 됐습니다. '〈간다; 굽힌다; 편다〉 등으로 몸의 동작들과 마음의 현상들이 생길 때마다 계속해서 따라가며 관찰하는 것은 기초만이 아니다. 처음이기도 하고 중간이기도 하고 마지막이기도 하다. 알아야 할 것은 이제 더 이상 없다. 더 이상 숙고하지 않겠다. 그래서 부처님께서 이 새김확립을 오직 하나뿐인 길ekāyano maggo이라고 설해 놓으셨구나'라고 이해했습니다.

삼매와 지혜가 무르익으면

처음 수행을 시작해서는 〈감; 듦, 감, 놓음; 굽힘; 폄〉 등으로 거친 형태의 대상만 관찰해야 합니다. 나중에 삼매와 지혜가 무르익으면 여섯 문에서 물질과 정신이 생겨날 때마다 계속해서 그것을 모두 알게 됩니다. 마음이 하나씩 계속해서 사라져 버리는 것을 마치 염주 알들이 한 알씩 떨어져 나가는 것처럼 분명하게 알 수 있습니다. 대상 하나가 드러나면 그것을 아는 마음이 생겨나고, 다시 그것을 관찰하여 새기는 마음이 생겨나고, 이렇게 앞뒤로 계속해서 생겨나서는 사라지는 것을 단계단계 경험하여 알 수 있습니다. 앞에서 대상이 사라지고 뒤에서 아는 것이 사라지고, 다시 앞에서 대상이 사라지고 뒤에서 아는 것이 사라지고, 이렇게 대상이든 아는 것이든 사라져 가는 것을 일부 수행자는 두 단계로 계속해서 경험할 수 있습니다. 그래서 '항상하다'라고 집착할 만한 것이 없습니다. 자아라거나 나라고 집착할 만한 것도 없습니다. 이것이 바로 부처님께서 설하신 새김확립이라는 길입니다. 매우 좋은 길입니다.

기사 한 편

새김확립 수행에 대해 일부 사람들은 스스로 확실하게 수행해 보지도 않고서 이런저런 말을 합니다. 이 사람이 이런 말을 했다고, 저 사람이 저런 말을 했다고 마치 사실인 것처럼 이야기합니다. 이렇게 말하면 안 됩니다. 그 말들은 부처님을 비방하고 「마하사띠빳타나숫따」의 가르침을 훼손하는 것에 해당합니다. 본승은 양곤에 오기 전 1938년 즈음부터 이 새김확립 방법을 설하고 지도했습니다. 양곤의 마하시 사사나 수행센터에 와서도 그대로 이어서 설하고 지도하고 있습니다. 이 방법에 대해 누가 뭐라고 해도 본승은 동요하지 않습니다. 다른 사람들이 이러쿵저러쿵 말하는 것에도 신경 쓰지 않습니다. 스스로 경험했기 때문입니다. 이와 관련해서 일화를 하나 이야기하겠습니다.

본승이 양곤에 온 지 얼마 되지 않았을 때 어떤 이가 한 잡지에 본승이 지도하는 수행방법의 허물을 드러내는 기사를 썼습니다. 어떤 의도로 썼는지는 잘 모르겠지만 본승의 수행방법을 훼손하려는 것 같았습니다. 하지만 본승은 그 기사에 대꾸하거나 항의하지 않았습니다. 가던 길만 계속 갔습니다. '그 기사를 좋아하는 이는 그 기사를 쓴 이를 찾아가 수행방법을 배울 것이고 내가 지도하는 방법을 좋아하는 이는 내게 올 것이다'라고 합리적 마음기울임yoniso manasikāra을 통해 올바르게 마음 기울인 뒤 원래 하던 대로 계속 설하고 지도했습니다. 오래 지나지 않아 그 잡지는 더 이상 출간되지 않았습니다. 그 이유는 듣지 못했지만 수행하려는 이들에게는 위험 하나가 사라졌다고 생각했습니다. 하지만 그 잡지에 글을 쓴 이는 거기서 멈추지 않았습니다. 본승의 수행방법을 비난하는 책까지 출간했습니다. 지금까지도 쓰고 있는 듯합니다. 하지만 그냥 무덤덤하게 내버려두었습니다. 가르침은 원래 부처님의 가르침일 뿐입니다. 누가 법을 펴든지 선양하면 좋은 일입니다. 지역에 관계없이 온 나라 전체가 믿을 수 있을 정도로 지혜와 신통을 갖춰 설할 수 있는 특별한 이가 출현하면 더욱 기쁜 일일 것입니다. 모두가 그분을 뒷받침해 주고 격려하기만 하면 될 것입니다. 하지만 스스로 전혀 수행도 하지 않으면서 확실하게 수행해서 설하는 것에 끼어들어 스승 노릇을 하는 것은 옳지 않습니다.

걸어왔던 길에 따라서

본승은 마하시 사사나 수행센터에 온 수행자들에게 본승이 걸어온 길에 따라 여섯 문에 드러나는 모든 것을 관찰하고 새기도록 지도합니다. 그렇게 여섯 문에서 드러나는 모든 것을 아직 자세하게 따라가면서 관찰할 수 없으면 몸의 움직임들 중 거친 것들부터 관찰하도록 지도합니다. 특히 배의 움직임이라는 바람 요소부터 관찰하도록 지도합니다. 배가 부푸는 것과 꺼지는 것을 〈부푼다, 꺼진다〉라고 마음으로 알면서 관찰하도록 지도합니다. 왜 이렇게 관찰해야 하는가는 나중에 여러 경전 근거를 통해 설명하겠습니다. 배의 부풂과 꺼짐만 관찰하는 것은 아닙니다. 중간에 생겨나는 생각이나 망상들도 생겨날 때마다 계속해서 관찰해야 합니다. 몸의 다른 움직임들도 생겨날 때마다 계속해서 관찰해야 합니다. 이렇게 정성을 다해서 열심히 관찰하다가 어느 정도 시간이 지나면 볼 때마다, 들을 때마다, 냄새 맡을 때마다, 맛볼 때마다, 닿을 때마다, 굽힐 때마다, 펼 때마다, 움직이고 바꿀 때마다, 생각할 때마다, 숙고할 때마다, 여섯 문에서 드러나는 모든 물질·정신 현상을 관찰해서 알 수 있습니다. 이것은 "satārakkhena새김이라는 보호가 있는 cetasā마음을 samannāgato hoti갖췄다"라는 이 성자의 집 가르침과 일치합니다.

경험해서 알아야 진짜 지혜

일부 사람들은 '수행하려는 이들에게 물질과 정신의 성품, 무상과 괴로움과 무아의 성품을 매우 자세하고 폭넓게 가르쳐 주면 지혜가 더욱 쉽게 드러나고 그들이 쉽게 알 것이다'라고 생각합니다. 그것은 그들의 생각일 뿐입니다. 수행자가 그렇게 들어서 지혜가 드러나고 아는 것은 인식으로 아는 것일 뿐입니다. 통찰지로 직접 경험해서 아는 것이 아닙니다.[57] 마음을 미리 기울여 접한 것이어서 사실이 아닌 내용도 사실로 생각할 수 있습니다. 그렇게 마음을 기울여 의미를 취하는 것은 좋지 않습니다. 그렇게 한다면 부처님의 가르침을 믿지 않는 일부 사람들이 "불교를 믿는 사람들은 '무상하다, 괴로움이다, 무아다'라고 생각한다고 한다. 스승이 미리 가르쳐 준 대로 생각한다고 한다"라고 실제 수행을 그리 높게 평가하지도 않고 무시할 수도 있습니다. 이 말은 이곳 수행센터의 수행자들과는 관계가 없습니다. 이곳에서는 물질과 정신, 무상과 괴로움과 무아에 대해 일반적인 내용만을 설하고 있기 때문입니다. "물질이라고 마음 기울여야 한다. 정신이라고 마음 기울여야 한다. 입자들로 마음 기울여야 한다. 무상이라고, 괴로움이라고, 무아라고 마음 기울여야 한다. 생겨남이라고, 사라짐이라고 마음 기울여야 한다"라고 일부러 마음 기울여서 관찰하도록 지도하지 않습니다. 분명하게 드러나는 모든 것을 드러나는 대로 따라서 관찰하도록 지도하고 있을 뿐입니다. 그렇게 드러나는 모든 것을 관찰하는 것만으로, 평범하게 새기는 것만으로 '물질이 따로, 정신이 따로'라고 구별해서 아는 모습을 직접 수행을 실천한 이들이라면 스스로 경험해서 면담 때 보고합니다. 드러나는 모든 대상이나 새겨 아는 마음이 새길 때마다 계속해서 사라져 버리는 모습도 스스로 경험해서 보고합니다. 그렇게 스스로

57 ㉻지혜에는 세 종류가 있다. 들어서 아는 지혜sutamaya ñāṇa·聞慧는 법문을 듣거나 책을 읽어서 아는 지혜다. 생각해서 아는 지혜cintamaya ñāṇa·思慧는 들은 것을 바탕으로 숙고하고 생각해서 아는 지혜다. 수행해서 아는 지혜bhāvanāmaya ñāṇa·修慧는 실제 관찰을 통해 생겨나는 지혜다.

직접 경험해서 알아야만 진짜 지혜가 생겨난 것입니다. 그렇게 경험했을 때라야 본승은 그 경험이 부처님 가르침에 일치한다는 의미로 "그렇게 아는 것이 물질을 구분해서 아는 것이다. 그렇게 아는 것이 정신을 구분해서 아는 것이다. 그렇게 아는 것이 생멸을 아는 것이다. 그렇게 아는 것이 무아를 아는 것이다"라고 명칭을 붙여 설명해 줍니다.[58] 따라서 이곳 수행자들은 미리 마음을 기울여서 의미를 취하는 것이 아닙니다. 있는 그대로 사실에 따라 직접 경험해서 아는 것입니다.

새김이 좋아서 지혜가 향상되는 모습

직접 경험해서 알 때도 흐릿하고 어렴풋하게 알지 않습니다. 손으로 잡아서 눈앞에서 보는 것처럼 뚜렷하게 알 수 있습니다. 관찰 대상이 생겨나서 사라지는 것도 알고, 그렇게 아는 마음이 사라지는 것도 압니다. 마찬가지 방법으로 대상과 아는 마음이 앞과 뒤로 계속해서 짝을 이뤄 사라지는 것만 경험합니다. 이때 수행자는 "몸, 머리, 손, 다리의 모습이나 형체를 전혀 경험할 수 없습니다. 휙휙 사라지는 것만 경험할 수 있습니다"라고 보고합니다. 그러면 본승은 "그것을 경전에서는 무너짐의 지혜bhaṅga ñāṇa라고 합니다"라고 말해 줍니다. "이렇게 알아야 합니다. 이렇게 보아야 합니다"라고 미리 길을 보여주지 않습니다. 스스로 단지 관찰하는 것만으로 이러한 지혜가 저절로 생겨납니다.[59] 여러분 중에도 그러한 지혜를 갖춘 수행자들이 있을 것입니다. 이것은 새김이 좋기 때

58 ㉺미얀마의 마하시 센터에서는 수행이 어느 정도 진전됐다고 판단되는 수행자들에게 지혜단계마다 경험하는 법들을 자세하게 설명한 '지혜단계 법문'을 들려준다.

59 ㉺망상이 일어났을 때 〈망상〉이라고 네다섯 번 정도만 관찰하면 그 망상과 그것을 관찰하는 마음이 사라진다. 그리고 '방금 무슨 생각을 했지'라고 돌이켜 생각해도 도저히 생각나지 않을 정도로 완전히 사라지기도 한다.

문에 지혜가 향상된 모습입니다. 형성평온의 지혜에 이르면 더 좋아집니다. 그 내용은 나중에 여섯 가지 덕목으로 자세하게 설명하겠습니다. 이렇게 범부로서 위빳사나 관찰을 할 때부터 차츰 새김이 좋아져 왔기 때문에 수다원이 되면 새김이 더 좋은 것입니다. 수다원이 위빳사나 관찰을 해서 사다함이 되면 새김은 더욱 좋아집니다. 사다함, 아나함에 이어 아라한이 되면 새김을 완벽하게 갖춥니다. 이때는 새김 없이 잊어버리는 일이 없습니다. 언제나 새김이 현전합니다. 그래서 앞서 언급했듯이 부처님께서 성자의 집 가르침에서 다음과 같이 설하신 것입니다.

Idha, bhikkhave, bhikkhu satārakkhena cetasā samannāgato hoti. (A.iii.279)

해 석

비구들이여, 여기서 비구는 새김이라는 보호가 있는 마음을 갖췄다.

대 역

Bhikkhave비구들이여, idha여기서; 이 불교 교단에서 bhikkhu비구는; 윤회의 위험을 내다보는 이는; 번뇌를 무너뜨리려는 수행자는 satārakkhena새김이라는 보호가 있는 cetasā마음을 samannāgato hoti갖췄다; 갖춘 이다; 갖추어야 한다.

새김이라는 보호 장비를 갖춰라

부유한 집에 경비 장치나 경비원이 있는 것과 마찬가지입니다. 부처님의 이 말씀은 마음마다 새김이라는 보호 장비가 항상 포함돼야 한다는 뜻입니다. 이것은 매우 중요합니다. 여러분도 한 번 살펴보십시오.

한 시간 동안 생겨나는 그 많은 마음마다 새김이라는 보호 장비를 얼마나 갖췄는지, 하루 종일 일어나는 마음에 새김이 얼마나 있었는지 살펴보십시오. 만일 새김이라는 보호 장비가 전혀 없다면balānatthi 보호 장비를 갖추십시오. 보호 장비를 적게 갖췄다면 많이 갖추도록 노력하십시오. 새김이라는 보호 장비 없이는 성자가 될 수 없습니다. 수다원도 될 수 없습니다. 사다함이나 아나함도 될 수 없습니다. 아라한이 될 수 없다는 것은 말할 필요도 없습니다. 이 내용을 "생겨관찰 새겨야 보호항상둬"라고 게송으로 표현했습니다. 같이 독송합시다.

생겨관찰 새겨야 보호항상둬[60]

이 게송에서 '생겨'라는 것은 '생겨날 때마다', 즉 '보는 것, 듣는 것 등이 생겨날 때마다 계속해서'라는 뜻입니다. 볼 때마다, 들을 때마다, 냄새 맡을 때마다, 맛볼 때마다, 닿을 때마다, 갈 때마다, 올 때마다, 굽힐 때마다, 생각할 때마다, 저릴 때마다, 더울 때마다, 아플 때마다, 실망할 때마다, 행복할 때마다 모두 새겨야 합니다. 이렇게 새김을 확립하면 '새김이라는 보호 장비를 갖췄다'라고 할 수 있습니다. 그렇게 생겨날 때마다 관찰해서 새김이 좋아지면 그만큼 삼매도 좋아집니다. 새김과 삼매가 좋아지는 만큼 지혜도 좋아집니다. 이것은 수행자라면 누구나 경험할 수 있는 성품입니다. 마지막에는 알아야 할 것 중 어느 하나도 남기지 않습니다. 마음이 일어날 때마다 계속해서 모두 알아갑니다. 이렇게 '보호라는 하나를 갖췄다'라는 성자의 집에서 안전하고 여법하게 지낼 수 있도록 노력해야 합니다. 중생들 대부분은 길고

60 생겨날 때 관찰하라. 새겨라. 항상 새김이라는 보호 장비를 두라.

긴 윤회의 여정 속에서 '집도 절도 없이' 방랑자로 사악도의 고통만 많이 겪어 왔습니다. 다시 태어나서 늙고 병들고 죽는 윤회의 고통을 겪어 왔습니다. 이제 부처님의 가르침과 만난 바로 지금, 여러 위험이 사라진 '아리야와사ariyāvāsa'라는 성자의 집에서 편안하게 지낼 수 있도록 노력해야 합니다. 성자의 집에 도달해야 합니다.[61]

생겨관찰 새겨야

여기에서 "아직 성자가 아닌데 성자의 집에 머물 수 있습니까?"라는 질문을 할 수 있습니다. 이에 대한 답으로 비유를 하나 들어보겠습니다. 세상에는 자기 소유가 아닌 집이나 건물이 있습니다. 아직 자신이 소유한 것은 아니지만 적당한 값을 지불하면 그곳에서 지낼 권리를 가질 수 있습니다. (마찬가지로 성자가 아니더라도 성자들의 처소에 적당한 값을 지불하면 그곳에서 지낼 수 있습니다.)[62] 그러면 어떠한 적당한 값을 지불해야 할까요? 믿음saddhā이라는 값을 지불해야 합니다. 열의chanda라는 값도 지불해야 합니다. 정진vīriya이라는 값도 지불해야 합니다. 그중 믿음이라는 법이 매우 중요합니다. 어떤 일이든 '이익이 있을 것이다'라고 확신해야 행동으로 옮길 수 있습니다. 믿지 않으면 하려고 하는 마음조차 생기지 않습니다. '생겨관찰 새겨야'라는 이 성자의 집과 관련된 수행도 '관찰하고 새기면 위빳사나 선업이 생긴다. 이

61 ⓗ〈부풂, 꺼짐; 앉음, 닿음; 듦, 놓음〉 등으로 관찰할 때마다 성자의 집 벽돌을 하나씩 쌓는 것이라고 할 수 있다. 부처님의 가르침이 없는 시기에는 성자의 집을 짓는 방법이 드러나지 않는다. 아무도 가르쳐 줄 수 없기 때문이다. 부처님께서 출현하셔야만 성자의 집을 짓는 방법이 드러난다. 만나기 힘든 부처님의 가르침을 만난 지금 즉시 성자의 집을 잘 지어서 그곳에서 편안하게 지낼 수 있도록 노력해야 한다.

62 의미를 분명하게 하기 위해 첨가했다.

익이 있다'라는 사실을 믿어야 수행할 수 있습니다. 믿는 것만으로는 아직 완벽하지 않습니다. 위빳사나 지혜, 도와 과, 열반이라는 법들을 바라는 열의도 강해야 합니다.[63] 또한 물러서지 않고 게으르지 않고 수행할 수 있는 정진도 매우 강해야 합니다.

이러한 믿음과 열의와 정진이라는 값을 지불할 수 있으면 '아리야와사 ariyāvāsa'라는 성자의 집에서 지낼 권리를 얻을 수 있습니다.[64] 진실로 믿고, 강렬히 원하고, 게으르지도 않다면 시간이 날 때마다 관찰하고 새기며 지내기만 하면 됩니다. 〈간다; 굽힌다, 편다; 본다; 듣는다〉 등으로 한 번 관찰하면 한 번 성자의 집에서 지내는 것입니다. 열 번 관찰하면 열 번 지내는 것이고, 백 번 관찰하면 백 번 지내는 것입니다. 1분 관찰하면 성자의 집에서 1분 지내는 것이고, 10분 관찰하면 10분 지내는 것입니다. 본승이 지금 알려드리는 것은 돈 한 푼 들이지 않고 좋은 집에서 지낼 수 있는 방법입니다.[65] 그러한 좋은 집에서 매우 안전하게 마음 놓고 편안하게 지내고 싶으면 '아리야와사ariyāvāsa'라는 성자의 집을 만들기만 하면 됩니다.

망나니 땀바다티까

성자의 집에서 지내면 어떤 이익이 있을까요? 최소한 사악도, 특히 지옥으로부터 벗어납니다. 매우 오랫동안 수행해야 하는 것도 아닙니다. 잠시 수행하는 것만으로도 그러한 이익을 얻을 수 있습니다.

63 ㉻참고로 부처님의 강한 열의를 소개하겠다. 과거 수메다 행자의 생에서 디빵까라 부처님께 "4아승기 10만 대겁 후에 '고따마'란 이름의 정등각자가 될 것이다"라고 수기를 받았을 때 '바로 내일 정등각자가 될 것이다'라고 생각될 정도로 강한 열의가 생겨났다고 한다.

64 ㉻성자가 돼 성자의 집을 소유하기 전까지 전세로 성자의 집에 산다고도 표현할 수 있다.

65 ㉻돈 한 푼 들이지 않고 전세를 얻어 살고, 다시 돈 한 푼 들이지 않고 성자의 집을 살 수 있다.

일화 하나를 들려드리겠습니다. 부처님 당시, 라자가하에 땀바다티까Tambadāṭhika라는 이가 있었습니다. 땀바다티까는 사형수들을 처형하는 망나니였습니다. 처음에는 사방에서 잡힌 500명씩, 모두 2천 명의 도둑들을 처형했습니다. 그다음부터는 매일 한두 사람씩 처형했습니다. 그렇게 매일 처형한 지 55년째가 되자 그는 더 이상 힘이 없어 망나니 일을 그만두게 됐습니다.

일을 그만둔 날부터 그는 그간 망나니 일을 하느라 누리지 못했던 것들을 누리고 싶어 마음이 바빠졌습니다. 죄인을 처형하는 망나니는 새 옷을 입지 못합니다. 신선한 버터로 만든 유미죽도 먹을 수 없습니다. 재스민 꽃으로 장식도 할 수 없습니다. 향수도 바르지 못합니다. 당시에 망나니는 이 네 가지를 할 수 없도록 왕이 법으로 정해 놓았다고 합니다. 사람을 처형하는 일이 매우 참혹하고 잔인한 일이어서 이러한 좋은 것과는 맞지 않다고 생각해서 금지시킨 듯합니다. 지금 사람들의 시각으로 보면 조금 터무니없다고 생각할 수도 있습니다. 그렇게 금지된 것들을 땀바다티까는 오래전부터 누리고 싶었습니다. 그는 '이제야 기회가 왔구나. 마음껏 누려야지'라고 마음먹었습니다. 일반적으로 사람들은 금지된 것일수록 더 하고 싶어 하는 경향이 있습니다. 먹으면 안 된다고 하면 더 먹고 싶어 합니다. 땀바다티까는 다른 사람들이 유미죽을 먹는 것을 볼 때마다 너무 먹고 싶었습니다. 새 옷도 입고 싶었습니다. 그런 것들을 누리기를 55년간 갈망하기만 했습니다. 그래서 망나니 일을 그만두자마자 아내에게 유미죽을 만들게 하고, 새 옷과 장식할 꽃, 향수를 들고[66] 강둑으로 가서 목욕을 했습니다. 목욕 후 그는

66 『담마빠다 주석서』 원문에는 하인으로 하여금 '들게 하고gāhāpetvā'라고 돼 있다.

새 옷으로 갈아입고 향수를 바르고 꽃으로 장식하고서 '준비시켜 둔 유미죽을 먹어야지'라고 생각하며 집으로 돌아갔습니다.

사리뿟따 존자가 왔을 때

땀바다티까가 유미죽을 먹으려고 준비하는 동안 사리뿟따Sāriputta 존자가 그 사실을 신통으로 알고서 땀바다티까에 대해 이렇게 반조했습니다.

'오, 땀바다티까가 오랫동안 먹지 못했던 유미죽을 먹으려고 준비해 놓았구나. 그는 유미죽을 먹고 나면 바로 오늘 오전에 죽게 될 것이다. 그러나 죽을 때 그에게는 의지할 선업이 아무것도 없구나. 55년 내내 불선업만 행했구나. 그 불선업들이 그를 처벌하려고 여러 가지를 준비하고 있구나. 죽자마자 사악도, 지옥에 단번에 떨어지겠구나. 불쌍하고, 불쌍하구나. 그가 지옥으로부터 벗어나도록 가서 구해주어야겠다.'

사리뿟따 존자는 즉시 땀바다티까 곁으로 가서 탁발을 받기 위해 서 있었습니다. 이때 믿음이 없는 이라면 선업을 생겨나게 하지 않을 뿐만 아니라 불선업도 일으킬 수 있습니다. "나는 오랫동안 유미죽을 먹지 못했다. 이제야 겨우 먹으려 하는데 저렇게 전혀 거리낌 없이 내게 탁발을 받으려 하다니"라고 비난하면 불선업이 생겨납니다. 하지만 땀바다티까는 그러지 않았습니다. 사리뿟따 존자를 보자 기쁨이 가득 차오르고 행복해져 깨끗한 믿음이 생겨났습니다.

'오, 사리뿟따 존자께서 지금 여기에 오신 것은 매우 적당하구나. 이전에 사리뿟따 존자를 뵀을 때는 보시할 것이 준비되지 않았다. 또한 보시할 것이 준비돼 있을 때는 뵙지 못했다. 이제 보시할 것도 있고 사

리뿟따 존자도 오셨으니 보시하기에 매우 적당한 때구나.'

이렇게 반조하고 땀바다티까는 사리뿟따 존자를 정중하게 초청해서 유미죽을 올렸습니다. 믿음이라는 법은 매우 중요합니다. 믿음이 없는 것은 손이 없는 것과 같습니다. 유용하고 가치 있는 물건을 발견하더라도 손이 없으면 집어서 가질 수 없습니다. 마찬가지로 믿음이 없는 이는 부처님·가르침·승가라는 삼보와 만나더라도 선업을 일으키지 못합니다. 어떤 이는 불선업까지 일으킵니다. 손이 있어야 가치 있는 물건을 만났을 때 집어서 가질 수 있는 것처럼, 믿음이 있어야 삼보와 만났을 때 윤회의 긴 여정 동안 아무리 쓰더라도 다하지 않는 선업의 재산들을 모을 수 있습니다.

유미죽을 보시하다

땀바다티까에게는 믿음이라는 매우 강력한 법의 무기가 있었습니다. 그래서 그는 사리뿟따 존자를 보자마자 바로 초청해서 자신이 그토록 먹고 싶어 하던 유미죽을 먹지 않고 공양으로 올렸습니다. 사리뿟따 존자는 유미죽을 공양하고 있었고, 땀바다티까도 옆에서 정중하게 부채질을 하며 앉아 있었습니다. 그때 땀바다티까에게 유미죽을 먹고 싶은 마음이 강렬하게 생겨났습니다. 참아온 지 50년이 넘었는데 왜 안 그렇겠습니까? 그 마음을 알고 사리뿟따 존자가 땀바다티까에게 한쪽으로 가서 유미죽을 먹도록 허락했습니다. 허락한 이유는 이렇습니다. 유미죽을 먹고 싶은 욕구가 너무 강렬해서 마음이 산란하면 법문을 잘 들을 수 없기 때문입니다. 땀바다티까는 유미죽을 먹고 나서 사리뿟따 존자 옆에 정중하게 앉았습니다. 그러자 사리뿟따 존자가 그에게 축원 법문을 해 주었습니다.

차례대로 설법하다

사리뿟따 존자는 먼저 보시에 관한 설법dānakathā을 했습니다. 이어서 계에 관한 설법sīlakathā을 했습니다. 계는 '다른 생명을 해치면 안 된다. 다른 이의 재산을 훔쳐서는 안 된다. 다른 이의 배우자를 범해서는 안 된다. 다른 이에게 불이익이 생기도록 거짓말을 해서는 안 된다. 술이나 정신을 흐리게 하는 약물을 마셔서는 안 된다' 등으로 몸이나 말을 잘 보호하도록 실천하는 것입니다. 계를 범하면 사악도, 특히 지옥에 떨어질 수 있습니다. 사람으로 태어나더라도 수명이 짧거나 병이 많거나 적이 많거나 재산이 적은 것 등의 좋지 않은 과보를 겪으며 고통을 당할 수 있습니다. 계를 갖추면 사람이나 천신이라는 행복한 생에 태어날 수 있습니다. 또한 태어나는 곳마다 계속해서 수명이 길고 건강한 것 등의 좋은 과보를 누리며 행복하게 지냅니다. 이러한 내용으로 계에 관한 설법을 했고, 이어서 천상에 관한 설법saggakathā, 마지막으로 위빳사나와 도에 관한 설법maggakathā을 했습니다. 위빳사나와 관련해서는 "탐욕이나 성냄, 망상 등 모든 번뇌가 생겨날 기회를 얻지 못하도록 끊임없이 관찰해야 한다"라고 설했을 것입니다. 사리뿟따 존자의 설법은 매우 미묘했습니다. 그렇게 미묘한 법을 듣던 땀바다티까에게 이전에 망나니 일을 하며 행했던 불선업들이 다시 떠올랐습니다. '오, 내가 지은 불선업이 너무 많구나. 이렇게 불선업들이 많아서 존자께서 설하시는 미묘한 법들과는 어울리지 않는구나'라는 생각이 들어 마음이 산란했습니다. 걱정하고 고민했습니다. 그 사실을 알고 사리뿟따 존자는 그가 편안한 마음으로 법문을 들을 수 있도록 다음과 같이 물었습니다.

"땀바다티까 청신사여, 법문을 잘 집중해서 듣지 못하는 것 같습니다. 무슨 일이 있습니까?"

"존자께서 설하신 법은 아주 좋습니다. 하지만 저에게는 이전에 행한 악행과 불선법들이 너무 많습니다. 그것이 자꾸 떠올라 마음이 걱정으로 가득 차 있습니다. 마음이 산란합니다, 존자시여."

그러자 사리뿟따 존자는 땀바다티까에게 생겨난 걱정과 근심을 잠재우기 위해 방편으로 다음과 같이 물었습니다.

"땀바다티까 청신사여, 그 악행과 불선업들은 그대가 하고 싶어서 한 것입니까? 그렇지 않으면 다른 이가 시켜서 어쩔 수 없이 한 것입니까?"

"존자시여, 개인적으로는 전혀 하고 싶지 않았습니다. 왕의 명령이라서, 왕이 시켜서 어쩔 수 없이 행한 것입니다."

방편으로 질문하다

사리뿟따 존자는 다시 방편으로 물었습니다.

"자, 한번 생각해 봅시다. 그렇다면 그러한 악행들이 그대의 불선업이라고 할 수 있겠습니까?"

이 대목을 잘 숙고해야 합니다. 사리뿟따 존자는 "땀바다티까의 불선업이 아닙니다"라고 하지 않았습니다. 땀바다티까의 마음이 편안해져서 법을 잘 들을 수 있도록 "그대의 불선업이라고 할 수 있겠습니까?"라고 방편으로 묻기만 했습니다.[67] 사실 불선업이란 자기의 의지대

67 ㉻비슷한 예로 미얀마의 민둔 왕 당시에 토콘 사야도의 일화가 있다. 어떤 사람이 물건을 훔치다가 잡혀 사형을 당하게 됐을 때 "나는 토콘 사야도의 조카입니다"라고 외쳤다. 당시 민둔 왕은 토콘 사야도를 존경하고 있었기 때문에 형의 집행을 미루고 사실인지 확인하러 훔친 사람과 관리들을 토콘 사야도께 보냈다. 관리들이 자초지종을 사야도께 말씀드리자 토콘 사야도는 갑자기 "이 사람이 내 조카가 아니라고 누가 말했습니까?"라고 말했다고 한다. 자신의 조카가 아니라고 하면 이 사람은 죽게 될 것이고 자신의 조카라고 말하면 거짓말을 하게 되므로 방편으로 이렇게 말한 것이다. 관리들은 스스로 '조카가 맞구나'라고 생각하고 왕에게 알려 풀어주었다고 한다.

로 행하든 다른 사람이 시켜서 행하든, 그것을 직접 행한 이에게 동일하게 생겨납니다.[68] 강렬한 마음으로 행하면 허물이 크고 강렬하지 않은 마음으로 행하면 허물이 작습니다. 이 정도 차이만 있습니다. 하지만 땀바다티까는 경전에 대한 지식이 없었기 때문에 '오, 이 불선업들은 내가 하길 원해서 행한 것이 아니다. 왕이 시켜서 한 것이다. 그러니 이 불선업들은 나와 관계가 없다. 왕의 불선업들일 뿐이다'라고 단정해 버렸습니다. 그래서 그에게 걱정과 근심이 사라졌고, 사리뿟따 존자의 설법을 잘 집중해서 들을 수 있게 됐습니다.

이 일화를 듣고 쉐보우에 사는 어떤 이가 이런 말을 했습니다. "오, 지식이나 지혜가 많은 것이 꼭 좋은 것만은 아니구나. 지혜가 없어도, 바보나 멍청이여도 좋은 구석이 있구나."

그가 이렇게 비아냥거리자 그게 무슨 소리냐며 주변 사람들이 그를 둘러싸고 물었습니다. 그러자 그가 대답했습니다.

"땀바다티까가 경전에 대한 지식이 많았다면 그의 걱정은 사라지지 않았을 것이오. '왕이 시켜서 했다면 그대의 불선업이 되겠는가?'라고 사리뿟따 존자가 방편으로 물었을 때 그는 경전에 대한 지식이 없어서 '왕의 불선업일 뿐이구나'라고 바로 결정해버려 걱정이 사라진 것 아니오. 그러니 바보인 것도 좋은 구석이 있다고 한 것이오."

나름대로 그로선 풍자한다고 했을 수도 있습니다. 하지만 땀바다티까의 일화를 빌미로 지혜가 적어도 괜찮다면서 아무것도 하지 않고 지내면 안 됩니다. 지혜를 갖추고, 그 지혜가 더욱 예리해지도록 법문을

68 살생하는 행위를 직접 하는 것, 시키는 것, 칭송하는 것, 동의하는 것 모두 악행에 해당한다. 『가르침을 배우다』, pp.221~222 참조. 부처님께서는 자주 두통을 겪으셨다. 그것은 과거 생에 어부의 가족으로 태어나 직접 물고기를 잡지는 않았지만 친족들이 물고기를 잡고 죽이는 것을 즐겁게 바라본 악업의 결과다. 『부처님을 만나다』, p.443 주 730 참조.

듣고 경전도 읽어야 합니다. 더불어 경전에 관한 지식이 해박한 이들에게 자주 질문도 해야 합니다.

수순의 지혜

사리뿟따 존자가 방편으로 한 질문으로 마음이 편안해진 땀바다티까는 사리뿟따 존자의 법문을 정성스레 집중해서 듣고 있었습니다. 사리뿟따 존자는 차례대로 계, 삼매, 통찰지에 관한 법문을 설해 나갔습니다. 땀바다티까는 법문을 들으면서 마음을 잘 기울여 수순의 지혜anuloma ñāṇa를 얻었습니다.

수순의 지혜에는 세 종류가 있습니다. 무상과 괴로움과 무아를 반조하는 명상의 지혜sammasana ñāṇa를 수순의 지혜라고 부릅니다. 도에 도달할 즈음 무르익은 형성평온의 지혜saṅkhārupekkhā ñāṇa를 수순의 지혜라고 부르기도 합니다. 도 인식과정maggavīthi에[69] 포함된 수순의 지혜도 있습니다. 이 세 가지 중 땀바다티까가 얻은 지혜가 어디에 해당하는지 결정하기가 쉽지 않습니다. 『담마빠다』 주석서에서는 "sotāpattimaggassa orato 수다원도의 아랫부분인" 수순의 지혜[70]라고 언급했습니다.(DhpA.i.407) 이를 근거로 살펴보면 땀바다티까가 얻은 수순의 지혜는 수다원도에 도달할 즈음에 생겨나는, 무르익은 형성평온의 지혜를 말하는 듯합니다. 그 이유는 명상의 지혜를 말한다면 "생멸의 지혜에 도달하기 전"이라거나 "연약한 위빳사나taruṇa vipassanā"로 설명할 수

69 도가 생겨날 때 '준비–근접–수순–종성–도–과–과'나 '근접–수순–종성–도–과–과–과'로 진행되는 인식과정을 말한다. 대림스님/각묵스님 옮김, 『아비담마 길라잡이』 제1권, pp.418~423 참조.

70 정확하게는 "수순의 이해anulomikaṁ khantiṁ"라고 표현됐다.

도 있기 때문입니다. 그리고 아직 거리가 먼 수다원도를 기준으로 설명할 필요가 없습니다. 그래서 "수다원도의 아랫부분인" 수순의 지혜라고 언급한 『담마빠다』 주석서에 따라 수다원도와 그리 멀지 않은, 무르익은 형성평온의 지혜를 말한다고 생각하는 것이 적당합니다. 이렇게 의미를 취하는 다른 예도 있습니다. 여러 주석서에서 "보살들이 각각 부처님들의 교단에 입문해서 출가하면 수순의 지혜 단계까지 위빳사나를 수행한다"라고 설명돼 있습니다.(MA.iii.195)[71] 보살들은 붓다가 될 마지막 생에서 도와 과를 증득하지 그 전에는 도와 과를 증득하지 않습니다. 그런데 도 인식과정에 포함된 수순의 지혜에 도달하면 도와 과에 즉시 도달해 버립니다. 수순의 지혜에서 멈추는 경우가 없습니다. 그래서 여러 주석서에서 '수순의 지혜'라고 표현했지만 보살들이 바라밀을 행하는 생에서 도달한 수순의 지혜는 무르익은 형성평온의 지혜 단계라고 이해하는 것이 적당합니다. 지금 땀바다티까가 얻었다는 수순의 지혜도 같은 방법으로 이해해야 합니다.

땀바다티까, 죽다

"생겨관찰 새겨야 보호항상둬"라는 『아리야와사 법문』과 연관 지어 말하자면 보통의 위빳사나 지혜라고 이해해도 적당합니다. 제일 낮은 단계인 명상의 지혜라고 이해해도 적당합니다. 어떠한 것으로 이해하든 새김이라는 보호는 갖춘 것입니다. 의지할 만한 보호 장비를 땀바다티까는 얻은 것입니다. '아리야와사ariyāvāsa'라는 성자의 집에도 살게 됐다고 말할 수 있습니다. 그래서 사리뿟따 존자는 '이 정도면 땀바

71 『맛지마 니까야』 제3권, p.252 주 223 참조.

다티까는 사악도의 위험으로부터 보호해 줄 수 있는 새김이라는 보호 장비를 갖췄구나. 이제 안심할 수 있겠구나. 충분하구나'라고 생각하고 법문을 끝냈습니다. 이렇게 사리뿟따 존자는 법을 설하고 돌아갔습니다. 땀바다티까도 사리뿟따 존자를 배웅한 뒤 집으로 돌아오고 있었습니다. 그때 이전 생에서 원한을 가지고 있던 야차녀가 암소로 변신해 그를 들이받았고 땀바다티까는 그 자리에서 죽었습니다.

이 일화에서 '야차녀가 암소로 변신해 땀바다티까를 들이받아 죽게 했다'라는 내용에 의문이 생긴다면 '성질난 암소에게 들이받혀 죽었다'라고 이해해도 됩니다. 문헌 그대로 말해도 "야차녀가 암소로 변신한 근거가 있습니까? 그것이 가능한 일입니까?"라고 반문하고 따지는 이들도 있기 때문입니다. 문헌에는 '야차녀가 암소로 변신하고 들이받아 땀바다티까가 죽었다'라고 표현돼 있습니다.(DhpA.i.407)

도솔천에 태어나다

땀바다티까는 암소에 들이받혀 죽자마자 도솔천에 태어났습니다. 도솔천은 사대왕천, 도리천, 야마천, 도솔천, 화락천, 타화자재천이라는 욕계 여섯 천상 중 네 번째 천상 세계입니다.[72] 도솔천은 모든 보살이 붓다가 될 마지막 생 바로 이전에 머무는 천상이기도 해서 중요시되는 천상 세계입니다. 그 시각, 땀바다티까가 죽었다는 소식을 들은 비구들이 법당에 모여 법담을 나누고 있었습니다.

"땀바다티까는 55년 동안 사형수를 처형하는 망나니 일을 해 왔다. 매우 잔인한 불선업이다. 그런데 오늘 그 일을 그만두고 사리뿟따

72 31 탄생지는 본서 부록 p.308 참조.

존자에게 유미죽을 보시하자마자 죽었다고 한다. 그는 어디에 태어났을까?"

그때 부처님께서 오셔서 땀바다티까는 도솔천에 태어났다고 말씀해 주셨습니다. 그러자 비구들이 부처님께 여쭈었습니다.

"부처님, 땀바다티까는 55년 내내 사람들을 죽이는 일을 했는데 어떻게 도솔천에 태어났습니까?"

그러자 부처님께서는 다음과 같이 분명하게 설하셨습니다.

"비구들이여, 의심하지 마라. 땀바다티까는 죽음에 임박해서 선우kalyāṇamitta·善友인 사리뿟따를 의지했다. 사리뿟따의 법문을 듣고 잘 이해해서[73] 수순의 지혜를 얻었기 때문에 사악도에서 벗어나 도솔천에 태어났다."

Subhāsitaṁsuṇitvāna,
Nāgare coraghātako;
Anulomakhantiṁ laddhāna,
Modati tidivaṁ gato. (DhpA.i.407)

해석

도둑들 처형하던 도성의 망나니가
훌륭하게 설해진 법을 잘 듣고서
수순하는 이해를 증득하여
천상에 태어나 기쁨을 누린다네.

73 ㉾단지 법문을 듣고 이해한 것만으로 위빳사나 지혜가 생겨난 것이 아니다. 법문을 들으면서 도와 과에 이르렀다고 하는 이들도 몸·느낌·마음·법이라는 네 가지 새김확립 주제 중 어느 한 가지를 관찰하는 길, 방법을 통해서만 도달한 것이라고 알아야 한다.(DA.ii.338)

대역

Nāgare도성에서; 라자가하에서 coraghātako망나니가; 사형수들을 처형하던 땀바다티까는 subhāsitaṁ훌륭하게 설해진 것을; 사리뿟따 존자가 잘 설한 법문을 suṇitvāna듣고서 anulomakhantiṁ수순의 이해를; 형성평온의 지혜를 laddhāna증득하여; 얻었기 때문에 tidivaṁ천상에; 도솔천이라는 천상에 gato태어나 modati기뻐한다네; 행복하게 지낸다네.

법다운 한 마디가 더욱 거룩하다

위의 게송에 이어서 부처님께서는 다음의 게송을 읊으셨습니다.

Sahassamapi ce vācā,
Anatthapadasaṁhitā;
Ekaṁ atthapadaṁ seyyo,
Yaṁ sutvā upasammati. (Dhp.100)

해석

비록 그 말이 천 마디라 할지라도
무익한 구절로 엮은 것이라면
듣고 나서 완전히 그치게 하는
유익한 한 구절이 더욱더 거룩하다.

대 역

Anatthapadasaṁhitā무익한 구절로 엮은; 이로움을 주지 않는 구절로 엮어서 말한 vācā말은 sahassaṁ ce pi천 마디라 할지라도; 천 마디, 만 마디 헤아릴 수 없이 많더라도 (pāpikā eva)저열할 뿐이다. yaṁ어떤 구절을 sutvā듣고서 upasammati완전히 그친다면; 번뇌가 소멸한다면, (tādisaṁ)그러한 성품이 있는 atthapadaṁ유익한; 무더기, 감각장소, 요소, 새김확립 등 이로움을 주는 ekaṁ (pi)한 마디의 말이라도 seyyo더 거룩하다.

마하시 사야도의 게송은 다음과 같습니다.

이리저리 천마디 늘어놓아도
쓸모없어 무익해 붓다꾸짖어
한구절로 번뇌가 그치게하는
그법만을 부처님 칭송하셨네

이 내용은 『담마빠다』 주석서에 분명하게 언급된 일화입니다. 이 일화처럼 위빳사나 새김이라는 보호는 여러 가지를 갖추게 해 줍니다. 안심할 수 있습니다. 진실로 의지할 만한 것이라는 사실이 분명합니다. 새김이라는 보호가 없었다면 땀바다티까는 사람의 생에서 죽은 뒤 즉시 사악도에 떨어졌을 것입니다. 그가 행한 불선업이 그를 사악도로 끌어내리기 위해 준비돼 있었습니다. 하지만 죽음에 임박해서 법문을 듣고 위빳사나 새김이라는 보호 장비를 갖췄기 때문에 그 불선업들이 중간에 끼어들지 못했습니다. 외국 대사관에 들어가 숨어있는 이를 경찰들이 함부로 들어가 끌어내거나 체포하지 못하는 것과 마찬가지입니다. 새김이라는 보호 장비 덕분에 땀바다티까는 악처에서도 벗어났을 뿐만 아니라 욕계 천상 세상에 태어난 것입니다.[74] 얼마나 다행스러운 일인지 잘 생각해 보십시오.[75]

다난자니 바라문 여인의 일화

여러분도 마음과 몸을 다해 열심히 수행하면 천상이라는 선처에 확실히 태어날 것입니다. 일부 수행자들은 심한 병으로 고통스러운 느낌이 생겨나면 새김이 저절로 일어난다는 사실, 그렇게 새기고 관찰하면 고통스러운 느낌이 사라진다는 사실 등을 보고하기도 합니다. 그렇게 새김이 저절로 생겨나는 것은 부처님 당시 다난자니Dhanañjānī 바라문 여인에게 있었던 일과 비슷합니다. 다난자니는 수다원이었습니

74 불선업보다 선업이 힘이 세다. 선업은 다른 존재들과 회향 등으로 나눌 수 있다. 또한 선업을 행한 이들은 대부분 그 순간에도 기뻐하고, 나중에 그 일을 회상할 때도 더욱 기쁨이 생겨난다. 그래서 거듭 회상하고 그럴수록 그 선업의 힘은 더욱 세진다. 불선업은 반대다. 그래서 선업이 불선업을 제압할 수 있다.(Mil.286~287) 또한 불선업들이 과보를 줄 기회를 얻지 못하도록 더 큰 선업을 행할 수도 있다. 큰 바위라도 큰 배 위에 올려놓으면 바닥에 가라앉지 않는 것과 마찬가지다.(Mil.85) 땀바다티까는 위빳사나 지혜라는 큰 배를 마련했기 때문에 55년 동안 사람을 죽인 불선업이 다음 생에 과보를 주지 못했다. 『가르침을 배우다』, pp.339~341 참조.

75 ㉻이러한 법문을 듣고 '그렇다면 악행을 삼갈 필요 없이 마음대로 악행을 행한 뒤 위빳사나 수행을 해도 될 것이다'라고 생각해서는 안 된다. 당시 땀바다티까는 과거 바라밀이 무르익은 상태였고, 부처님이나 사리뿟따라는 훌륭한 스승이 직접 계신 때였다는 사실에 주의해야 한다. 이전에 계가 청정해야 더욱 삼매에 잘 들고 그러한 삼매를 바탕으로 위빳사나 지혜, 나아가 도의 지혜가 생겨난다. 단, 부모를 죽이는 등의 오무간죄를 저지르지 않았다면 이전에 행한 악행이 천상에 태어나거나 도와 과를 증득하는 데 방해가 되지 않는다는 사실도 기억해야 한다. 『위빳사나 수행방법론』 제1권, pp.101~106 참조.

다. 하지만 그녀의 남편은 범천을 믿었고, 어느 날 바라문들을 초청해서 공양을 올렸습니다. 남편이 그렇게 공양을 대접할 때, 다난자니도 아내의 의무를 다하기 위해 음식을 나르면서 남편을 도왔습니다. 남편은 다난자니가 바라문 스승들을 대접하고 있는 동안 거룩하신 부처님을 칭송하는 말을 하지 못하도록 미리 부탁해 두었습니다.[76] 하지만 중간에 다난자니는 그루터기에 걸려 넘어졌고, 아픈 느낌이 생겨났습니다. 그러자 즉시 새김이 일어났습니다. 괴로운 느낌으로 인해 부처님과 가르침을 떠올리게 돼 부처님께서 계신 쪽으로 무릎을 꿇고 합장하여 "namo tassa bhagavato arahato sammāsambuddhassa 아라한이며 정등각자이신 거룩한 세존께 예경 올립니다"라고 세 번 소리 내어 읊으면서 예경을 드렸습니다. 이렇게 고통스러운 느낌을 경험할 때 새김이 저절로 생겨납니다. 혹은 죽을 즈음에 생겨나는 고통스러운 느낌을 경험할 때도 수행을 잘 닦아온 이들에게는 마찬가지로 새김이 저절로 생겨나서 악처의 위험에서 벗어나 선처에도 이를 수 있게 합니다. 그렇기 때문에 새김은 매우 중요합니다. 매우 의지할 만하고, 마음을 안심시킵니다. 그래서 그것을 '아리야와사ariyāvāsa'라는 성자의 집이라고 부처님께서 설하신 것입니다. 아직 수행을 해 보지 않은 분들이라면 수행을 시작하면 좋을 것이고 이미 수행하고 있는 분들이라면 본승이 특별히 격려할 필요가 없을 것입니다. 각자의 새김이 저절로 격려하고 있을 것입니다.

76 부탁 정도가 아니라 "칼로 산산조각 내 버리겠다"라고 위협했지만 다난자니 여인은 따를 수 없다고 말했다. 『위빳사나 수행방법론』 제2권, pp.446~449; 『보배경 강설』, pp.143~146 참조.

수행해 보라

아직 수행해 보지 않은 이들에게는 "수행해 보십시오"라고 격려의 말을 해야 합니다. 그들은 아직 법의 맛을 알지 못하기 때문입니다. 법을 설하는 것은 시장에서 물건을 파는 것과 같습니다. 물건을 파는 이라면 자신이 파는 물건에 대해 아직 잘 모르는 이들이 구매할 수 있도록 그 물건의 좋은 점을 알려야 합니다. 빵이라면 "맛이 아주 좋습니다. 식감이 부드럽습니다. 좋은 재료를 사용했습니다"라는 식으로 알려야 합니다. 옷이라면 "디자인이 아주 좋습니다. 재질이 튼튼합니다. 매우 가볍고 편안합니다"라는 식으로 광고해야 합니다. 사용해 본 적이 있는 이들에게는 따로 알릴 필요가 없습니다. 좋은 점을 이미 알고서 스스로 구매하기 때문입니다. 가르침도 마찬가지입니다.[77] 아직 알지 못하는 이들에게는 법의 이익들을 설명해서 격려해야 합니다.[78] 수행을 해 본 사람들에게는 특별히 격려할 필요가 없습니다. 각자 믿음을 통해 스스로 수행하고 있기 때문입니다. "수행센터에 오지 마십시오"

77 ㉻부처님께서도 「마하사띠빳타나숫따」에서 새김확립을 설하실 때 "이 길은 유일한 도이니 중생들을 청정하게 하고, 슬픔과 비탄을 극복하게 하고, 몸의 고통과 마음의 고통을 사라지게 하고, 도를 증득하게 하고, 열반을 실현하게 한다"라고 그 이익을 먼저 말씀하셨다. 그래야 사람들이 '이 도는 참으로 근심과 탄식, 육체적 고통과 정신적 고통이라는 네 가지 재난upaddava을 없애고 청정과 도와 열반이라는 세 가지 특별함을 가져오는구나'라고 알고서 용맹심ussāha이 생겨 '이 법을 배우리라. 익히리라. 지니리라. 외우리라. 이 도를 닦으리라'라고 생각할 것이기 때문이다. 마치 십만 냥의 가치가 있는 양탄자를 팔려는 상인이 "이 양탄자는 부드럽습니다"라는 등으로 목청을 높여 사람들에게 알려야 형편이 되는 사람은 사고 형편이 되지 않는 사람들도 보려고 하는 것과 같다.(DA.ii.342) 각묵스님 옮김, 『네 가지 마음챙기는 공부』, pp.94~95 참조.

78 ㉻수행에 대해 전혀 들어본 적이 없는 이들도 있다. 미얀마의 어떤 수행센터 경행대에서 남성 수행자들과 여성 수행자들이 서로 떨어진 곳에서 고개를 숙이고 경행을 하고 있었다. 지나가던 한 할아버지가 옆에서 감독하던 스님에게 "저 사람들 지금 뭐 하고 있습니까? 무엇을 잃어버려서 찾고 있습니까?"라고 물었다. 그 말에 장난기가 발동한 스님은 "천 원짜리 지폐가 없어져서 수행자들이 그것을 찾고 있습니다"라고 대답했다. 할아버지가 "그렇다면 여기 천 원 있습니다"라고 말하며 경행하는 곳으로 가려고 했다. 스님은 "저한테 맡기시면 됩니다"라고 하며 할아버지를 말렸다고 한다.

라고 가로막지도 못합니다. 한때 양곤 마하시 사사나 수행센터가 빈자리가 없이 초보 수행자들로 가득 찬 적이 있습니다. 그래서 오히려 "이전에 수행 경험이 있는 수행자들은 오지 마십시오"라고 부탁해야 했습니다. 하지만 전혀 효과가 없었습니다. 기존 수행자들은 수행하고 싶은 마음이 간절했기 때문에 시간만 나면 와서 수행을 했습니다. 그들은 성자의 집에서 사는 것이 매우 좋은 것을 이미 알고 있었기 때문입니다. 또한 그들이 이미 갖추고 있던 믿음과 새김도 수행하도록 재촉하고 격려했기 때문입니다. 그래서 "생겨관찰 새겨야 보호항상돼"라는 이 '아리야와사ariyāvāsa', 새김이라는 보호는 매우 좋은 법입니다. 성자의 집에 아직 살아 본 적이 없는 이라면 "한 번 시험 삼아 지내보십시오"라고 특별히 권합니다.

성자의 집 ❹ 네 가지 의지처가 있다

네 가지 의지처라는 성자의 집

"한 가지 보호를 갖춰야 한다"라는 성자의 집은 이해했을 것입니다. 이제 "caturāpasseno hoti 네 가지 의지처가 있어야 한다"라는 성자의 집을 설명하겠습니다. 성자의 집 전체 게송에서는 "넷을의지"라고 표현했습니다. 새김이라는 보호를 생기게 하려면 네 가지 의지처를 의지해서 수행해야 한다는 뜻입니다. 네 가지 의지처는 다음과 같습니다.

Saṅkhāyekaṁ paṭisevati, saṅkhāyekaṁ adhivāseti, saṅkhāyekaṁ parivajjeti, saṅkhāyekaṁ vinodeti. (A.iii.280)

해 석

어떤 것은 성찰하고서 수용한다. 어떤 것은 성찰하고서 참는다. 어떤 것은 성찰하고서 삼간다. 어떤 것은 성찰하고서 없앤다.

대 역

Ekaṁ어떤 것은 saṅkhāya성찰하고서; 반조하고서 paṭisevati수용한다; 수용해야 한다. ekaṁ어떤 것은 saṅkhāya성찰하고서; 반조하고서 adhivāseti참는다; 참아야 한다. ekaṁ어떤 것은 saṅkhāya성찰하고서; 반조하고서 parivajjeti삼간다; 삼가야 한다. ekaṁ어떤 것은 saṅkhāya성찰하고서; 반조하고서 vinodeti없앤다; 없애야 한다.

• 수용해야 한다 부처님께서는 첫 번째 의지할 것으로 "어떤 것은 성찰하고서 수용해야 한다"라고 설하셨습니다. 입을 것, 먹을 것, 지낼 곳, 약이라는 네 가지 필수품을 반조한 뒤 사용하면서 의지해야 한다는 뜻입니다. 옷을 입지 않은 채 다니면 보기에도 좋지 않고 추위나 더위로 인한 여러 불편함을 겪게 될 것입니다. 이러한 점을 반조하고서 옷은 보호를 위해 입는 정도만으로 사용해야 합니다. 마찬가지로 음식도 먹지 않고 지낼 수 없습니다. 그러므로 시간이 되면 음식이나 영양분도 반조하고서 적당한 양을 먹어야 합니다.[79] 가림막이나 집이 없이 맨땅에서 지내면 추위나 더위, 비바람 등으로 많은 고통을 겪습니다. 그러니 창문이나 지붕을 잘 갖춘 처소도 이러한 고통으로부터 보호하기 위한 것이라고 잘 반조한 뒤 사용해야 합니다. 건강이 좋지 않을 때는 약도 의지해서 사용해야 합니다. 다시 말해 입을 것, 먹을 것, 지낼 곳, 약이라는 네 가지 필수품을 사용하기에 적당한 때, 올바르게 반조한 뒤, 적당한 만큼만 의지해야 한다는 뜻입니다. 이렇게 수용하는 것도 의지해야 하는 것 중 하나입니다. 이 내용을 성자의 집 전체 게송에서는 '넷을의지'라고 간략하게 표현했고, 자세하게는 "수용참아 삼가야 없애의지넷"이라고 표현했습니다. 같이 독송합시다.

수용참아 삼가야 없애의지넷

79 음식의 경우 먹으면서 〈봄; 보임; 가져옴; 닿음; 먹음; 앎; 삼킴〉 등으로 자세하게 관찰하는 것도 넓은 의미로 올바르게 숙고하고 수용하는 것이라고 할 수 있다. 혹은 경전에 나오는 구절을 반조하고 수용할 수도 있다.(D.i.12 등) 게송으로 표현하면 다음과 같다.

이와같은 공양음식 행락도취 매력장식
위해서가 아니라네 사대로된 이내몸의
지탱유지 피곤덜고 청정범행 돕기위해
옛고통을 물리치고 새고통은 안생기게
건강하고 허물없이 편안위해 수용하네

사용하기에 적당한 옷이나 음식, 처소, 약을 사용하지 않고, 의지하지 않고 그냥 지내면 자기 몸을 괴롭히고 학대하는 실천이라고 말합니다. 빠알리어로 '자기학대에 몰두하는 것attakilamatānuyoga'이라고 합니다. '고행'이라는 뜻입니다. 부처님 당시 니간타 아지와까Nigaṇṭha ājīvaka라는 나체주의자들은 옷도 입지 않고, 음식도 먹지 않고, 잠자리에서 잠을 자지 않고서 고행을 실천했습니다.[80] "보살도 처음에는 고행을 실천했다"라는 것도 바로 자기학대attakilamatha 고행을 말합니다. 당시에는 중도 실천majjhimapaṭipadā이라는 바른 실천을 아직 만나지 못했기 때문에 호흡을 참는 것, 음식을 줄이는 것, 단식하는 것 등 매우 힘든 고행을 실천하셨던 것입니다. 나중에 고행이 아무런 이익이 없다는 것을 아시고는 고행의 실천을 버리셨습니다. 고행의 실천을 버린 뒤 중도라는 바른 실천으로 정등각자 부처님이 되신 것입니다. 지금도 인도에서는 자이나 교도들이 옷을 입지 않고 음식을 먹지 않고 처소에서 지내지 않으면서 몸을 학대하는 실천을 여전히 계속하고 있습니다. 부처님의 가르침에서는 스스로 몸을 학대하는 자기학대 고행의 실천을 행하지 않습니다. 중도 실천이라는 바른 실천만 행합니다. 그러므로 사용할 만한 필수품이라면 사용하기에 적당한 때 지혜로 반조하고서 적절하게 사용해야 합니다. 이렇게 사용하는 것이 의지해야 할 네 가지 중 첫 번째입니다.

• **참아야 한다** 부처님께서는 두 번째 의지할 것으로 "어떤 것은 성찰하고서 참아야 한다"라고 설하셨습니다. 참아야 할 만한 것이라면

80 ㉻고행주의자들은 몸을 괴롭혀야 번뇌가 없어진다고 생각한다. 이것은 번뇌를 없애는 방법을 모르는 것이다. 비유하자면 모래를 짜서 기름을 얻으려는 것, 소뿔을 짜서 소젖을 얻으려는 것과 같다.

참아야 한다는 뜻입니다. 어떠한 것들을 참아야 하는가 하면 추위를 참아야 합니다. 더위를 참아야 합니다. 듣기 싫은 소리나 말도 참아야 합니다. 수행하다가 몸에서 참기 힘든 고통스러운 느낌들이 생겨나면 그것도 참아야 합니다. 어떤 이들은 그러한 고통스러운 느낌들을 참으려 하지 않습니다. 고통스러운 느낌들이 생겨남과 동시에 새김을 버리고 편안한 자세로 바꾸어 버립니다. 참아야 할 것을 참지 않고 법을 내버리면 수행이 향상되지 않습니다. 그래서 고통스러운 느낌도 참고서 관찰하고 새기는 것이 매우 중요합니다.[81]

> Kāye ca jīvite ca anapekkhataṁ upaṭṭhāpeti. (Vis.ii.248)
>
> **대역**
>
> Kāye ca몸도 jīvite ca목숨도 anapekkhataṁ고려하지 않음을; 아끼지 않음을 upaṭṭhāpeti생겨나게 하라.

『위숫디막가』의 이 구절은 몸과 목숨을 고려하지 않고 수행해야 한다는 뜻입니다. "죽어도 좋다. 법만 증득하면 된다"라고 용맹스럽게 수행해야 한다는 말입니다.

81 ㉻괴로움특성은 생멸이 계속해서 괴롭힘에 마음 기울이지 않음과 자세의 변화가 덮어버린다. 무상특성은 생멸에 마음 기울이지 않음과 상속이 덮어버린다. 무아특성은 요소로 분해됨에 마음 기울이지 않음과 덩어리 개념이 덮어버린다.(Vis.ii.276) 『위빳사나 수행방법론』 제2권, pp.557~603 참조. 앉아서 관찰할 때 아픔이나 저림이 생겨나는 것은 '수행자여, 그대의 몸에 아픔이라는 것이 있으니 관찰하라'라고 보여주는 것이라고도 말할 수 있다. '만약 나를 관찰하지 않으면 계속 괴롭힐 것이다'라고 위협한다고도 말할 수 있다.

부처님의 결의

부처님께서는 성도하시던 날 다음과 같이 결의하셨습니다.

Kāmaṁ taco ca nhāru ca, aṭṭhi ca avasissatu; Upasussatu nissesaṁ, sarīre maṁsalohitaṁ. Na tvevāhaṁ sammāsambodhiṁ appatvā imaṁ pallaṅkaṁ bhindissāmi. (JA.i.82)

해석

피부만 남을 테면 남아라. 힘줄만 남을 테면 남아라. 뼈만 남을 테면 남아라. 내 몸에 살과 피가 말라붙을 테면 말라붙어라. 정등각에 도달하기 전에는 노력을 멈추지 않으리라.

이것을 네 가지 요소 정근padhāna이라고 합니다. 부처님께서는 제자들에게도 "피부만 남을 테면 남아라. 힘줄만 남을 테면 남아라. 뼈만 남을 테면 남아라. 내 몸에 살과 피가 말라붙을 테면 말라붙어라. 대장부의 용맹과 끈기로 성취해야 할 것을 성취하기 전에는 노력을 멈추지 않으리라"라고 결심하고서 수행하라고 여러 경에서 훈계하셨습니다.(M.ii.146; S.i.267 등)

어떤 이들은 '이 법은 매우 잔인하구나'라고 생각할지도 모르지만 실은 법을 얻도록 격려하는 말입니다. 실제로 수행해서 죽는 경우란 없습니다. 죽기는커녕 고통스러운 느낌조차 생겨나지 않습니다. 어떤 수행자들은 원래 앓던 병이 사라지기도 합니다. 그런 이들이 실제로 꽤 있습니다.

지난 안거 때 한 여자 수행자에게 이런 이야기를 들었습니다. 그 수행자의 배에 딱딱한 멍울이 있었습니다. 피가 뭉친 것이든 근육이 뭉친 것이든 이유가 있었을 것입니다. 수행센터에 오기 전 집에서 지낼 때는 오래 앉아 있을 수도 없었습니다. 손님이 찾아와도 10~15분 정도만 앉아 있을 수 있었습니다. 그 수행자는 의사에게 진찰을 받았고 의사는 수술로 그 멍울을 제거해야 한다고 말했습니다. 그러자 그 수행자는 '수술하기 전에 의지할 만한 것 하나를 마련하리라'라고 결심하고서 양곤 마하시 사사나 수행센터에서 수행을 시작했습니다. 의사는 그녀에게 "오랫동안 앉아 있지 마십시오. 그러면 목숨을 잃을 수도 있습니다"라고 주의를 주었다고 합니다. 그러나 그 수행자의 지도 스승은 그동안의 사정을 듣고도 "전혀 문제없습니다. 다른 사람들처럼 너무 열심히만 하지 마십시오. 천천히, 조심조심, 편안하게 계속 수행하십시오"라고 지도했습니다. 스승의 가르침대로 수행을 계속해 나가자 그 수행자는 새김과 삼매, 지혜의 힘이 조금씩 좋아졌습니다. 그렇게 새김과 삼매, 지혜가 좋아지면서 배에 있던 딱딱한 멍울도 조금씩 줄어들다가 오래 지나지 않아 완전히 사라졌습니다. 그다음에는 아무리 오래 앉아 수행하더라도 전혀 문제가 되지 않았습니다. 하지만 정확한 확인을 위해 의사에게 다시 진찰을 받으러 갔습니다. 진찰을 마친 의사는 멍울이 감쪽같이 사라졌다면서 어떻게 한 거냐고 물었고, 그녀는 "오로지 수행만 했습니다. 다른 것은 아무것도 하지 않았습니다"라고 대답했습니다. 그러자 의사는 "이제 아무런 병이 없으니 안심해도 좋습니다"라고 말해 주었다고 합니다.

수행해서 병이 사라진 사례는 이 수행자 외에도 꽤 많습니다. 이렇듯 "몸도 목숨도 고려하지 마라"라는 가르침은 특별한 법을 얻도록 힘을 실어주고 격려하기 위한 말입니다. 참을 수 있는 만큼 참고 관찰해야 합니다. 정말 참을 수 없을 정도로 심한 느낌들이 생겨날 때는 자세를 바꾸어야 합니다. "참으면 열반에 이른다"라는 미얀마 속담이 있습니다. 참는 것은 다른 때보다 수행할 때 더욱 중요합니다. 고통스러운 느낌들이 생겨날 때마다 참지 못하고 즉시 자세를 바꾸면 삼매가 생겨날 수 없습니다. 삼매가 생겨나지 않으면 지혜도 생겨나지 않습니다. 그러므로 어떤 고통스러운 느낌이 드러나면 참을 수 있는 만큼 참고 관찰해 나가야 합니다. 참을 수 없을 정도로 심하게 생겨나면 그때는 새김을 놓치지 말고 관찰하면서 자세를 바꿔야 합니다. 그래서 이렇게 참는 것도 의지해야 하는 것 중 하나입니다.[82]

• **삼가야 한다** 부처님께서는 세 번째 의지할 것으로 '수용참아삼가야 없애의지넷'이라는 표현대로 "어떤 것은 성찰하고서 삼가야 한다"라고 설하셨습니다. 위험을 생기게 할 만한 것들은 삼가야 한다는 뜻입니다. 이 항목은 실천하기가 상대적으로 쉽습니다. 개에게 물릴 만한 곳은 가지 말아야 합니다. 사나운 코끼리나 말, 소 근처에는 가지 말아야 합니다. 위험한 탈 것을 삼가야 합니다. 요즘은 차량들이 매우 위험합니다. 양곤의 경우 차량이 부쩍 많아져 매일 사고 소식이 들립니다. 여기 딴린 시에는 아직 그 정도로 많지는 않은 것 같습니다. 그래도 주의해서 다녀야 합니다. 그렇지 않으면 차에 치여 여러

82 ㉻그렇다고 탐욕, 성냄, 망상 등 번뇌를 그대로 일어나도록 내버려 두면 안 된다. 번뇌는 관찰해서 제거해야 한다. 참아야 할 것을 참아야 한다.

고통을 당할 수 있습니다. 그 밖에도 피해야 할 것들이 많습니다. 깊은 구덩이나 계곡, 둑 등의 근처에도 가지 않는 것이 좋습니다. 발을 잘못 디디면 빠질 염려가 있기 때문입니다. 가시덤불이나 그루터기가 많은 곳 등 여러 장애가 있는 곳도 가지 말아야 합니다. 이렇게 삼가야 할 것들은 본승이 생각해 낸 것들이 아닙니다. 부처님께서 빠알리어 성전에 직접 설하신 예들입니다. 가시가 많은 곳에 가면 가시에 찔려 수행을 계속할 수 없게 됩니다. 그러므로 이러한 것들도 피하고 삼가도록 가르치셨습니다. '나는 수행하고 있으니 괜찮다'라면서 무모한 행동을 하면 안 됩니다. 가지 말아야 할 곳에 위험을 무릅쓰고 가면 안 됩니다. 부처님께서 가르치시는 것은 어머니가 어린 자식을 매우 조심스럽게 가르치는 것과 같습니다. 매우 존경할 만합니다. 또한 함께하지 말아야 할 대상들도 있습니다. 수행 중에는 이성끼리 서로 가까이 지내면 안 됩니다. 특히 출가자들과 여성 재가자들은 가까이하면 안 됩니다. 서로 가까이하면 실제로는 아무 일이 없더라도 비난이나 의심을 받을 수 있습니다. 그러므로 이성visabhāga·異性 등 가까이하면 안 되는 대상들과도 가까이하지 않도록 삼가야 합니다. 이렇게 삼가는 것도 수행자들이 의지해야 할 것 중 하나입니다. 이 항목은 다른 것들에 비해 실천하기 어려운 것들이 아닙니다. 가지 말아야 할 곳에 가지 않으면 됩니다.

• **없애야 한다** 부처님께서는 네 번째 의지할 것으로 "어떤 것은 성찰하고서 없애야 한다"라고 설하셨습니다. 감각욕망거리와 관련된 사유라는 감각욕망사유kāmavitakka를 없애야 합니다. '다른 사람이 죽기를. 파멸하기를'이라고 사유하는 분노사유byāpādavitakka를 없애

야 합니다. 다른 이들을 해치려는 해침사유vihiṁsāvitakka를 없애야 합니다. 이 항목은 매우 중요합니다. 일부 사람들은 '그렇게 없애는 것은 실천하기가 어렵지 않다'라고 생각하기도 합니다. 그렇지 않습니다. 실천하기가 어렵습니다. 그것도 매우 어렵습니다. 예를 들어 감각욕망거리를 계속 생각하다가 그 생각을 받아들이지 않고 없애는 것은 매우 어렵습니다. 자기가 원하는 것들을 얻도록, 자기가 원하는 사람과 만나도록, 자기가 원하는 대로 이루어지도록 생각하고 있는 이는 그렇게 생각하는 것이 매우 재미있다고 여깁니다. 자기 내부에 있는 어떤 자아가 생각하고 있다고 여깁니다. 그러한 감각욕망거리에 관한 생각을 관찰해서 없애야 합니다. 수행 중에 그러한 것을 생각하면 〈생각함, 생각함〉이라고 새겨 없애도록 지도합니다.

그래서 일부 사람들은 "수행하는 것은 너무 답답하다. 생각조차 하지 못하게 한다. 너무 강압적이다. 편안하게 지낼 수가 없다"라고 불평합니다. 맞는 말이기도 합니다. 수행하기 전에는 생각하고 싶은 대로 생각하고, 상상하고 싶은 대로 상상하고, 숙고하고 싶은 대로 숙고하면서 편안하게 지냈습니다. 그렇게 편안하게 지내는 것보다 생각마다 계속해서 끊임없이 따라가며 관찰하는 것은 초보 수행자들에게 부담되는 일일 것입니다.

하지만 수행을 시작하고 수행이 익숙하지 않은 며칠 동안만 부담스럽습니다. 나중에 익숙해지면 끊임없이 수행하고 있는 것을 오히려 좋아합니다. 망상하지 않고 계획하지 않은 채 물질과 정신이 생겨날 때마다 계속 따라가며 끊임없이 관찰하는 것의 맛이 드러나 매우 좋습니다. 시험 삼아 한 번 해 보십시오. 법의 맛이 얼마나 좋은지 스스로 알 수 있을 것입니다.

양곤 마하시 사사나 수행센터에서는 서양에서 온 이들도 수행합니다. 그들 대부분은 본승이 지도하는 수행방법에 관해서 잘 모르는 상태로 옵니다. 믿음만으로 멀리까지 와서 수행하는 것입니다. 처음 수행하기 시작할 때 그들은 "우리 서양인들은 책을 보지 않고서는 지내지 못합니다. 글을 쓰지 않는 것은 우리들에게 매우 답답합니다"라고 하소연하기도 합니다. 맞습니다. 서양인들은 독서와 글쓰기를 매우 좋아합니다. 시간이 있을 때마다 그들은 책을 보고 글을 씁니다. 눈이 책에서 떨어지는 일이 거의 없습니다. 그들에게 책도 보지 말고 글도 쓰지 말라고 하면 매우 갑갑할 것입니다. 하지만 책을 보고 글을 쓰는 것은 문헌의 장애ganthapalibhodha에 해당합니다. 수행을 하면서 책을 보거나 글을 쓰면 다른 생각들이 많이 들어와서 삼매가 계속 무너집니다. 삼매가 생겨나지 않으면 지혜도 생겨나지 못합니다. 그래서 서양 수행자들에게는 책을 보지 않도록, 글을 쓰지 않도록 특히 주의를 주는 것입니다.

책을 보지 않고 글을 쓰지 않는 것이 서양 수행자들에게는 꽤 부담스러운 모양입니다. 하지만 수행 초기에만 그렇습니다. 나중에는 책을 보거나 글을 쓰지 않고 수행만 해도 그리 어렵지 않습니다. 오늘 법문 시작 전 계를 주고 법을 설했던 우 께뚜말라 비왐사*U Ketumālābhivaṁsa*가 말한 것을 들어 보지 않았습니까? 양곤 마하시 사사나 수행센터에서 우 께뚜말라 비왐사와 안거 중에 함께 수행했던 미국인 두보 씨는 매우 놀랍고 특별한 사람입니다. 그가 수행한 지는 일곱 달이 넘었습니다. 처음에는 재가자로 수행을 시작했습니다. 나중에 위빳사나 지혜를 잘 구족해서 만족할 정도가 되자 비구로 출가해서 계속 수행을 이어갔습니다. 그는 분명한 대상을 따라 끊임없이 관찰해야 하는 이 새김확립 수행방법이 매우 흡족하다는 사실, 유럽이나 미국 사람들은 세간의 물건들로 풍요로워도 마음은 공허하다는 사실, 그런데도 이렇게 마음을 바꾸는 방법을 몰라서 상당히 많은 사람이 마음의 고통을 겪고 있다는 사실 등을 말해 주었습니다. 그는 또한 미얀마에서 다시 고국으로 돌아가면 이 새김확립 수행방법을 자신의 친구나 친척, 이웃들에게 알려주어 그들이 마음을 행복하게 바꿀 수 있도록 돕겠다고 매우 기뻐하며 말했습니다. 동서양을 막론하고 그 누구든 새김확립 관찰방법을 수행해 보면 두보 씨처럼 이 방법이 마음을 진실로 행복하게 하는 법이라는 사실을 직접 경험할 수 있습니다. 매우 좋은 방법입니다. 그러므로 감각욕망사유 등 다른 생각들이 생겨나면 받아들이지 말고 즉시 관찰해서 제거해야 합니다. 그렇게 제거하는 것도 성자의 집 실천에서 의지해야 할 것 중 하나입니다. '수용참아 삼가야 없애의지넷'이라고 표현한, 네 가지 의지할 것으로서 성자의 집은 어느 정도 이해가 됐을 것입니다.

성자의 집 ❶ 다섯 가지 구성요소를 제거했다

다섯 가지 요소를 제거하는 모습

이렇게 네 가지 의지할 것을 의지한 다음 '생겨관찰 새겨야 보호 항상둬'라는 성자의 집에 따라 여섯 문에서 드러나는 모든 것을 끊임없이 관찰하고 있으면 제일 먼저 감각욕망바람, 분노, 해태·혼침, 들뜸·후회, 의심이라는 다섯 가지 나쁜 법들과 만나게 됩니다. 이 법들은 관찰하고 새기는 수행을 방해하기 때문에 '다섯 가지 장애nīvaraṇa'라고 부릅니다. 이러한 다섯 가지 나쁜 법들은 관찰해서 제거해야 합니다. 제거하지 않으면 그것들이 도와 과, 열반을 증득하지 못하게 방해합니다.[83] 그래서 부처님께서는 "pañcaṅgavippahīno 다섯 가지 구성요소를 제거해야 한다"라고 첫 번째 성자의 집을 간단하게 설하셨습니다. 그리고 자세하게 설명하기 위해 다음과 같이 먼저 질문하셨습니다.

Kathañca, bhikkhave, bhikkhu pañcaṅgavippahīno hoti?

(A.iii.279)

해 석

비구들이여, 비구는 어떻게 다섯 가지 구성요소를 제거했는가?

83 ㉻하지만 대부분의 수행자들은 장애를 좋은 친구로 생각해서 장애가 일어나더라도 그대로 둔다. 망상하거나 졸면서 오히려 함께 하는 것을 즐긴다. 이렇게 장애법들을 친구라고 생각하면 안 되고, 원수라고 알고서 서둘러 관찰해서 제거해야 한다.

대 역

Bhikkhave비구들이여, bhikkhu비구는; 윤회의 위험을 내다보는 이는; 번뇌를 무너뜨리려는 수행자는 kathañca어떻게; 어떤 모습과 어떤 방법으로 pañcaṅgavippahīno다섯 가지 구성요소를 제거했는가; 다섯 가지 구성요소를 제거한 이가 hoti되는가?

이어서 다음과 같이 자세하게 설명하셨습니다.

Idha, bhikkhave, bhikkhuno kāmacchando pahīno hoti, byāpādo pahīno hoti, thinamiddhaṁ pahīnaṁ hoti, uddhaccakukkuccaṁ pahīnaṁ hoti, vicikicchā pahīnā hoti. (A.iii.279)

해 석

비구들이여, 여기서 비구는 감각욕망바람을 제거했다. 분노를 제거했다. 해태·혼침을 제거했다. 들뜸·후회를 제거했다. 의심을 제거했다.

대 역

Bhikkhave비구들이여, idha여기서; 이 불교 가르침에서 bhikkhu비구는; 윤회의 위험을 내다보는 이는; 번뇌를 무너뜨리려는 수행자는 kāmacchando감각욕망바람을 pahīno hoti제거했다; 제거한 이다. byāpādo분노를; 성냄이라는 화를 pahīno hoti제거했다; 제거한 이다. thinamiddhaṁ해태·혼침을 pahīno hoti제거했다; 제거한 이다. uddhaccakukkuccaṁ들뜸·후회를 pahīno hoti제거했다; 제거한 이다. vicikicchā의심을 pahīno hoti제거했다; 제거한 이다.

간단히 말하면 감각욕망바람, 분노, 해태·혼침, 들뜸·후회, 의심이라는 다섯 가지 장애법을 제거해야 한다는 뜻입니다. 이 다섯 가지 장애를 제거하는 모습은 게송을 차례대로 읊으면서 설명해 나가겠습니다. 첫 번째 게송은 '욕망바람 빗을져 먼저제거해'입니다. 같이 독송합시다.

욕망바람 빗을져 먼저제거해

감각욕망바람

감각욕망바람kāmacchanda이란 좋아하고 바라는 성품입니다. 'kāma'는 욕망하는 것, 'chanda'는 바라고 좋아하는 것입니다. '감각욕망거리들'과 관련해서 좋아하고 바라는 성품을 감각욕망바람이라고 합니다. 감각욕망거리kāmaguṇa란 바랄 만한 것들입니다. 그도 바라고, 나도 바라고, 누구나 바라는 입을 것이나 먹을 것 등을 말합니다.[84] 먹을 것의 경우 사람들이 좋아하고 먹고 싶어 하기 때문에 원할 때 먹을 수 있도록 만들어 놓습니다. 그러면 사람뿐만 아니라 파리도 좋아해서 먹으려고 달려듭니다. 개미도 좋아해서 모여듭니다. 그래서 파리나 개미가 들러붙지 못하도록 잘 덮어 놓습니다. 사람들이 먹고 있는 중에 파리나 개미가 꼬이기도 합니다. 보기에 좋은 형색 대상, 듣기에 좋은 소리 대상, 맡기에 좋은 냄새 대상, 먹기에 좋은 음식 대상, 닿기에 좋은 감촉 대상, 이러한 것들은 사람이나 축생 관계없이 모두 바라고 좋아해서 '감각욕망거리'라고 부릅니다.[85]

84 생명 있는 감각욕망거리들도 있다. 사랑하는 배우자나 부모, 자녀 등이 해당한다.

85 ㉻사람들은 물론이고 지상의 생명체, 수중의 생명체, 공중의 생명체들도 좋아할 만한 점들이 있기 때문에 '감각욕망거리'라고 한다. 그래서 그러한 감각욕망거리를 쉴 새 없이 찾아다닌다.

그러나 감각욕망거리에는 많은 허물이 있습니다. 그 허물을 잘 보여주는 예로 '살점 비유'가 있습니다.[86] 고기 한 점을 매 한 마리가 물고 날아올랐습니다. 다른 매들도 그 고기를 먹고 싶어 그 매를 따라가서 찌르고 쪼아댑니다. 다른 매들에게 심하게 찔리고 쪼여 참지 못하게 되면 그 매는 살점을 버립니다. 그러면 다른 매가 그 살점을 낚아채서 도망갑니다. 그 매도 다른 매들이 같은 방법으로 둘러싸서 찌르고 쪼아댑니다. 그러면 그 매도 참지 못하고 살점을 버립니다. 이렇게 살점을 집은 매는 번번이 그 살점 때문에 다른 매들에게 찔리고 쪼입니다. 살점을 버려야만 편안해집니다. 왜 이러한 현상이 생길까요? 모든 매가 살점을 좋아하고 바라기 때문입니다.[87] 감각욕망거리도 마찬가지입니다. 모든 사람이 바라기 때문에 그러한 감각욕망거리들을 가지고 있는 사람들은 그것들을 빼앗기지 않기 위해 애를 씁니다.

맞습니다. 이 비유에서 매들이 서로 뺏고 싸우는 모습은 지금 세상에서 사람들이 행하는 모습과 같습니다. 개인은 개인대로 서로 뺏고 싸우고, 단체는 단체대로 서로 뺏고 싸우고, 정당과 국가도 서로 뺏고 싸우느라 여념이 없습니다. 이 모두가 감각욕망거리를 얻기 위해서입니다. 그래서 그러한 허물이 있는 감각욕망거리를 지혜 있는 이들은 경시하면서 버립니다. 하지만 감각욕망거리의 허물을 보지 못하는 이들은 여전히 감각욕망거리를 중시하면서 계속 구합니다. 옛날보다 요즘은 더욱 심하게 탐닉합니다. 감각욕망거리를 갖추는 것을 '세간의 열반'이

86 감각욕망거리의 허물에 대해서는『가르침을 배우다』, pp.369~375 참조.

87 ㉿과거 한 나라의 왕이 이렇게 매가 살점 때문에 고통을 당하는 모습을 보고 경각심이 일어나 '내가 나라를 소유하고 다스리는 한 저 매와 똑같이 고통을 겪을 것이다'라고 숙고하면서 위빳사나 관찰이 저절로 진행돼 선 채로 벽지불이 됐다고 한다.(J408)

라고 생각하고서 선업인지 불선업인지 헤아려보지도 않고 가능한 한 더 많이 찾으려 합니다. 이렇게 사람들이 바라는 것, 원하는 것이기 때문에 '감각욕망거리kāmaguṇa'라고 부릅니다.[88]

여기에서 형색 대상이라는 것도 눈으로 볼 수 있는 형색 물질 그 자체만을 말하지 않습니다. 그러한 아름다운 형색이 의지하고 있는 곳인 여자나 남자, 생명 있는 사람들 모두가 포함됩니다. 소리 대상도 마찬가지입니다. 부드럽게 말하는 사람들이나 치고 부는 악기 모두가 포함됩니다. 냄새 대상도 매우 향기로운 냄새와 그러한 향수를 바른 사람들 모두가 포함됩니다. 맛 대상도 먹고 마시기에 좋은 음식과 그러한 음식을 요리하는 사람들 모두가 포함됩니다. 감촉 대상도 닿는 잠자리나 지낼 곳, 옷, 그리고 그러한 옷 등을 입은 여자나 남자, 사람들이 모두 포함됩니다. 간략하게 말하면 바라고 좋아할 만한 것들 모두를 '감각욕망거리'라고 부릅니다. 그러한 감각대상거리를 얻고 누리고 즐기는 것과 관련해서 생각하고 있는 것, 바라고 원하고 있는 것을 '감각욕망바람장애kāmacchandanīvaraṇa'라고 합니다.

빚을 진 것과 같다

부처님께서는 감각욕망바람은 빚을 진 것과 같다고 설하셨습니다. 좋아하고 바라는 감각욕망바람이 있는 이는 빚진 이와 같다고 설하셨습니다. 빚을 졌으면 빨리 갚아야 하듯이 이 감각욕망바람이라는 빚

88 ㉻하지만 그렇게 진실로 좋아할 만한 것인가 숙고해 봐야 한다. 생명 없는 감각욕망거리의 경우 그것이 물이나 불, 왕, 도적, 나쁜 상속자라는 다섯 원수에 의해 무너지지 않도록 계속 보호해야 하기 때문에 피곤하다. 하지만 아무리 보호하더라도 어떠한 이유로 결국에는 무너진다. 그러면 다시 슬픔이나 괴로움이 생겨난다. 생명 있는 감각욕망거리의 경우에도 만나고 싶은데 못 만날 때, 헤어지고 싶지 않은데 살아서든 죽어서든 헤어져야 할 때 큰 괴로움이 생겨난다.

을 빨리 제거해야 한다고 부처님께서 훈계하셨습니다.(D2/D.i.67) 이 내용을 간단하게 '욕망바람 빚을져 먼저제거해'라고 게송으로 표현했습니다.

과거에는 빚진 이가 빚을 빌려준 이에게 매우 공손했습니다. 특히 다음에 다시 필요할 때 쉽게 빌릴 수 있도록 더욱 공손하게 대해야 했습니다. 갚겠다고 약속한 날이 다가왔는데도 갚을 수 없을 때는 더욱 공손하게 간청해야 했습니다. 빌려준 이는 자신의 돈이나 물건을 약속한 날 돌려받지 못하면 화가 날 수도 있습니다. 화가 나서 빚진 이를 욕하고 비난하더라도 그들은 아무런 대꾸도 하지 못합니다. 고개를 숙인 채 묵묵히 받아들입니다. 그러다가 빚을 다 갚고, 다시 더 빌릴 필요도 없으면 그때는 더 이상 빚을 빌려준 이에게 공손하게 대할 필요가 없습니다. 이것은 과거에 그랬다는 것입니다. 최근에는 어떤지 잘 모르겠습니다. 이 비유는 부처님 당시 상황을 이야기한 것입니다.

감각욕망바람장애도 빚과 마찬가지입니다. 빚진 이가 빚을 빌려준 이에게 공손하게 대해야 하듯이 사람들은 바라고 좋아하는 대상들에게 매우 공손하게 대합니다. 많이 좋아하고 바랄수록 더욱 공손하게 대합니다. 값비싼 그릇이라면 혹여 깨질까 봐 매우 조심히 다룹니다. 금은 등의 보석들은 더욱 조심스럽게 다룹니다. 몇 겹의 안전장치가 있는 금고에 넣어서 매우 정성스럽게 간수합니다. 어떤 행사가 있어 값비싼 옷을 걸치기라도 한다면 행사장에서 깨끗한 곳을 골라서 앉아야 합니다. 앉을 만한 적당한 자리가 없으면 앉기조차 힘듭니다. 그것은 매우 비싼 옷이기에 소중하게 생각해서 공손하게 대하기 때문입니다.

생겨날 때마다 관찰하라

방금 언급한 것들은 사용하는 물건들, 생명 없는 것들입니다. 생명 있는 사람들이라면 더욱 공손하게 대해야 합니다. '생명 있는 사람들'이란 다른 이들이 아닙니다. 각자의 집에서 함께 지내고 있는 가족들입니다. 아들이나 딸, 남편과 아내, 가족들 서로가 사랑하고 좋아하기 때문에 매우 소중하게 대합니다. 말할 때도 조심스럽게 말합니다. 상대방이 화가 날까 봐 염려합니다. 남편과 아내 중 어느 한 사람이 더 좋아하면 그렇게 좋아하는 이가 상대방을 더욱 공손하게 대합니다. 이렇게 좋아하고 아끼는 생명 있고 생명 없는 대상들을 공손하게 대하는 것은 바로 빚진 이가 빚을 빌려준 이에게 공손하게 대하는 것과 같습니다. 어느 누구도, 어떤 것도 좋아하고 바라지 않는다면 누구에게도, 어느 것에도 애써 공손하게 대할 필요가 없습니다. 그것은 빚을 갚았을 때 빚을 빌려준 이를 더 이상 공손하게 대하지 않아도 돼 편안하게 지내는 것과 같습니다. 그러므로 수행을 하다가 어떤 것을 좋아하고 바라는 성품이 생겨나면 그것을 〈좋아함; 바람〉 등으로 관찰해서 제거해야 합니다. 지금 말하고 있는 것은 수행하고 있을 때 관찰하라는 뜻입니다. 집에서 세간의 일들을 애쓰고 있을 때 관찰하라는 말이 아닙니다. 수행하지 않고 그냥 지낼 때까지 바람이나 원함을 관찰하고 있으면 어떻게 되겠습니까? '수행하고 있는 중에 감각욕망바람과 관련된 생각이 생겨나면 관찰해야 한다'라는 뜻입니다.

'생겨관찰 새겨야 보호항상둬'라는 '성자의 집' 수행방법에 따라 여섯 문에서 분명하게 드러나는 모든 것을 끊임없이 관찰하다가 좋아함, 바람, 기대함 등의 생각들이 생겨나면 그것들을 〈좋아함; 바람; 기대함〉 등으로 관찰해서 제거해야 합니다. 그렇게 관찰하면 좋아함이 사라져버릴 것입니다. 하지만 아직 삼매의 힘이 약하다면 한두 번 정도 새기는 것만으로 사라지지 않을 때도 있습니다. 한두 번 정도로 사라지지 않으면 서너 번 관찰하면 됩니다. 그래도 사라지지 않으면 이삼십 번이라도 사라질 때까지 관찰하면 됩니다. 수행하는 것은 번뇌들과의 전쟁입니다. '전쟁을 하고 있다'라고 마음먹고 물러나지 않고 열심히 관찰해 나가면 결국에는 사라질 것입니다. 이것은 본승이 생각만으로 말하는 것이 아닙니다. 직접 경험해 보았기 때문에 말하는 것입니다. '사라질 때까지 관찰하리라'라고 마음을 먹고서 끊임없이 새기고 있으면 마지막에는 사라집니다. 그렇게 사라졌을 때는 처음에 그 바람이나 좋아함이 생겨난 과정이나 방법 그대로 돌이켜 숙고하더라도 바람이나 좋아함이 다시 생겨나지 않고 고요합니다. 번뇌를 제거하는 방법으로는 제일 좋습니다. 그래서 '욕망바람 빚을져 먼저제거해'라고 게송으로 표현했습니다. 좋아하고 바라는 빚을 지고 있으면 그것을 빨리 제거해야 한다는 뜻입니다. 제거하지 못하면 성자의 집에서 지내지 못합니다. 제거하면 성자의 집에 도달한 것, 성자의 집에서 지내는 것입니다. 그래서 빚과 같은 좋아함이나 바람이라는 마음들을 관찰해서 제거할 수 있을 때 죽는다면 사악도에 떨어지지 않습니다. 악처의 위험으로부터 안전합니다. 반대로 좋아함이나 바람이라는 빚을 진 채 죽는다면 사악도에 떨어질 수 있습니다. 왜냐하면 범부의 집에서 지내는 것이기 때문입니다. 범부의 집은 안전하지 않습니다. 지붕이나 벽이 허술한 집, 혹은 지붕이나 벽이 전혀 없는 노지에서 지내는 사람은 비가 오면 젖고, 날이 뜨거우면 덥고, 바람이 불면 그대로 맞고, 어떤 사람이 돌이나 몽둥이를 집어던지면 맞고, 그러한 여러 위험을 겪습니다. 그와 마찬가지로 범부의 집에서 지내게 되면 사악도의 위험을 겪습니다.

이로 태어난 띳사 비구의 일화

부처님 당시에 띳사Tissa라는 이름의 비구가 있었습니다. 그는 이전에 구하지 못했던, 매우 특별한 가사를 보시 받아 매우 아끼고 소중하게 여겼습니다. '아끼고 소중하게 여긴다'는 것은 바로 감각욕망바람입니다. 띳사 비구는 '이 가사를 내일 입어야지'라는 생각으로 잘 정리해서 가사 놓는 곳에 올려놓고 마음으로 매우 아끼고 소중히 여겼습니다. 그런데 그날 밤 갑자기 병이 생겨 입적하게 됐습니다. 그는 아무런 허물이 없고 계가 매우 청정했기 때문에 계의 측면에서 보면 입적한 뒤 바로 천상에 이르는 것이 당연했습니다. 하지만 가사를 너무 아끼고 소중하게 여기는 감각욕망바람장애 때문에 띳사 비구는 그 가사에 사는 이로 태어났습니다.(Dhp.240 일화)[89] 사람이 이로 태어난다는 것이 참으로 놀랍습니다.

본승의 고향 쉐보우에 말꼬투리를 잡으며 궤변을 늘어놓는 사람이 있었습니다. 그는 경전에 대한 지식이 없는 일반인들이 모인 곳에 가서 그들을 어리둥절하게 하는 말을 곧잘 하곤 했습니다. 한 번은 그가 "자, 한번 보십시오"라고 말하면서 땅바닥에 줄을 세 개 그었습니다. 그리고는 "이 긴 줄이 코끼리이고, 중간 줄이 사람이고, 가장 짧은 줄이 진드기입니다"라고 말했습니다. 남부 지방에는 진드기가 있는 것 같지 않습니다. 북부 지방에는 있습니다. 진드기는 풀에 붙어 삽니다. 바늘 끝 정도로 아주 작아서 눈이 매우 좋은 이들만 볼 수 있습니

89 ㉻승가의 일원이 입적하면 그 소유물은 승가 모두와 관련된 물건이 된다. 띳사 비구가 죽은 뒤 그 가사를 배분하려 할 때 아직 가사에 집착이 남아 있던 띳사 '이'는 '내 것이다. 내 것이다'라고 하면서 펄쩍펄쩍 뛰고 있었다. 부처님께서 그 사실을 아시고 가사를 7일 후에 배분하라고 지시하셨다. 즉시 가사를 배분하면 '내 가사를 빼앗았다'라며 띳사 '이'에게 성냄이 생겨날 것이고 그로 인해 지옥에 태어날 것이 분명했기 때문이다. 7일이 지나 띳사 '이'는 가사에 대한 애착이 없어졌고 이전의 선업으로 천상에 태어났다. 본서 p.162 참조.

다. 진드기가 사람 살 속을 파고들면 매우 가렵습니다. 그는 자신이 그은 줄을 가리키며 "한번 보십시오. 이렇게 큰 코끼리가 죽어서 아주 작은 진드기가 될 수 있겠습니까? 진드기가 죽어서 큰 코끼리가 될 수 있겠습니까?"라고 사람들에게 물었다고 합니다. '코끼리의 영혼은 큰데 진드기와 같은 작은 몸에 그것이 들어갈 만한 자리가 있겠는가? 진드기의 영혼은 매우 작은데 큰 코끼리의 몸에 들어가 퍼질 수 있겠는가?'라는 것입니다. 이 질문은 경전에 해박하지 않은 이들을 헷갈리게 합니다. 의심vicikicchā이 일어나게 합니다. 요즘 물질론rūpavāda을 받아들여 다음 생이 없다는 견해를 가진 사람이 부처님의 가르침인 듯 아닌 듯 교묘한 주장으로 사람들을 혼란스럽게 하는 책을 펴내어 자신의 견해를 펼치고 있다고 들었습니다. 그는 "중생들 중에서 사람이 제일 고귀하다. 제일 고귀한 위치에 있기 때문에 사람이 죽으면 다시 태어날지라도 사람으로만 태어날 수 있다. 사람보다 저열한 생으로는 태어날 수 없다"라고 말합니다. 그는 "타마린드*tamarind* 씨는 타마린드 나무만 생겨나게 한다. 님*Neem* 나무를 생겨나게 하지 않는다. 흙의 요소가 변해서 된 금은 다시 흙의 요소로 변하지 않는다"라는 식으로 자기주장에 근거를 댑니다. 이렇게 말하는 것은 불교에 입문한 이들을 물질론 쪽으로 몰고 가기 위해 부처님의 진실한 가르침, 바른 가르침을 훼손하고 무너뜨리는 것입니다. 그렇게 말하는 이들을 '마라의 편mārapakkhika'이라고 기억해야 합니다.

부처님께서 설하신 바른 가르침에 따르면 '개인이나 중생'이라는 어떠한 실체가 없습니다. 그러므로 (절대적 진리의 가르침에 따르면) '크다, 작다'라는 모습이나 형체도 없습니다. 물질과 정신의 연속만 존재할 뿐입니다. 그 물질과 정신 두 가지 중에서도 정신의 연속이 기본입니다. 그래서 부처님께서는 연기paṭiccasamuppāda의 가르침에서 "바르게 알지 못함이라는 무명avijjā을 조건으로 의도적 행위라는 형성saṅkhāra이 생기고, 형성saṅkhāra을 조건으로 새로운 생의 의식viññāṇa이 생겨난다" 등으로 설해 놓으셨습니다. 따라서 새로운 생에 태어날 때 과거의 생에서 물질이나 그 물질들의 여세는 아무것도 따라오지 않습니다. 마음과 정신의 여세만 따라옵니다. 마음이라는 것도 특별히 '크다. 작다'라는 구별이 없습니다. 코끼리의 마음과 진드기의 마음은 같습니다. 둘 중 어떤 것이 더 크지도 않고 작지도 않습니다. 또한 일반인들의 마음과 소나 개 등 동물들의 마음도 특별히 다른 점이 없습니다. '성숙했기 때문에 다시 타락하지 않는 마음'이라는 것은 없습니다. 원래는 마음이 좋은 사람이었다가도 어떤 이유로 마음이 바뀌어 미쳐버리는 일도 있습니다. 또한 미친개에게 물려 광견병에 걸린 사람에게 미친개와 같은 마음이 생겨나는 것도 분명하게 접할 수 있습니다. 그러므로 "사람이 죽은 다음에 사람보다 저열한 생으로 태어날 수 없다"라는 주장은 근거가 없습니다. 부처님의 가르침과도 반대됩니다.

마음과 몸이 다른 모습

사실 마음은 믿음saddhā과 새김sati 등 선법들을 자주 닦고 계발하면 점점 향상되고 성숙됩니다. 그래서 믿음과 새김 등으로 잘 계발된 마음으로 임종하면 죽은 바로 다음에 깨끗하고 고귀한 마음이 생겨납니다. 그러한 마음은 어디에 생겨날까요? 사람의 생, 욕계 천상의 생, 범천의 생이라는 선처sugati에 생겨납니다. 반대로 마음은 탐욕과 성냄 등 불선법들에 오래 물들면 점점 퇴보하고 저열해집니다. 그래서 탐욕과 성냄 등 불선법들에 오염된 마음으로 죽으면 바로 다음에 저열한 마음이 생겨납니다. 그러한 마음은 지옥, 축생, 아귀, 아수라라는 사악도에 생겨납니다. 여기에서 '마음이 지옥이나 천상 세계 등 먼 곳까지 어떻게 갈 수 있는가?'라고 생각할 수도 있습니다. 마음에는 형체가 없습니다. 그래서 마음에는 가깝다거나 멀다는 구별이 전혀 없습니다. 지금 직접 시험해 봅시다. 먼저 자신의 등을 한번 마음속에 떠올려 보십시오. 이어서 쉐다곤 탑을 떠올려 보십시오. 어느 쪽이 더 시간이 걸릴까요? 둘 다 같습니다. 왜냐하면 마음에는 형체가 없기 때문에 대상을 떠올리는데 방해를 받지 않고 대상을 원하기만 하면 거기에 도달할 수 있기 때문입니다. 몸의 경우에는 쉐다곤 탑으로 가려면 먼저 이 딴린 시에서 항구까지 차를 타고 가야합니다. 거기서 다시 배를 타고 양곤까지 가야 합니다. 쉐다곤 탑 아래에 도착하더라도 탑전까지 가려면 한참 올라가야 합니다. 돌아올 때도 갈 때처럼 많은 시간이 걸릴 것입니다. 이것이 마음과 몸이 다른 모습입니다.

몸과는 달리 마음으로 쉐다곤 탑에 가는 것은 전혀 시간이 걸리지 않습니다. 떠올리자마자 바로 도착할 수 있습니다. 여행경비도 전혀 들지 않습니다. 심지어 외국의 다른 장소도 마음으로 간다면 전혀 시간이 걸리지 않습니다. 여권이나 비자 등의 서류도 필요 없습니다. 누구의 방해도 받지 않고 가고 싶으면 가고 오고 싶으면 올 수 있습니다. 마음이 원하는 대로 다 할 수 있습니다.

마찬가지로 지옥 세상이나 천상 세상에도 가고자 하면 갈 수 있습니다. 전혀 방해하는 것이 없습니다. 아주 쉽습니다. 이런 방식으로 중생들은 임종 즈음에 집착하는 대로 좋은 생이나 나쁜 생에 태어나는 것입니다. 임종 즈음에 깨끗한 선업의 마음으로 집착해서 죽으면 인간이나 천상의 생이라는 좋은 세상에 깨끗한 재생연결 마음이 생겨납니다. 그것을 "사람으로 태어났다. 천신으로 태어났다"라고 말합니다. 임종 즈음에 오염된 불선업의 마음으로 집착해서 죽으면 사악도의 생에 저열한 재생연결 마음이 생겨납니다. 그것을 "지옥에 태어났다. 축생으로 태어났다. 소로 태어났다. 개로 태어났다"라는 등으로 말합니다. 좀 전의 일화에서 띳사 비구는 가사를 애착하는 탐욕lobha, 감각욕망바람kāmacchanda으로 가사에 집착하다 죽었습니다. '죽는다'라는 것도 사실 마지막 임종 마음이 사라지는 것을 말합니다. 그렇게 오염된 불선업 마음으로 집착해서 죽었기 때문에 마지막 임종 마음이 사라진 직후 이의 생과 몸 무더기에 오염된 재생연결 마음이 생겨난 것입니다. 그렇게 된 것을 "비구가 이로 태어났다"라고 말하는 것입니다. 사실 비구의 생에서 물질들은 전혀 따라가지 않았습니다. 죽을 즈음에 집착했던 더러운 감각욕망바람 마음의 힘만 따라갔던 것입니다.

감각욕망바람을 제거하는 방법

띳사 비구가 비구의 생에서 이로 태어난 것은 무엇 때문인지 다시 한번 살펴봅시다. 계가 청정하지 않았기 때문입니까? 아닙니다. 계는 청정했습니다. 그렇다면 무엇 때문입니까? 감각욕망바람을 관찰해서 제거하는 성자의 집에서 지내지 않고, 가사를 애착하고 좋아하는 감각욕망바람이라는 범부의 집에서 지냈기 때문입니다.

'나'를 좋아한 스님의 일화(한국마하시 우 소다나 사야도)

어느 마을에 17세 정도 된 딸을 둔 부부가 살고 있었습니다. 그들은 마을 근처에 정사를 짓고 한 스님을 초청해서 후원하며 지냈습니다. 어느 날 그들의 딸이 스님에게 공양을 올린 뒤 다음과 같이 질문했습니다.

"스님, 이 정사는 누구의 정사입니까?"

"이 정사가 누구의 것이라니, 내 정사지."

"이 가사는 누구의 것입니까?"

"이 가사도 내 가사지."

발우, 침상 등에 대해서도 같은 문답이 오갔습니다. 다시 소녀가 물었습니다.

"스님, 출가하실 때 '열반을 실현하기 위해' 출가하신 것 아닙니까?"

"그야 당연하지."

"스님, 열반을 원하시면 나를 너무 좋아하지 마세요."

소녀는 이러한 말을 남기고 집으로 돌아갔습니다. 스님은 '나를 너무 좋아하지 마세요'라는 말이 마음에 걸렸습니다. 좋아한다는 말을 한 번도 한 적이 없는데 왜 소녀가 그런 말을 했는지 스님은 너무 궁금한 나머지 일주일 정도 제대로 먹지도 못하고 잠도 이루지 못했습니다. 며칠 후 딸의 아버지가 정사에 왔을 때 그 사정을 말했습니다. 아버지는 "저도 그 의미를 잘 모르겠습니다. 딸은 어머니와 친하니 아내에게 그 의미를 물어보도록 하겠습니다"라고 스님을 안심시켜 드렸습니다. 어머니가 딸에게 묻자 딸은 이렇게 대답했습니다.

"'나를 너무 좋아하지 마세요'라는 것은 저를 두고 한 말이 아닙니다. 스님이 정사, 가사, 발우, 침상 등을 모두 '내 것'이라고 말씀하셔서 자아라고 생각하는 사견, '내 것'이라고 생각하는 갈애, 다른 사람과 비교해서 '나'라고 생각하는 자만, 이 세 가지의 나를 좋아하지 마시라는 뜻으로 한 말입니다."

딸의 아버지는 이 대답을 스님께 전했습니다. 경각심이 생겨난 스님은 수행하기 위해 즉시 그 정사를 떠났습니다.

이 감각욕망바람을 제거하도록 부처님께서 비구들에게 제시하신 방법들이 있습니다. 먼저 최소한 다음과 같이 반조하도록 설하셨습니다.

Paṭisaṅkhā yoniso cīvaraṁ paṭisevati yāvadeva sītassa paṭighātāya, uṇhassa paṭighātāya. (M.i.12)

해 석

합리적으로 성찰하고서 가사를 의지하나니 오직 추위를 없애기 위해서, 더위를 없애기 위해서.

대 역

Yoniso합리적으로; 적당한 연유로; 바른 방법과 길에 따라서 paṭisaṅkhā=paṭisaṅkhāya성찰하고서; 지혜로 잘 반조하고서 cīvaraṁ가사를 paṭisevati의지한다; 사용한다. 《바른 방법에 따라서 반조하고서 사용하라는 뜻이다. 어떻게 반조하는가 하면》 sītassa추위를 paṭighātāya없애기 위해; 추위로부터 보호하기 위해, uṇhassa더위를 paṭighātāya없애기 위해; 더위로부터 보호하기 위해 paṭisevati의지한다; 사용한다.

재가자들이 옷을 입고 단장하는 것은 아름답게 보이기 위한 의도도 있습니다. 하지만 출가자가 가사를 두르는 것은 아름답게 보이기 위한 의도가 없습니다. 사람의 몸은 추위나 더위 등 여러 위험과 만나면 견디지 못합니다. 그래서 추위나 더위로부터 몸을 보호하기 위해, 모기 등의 해충에 물리지 않기 위해, 드러내기에 적당하지 않은 신체 부위를 가리기 위해, 이러한 목적만으로 가사를 두르고 사용해야 합니다. 당연히 가사가 멋있고 좋은지는 중요하지 않습니다. 몸을 보호하기에 적당한 정도면 충분합니다. 그래서 출가자라면 이러한 부처님의 가르침에 따라 '가사를 두르는 것은 마치 상처에 파리가 앉지 않도록 덮어두듯이, 혐오스러운 쓰레기들을 덮어두듯이, 몸을 보호하기 위해 두르는 것일 뿐이다'라고 반조하고서 사용해야 합니다. 그러면 '가사가 멋지지 않다. 좋지 않다'라고 실망할 일도 없고, 가사와 관련해서 좋아함이나 바람이라는 감각욕망바람이 완전히 사라질 수 있습니다. 완전히 사라지지 않는다 하더라도 줄어들 수 있습니다.

그 외에 더러움asubha의 성품, 형성saṅkhāra의 성품을 반조하는 모습도 있습니다. 좋아함과 바람 등이 생겨날 때 가장 쉽고 제일 좋은 방법은 그러한 좋아함과 바람을 관찰해서 제거하는 것입니다. 없어질 때까지 관찰하고 있으면 결국에는 그러한 좋아함과 바람이 완전히 사라질 것입니다. 혹은 완전히 사라지지 않는다 하더라도 관찰하고 있으면 그렇게 관찰할 때마다 성자의 집에만 머물고 있습니다. 여러 위험으로부터 안전합니다. 띳사 비구도 이렇게 관찰하면서 입적했다면 이로 태어나지 않았을 것입니다. 자신이 닦아 온 청정한 계의 덕목에 따라 천상 등의 선처에만 태어났을 것입니다. 하지만 띳사 비구는 좋아함과 바람을 관찰해서 제거하지 못하고 받아들였습니다. 받아들여 놓았기 때문에 사악도로부터 안전하지 못한 범부의 집에 머문 것입니다. 그래서 띳사 비구는 비구의 생에서 눈을 감은 뒤 임종 마음이 사라짐과 동시에 바로 자신의 가사 속에 이로 태어났습니다. 매우 저열한 생으로 떨어진 것입니다.[90] 이 일화에는 여러분들도 자신을 위해 특히 주의를 기울여야 할 사실이 있습니다. 잘 반조해 보십시오. 띳사 비구가 집착한 대상은 많지 않았습니다. 가사 한 벌 정도였습니다. 그 작은 집착만으로도 이로 태어났습니다. 여러분들은 얼마나 많은 것들을 집착하고 있습니까? 죽음에 즈음해서 그러한 것들을 집착하지 않은 채 죽을 수 있도록 의지할 만한 법들이 있습니까, 아직 없습니까? 이러한 사실을 잘 숙고해 보아야 합니다.[91] 죽을 때 의지할 만한 것들이 있다면 미얀마 격투기 선수처럼 당당하게 도전하며 한 대 치면 됩니다. 의지할 만한 것이 아직 없다면 부처님께서 설하신 성자의 집에서 안전하게 지낼 수 있도록 성자의 집을 미리 지어 놓아야 할 것입니다.

90 앞에서도 언급했지만 가사에 대한 집착이 매우 강하지는 않았기 때문에 일주일이 지난 뒤 천상에 태어났다.

91 ㉻임종에 즈음해서 울고 있는 딸을 대상으로 '내가 저 딸을 두고 어떻게 죽을 수 있는가'라는 등으로 애착이 강하게 생겨날 수 있다. 그 애착으로 아귀로 태어날 수도 있고 아니면 딸의 자식으로 태어날 수도 있다. 이전 생의 딸에게 '엄마, 어머니'라고 불러야 하는 일이 생길 수 있다.

성자의 집을 짓는 데는 믿음이라는 비용이 필요하다

세상에서 집을 지을 때는 비용이 듭니다. 그와 마찬가지로 성자의 집을 지을 때도 비용이 듭니다. 바로 앞서 언급한 대로 믿음saddhā이라는 법이 필요합니다. '성자의 집에 해당하는 법들을 실천하면 악처의 위험 등으로부터 벗어난다'라는 사실을 믿어야 합니다. 믿지 않으면 성자의 집을 지을 수 없습니다. 어떤 이들은 "스스로 경험해야만 믿을 수 있다. 경험하기 전에는 믿을 수 없다"라고 말하기도 합니다. 그러나 직접 경험하지 않았더라도 적당한 근거를 바탕으로 비교해서 믿어야 하는 것도 있습니다. 아직 가보지 않은 곳을 기차나 배, 비행기로 갈 때 '기차나 배, 비행기를 타고 가면 원하는 곳에 도착할 것이다'라고 사람들이 말하는 것에 따라 추측해서 믿을 수 있습니다. 그렇게 믿고 기차나 배, 비행기를 타고서 가다보면 자기가 원하는 곳에 도착합니다. 만약 자기가 직접 타보지 않았고 가보지 않았다고 믿지 못해서 기차 등을 타지 않는다면 원하는 곳에 도착할 수 없습니다. 그와 마찬가지입니다. 이 성자의 집에 해당하는 법들도 직접 실천하기 전에 가르침에 따라 적당한 근거로 비교하고 검토하여 믿고서 수행할 수 있습니다. 그렇게 수행하면 성자의 집에 머물 수 있습니다. 열반도 알고 볼 수 있습니다. 사악도의 위험 등으로부터도 벗어날 수 있습니다. 믿지 못해 수행하지 않고 지낸다면 성자의 집에 머무를 수 없습니다. 열반도 증득할 수 없습니다. 안전하지 않은 범부의 집에서만 지내기 때문에 사악도의 위험 등을 피할 수 없어 고통을 겪게 될 것입니다.

돈에 대한 집착으로 들개로 태어나다(한국마하시 우 소다나 사야도)

『자따까』의 일화 하나를 소개하겠습니다. 한 어머니가 병에 걸려 죽을 때가 되자 아들을 불러 "숲 너머 마을 어느 집에 돈을 빌려주었다. 그러니 내가 죽기 전에 받아 오거라"라고 시켰습니다. 아들이 돈을 받아서 돌아오기 전에 어머니는 죽었고 아들에 대한 애착, 빌려준 돈에 대한 애착으로 그 숲에 사는 들개로 태어났습니다. 그 들개는 특이하게 새끼로 태어난 것이 아니라 다 자란 모습으로 태어났습니다. 아들이 숲에서 갈림길을 만나 한쪽 길로 가려고 하자 들개가 크게 짖었습니다. 아들이 돌을 던지며 들개를 내쫓아도 다시 짖었습니다. 아들은 어머니가 들개로 태어나 도적떼가 있는 길로 가지 말라고 경고한다는 사실을 전혀 몰랐습니다. 당시 보살은 그 숲을 지나가는 사람들을 약탈하는 도적떼의 두목이었습니다. 지혜가 좋았던 보살은 '들개가 우리가 있는 길로 가지 못하게 막는 것을 보니 저 젊은이와 어떤 관계가 있을 것이다'라고 판단하고 젊은이를 불렀습니다. 자초지종을 들은 보살은 "그대의 어머니는 죽었고, 이 들개로 태어난 것이 확실하다"라고 말했습니다.(J279) 이 이야기와 관련해서 미얀마에는 "지혜 있는 이가 직접 가지 않고 유추만으로 아는 것이 어리석은 이가 직접 가서 아는 것보다 훨씬 낫다"라는 속담이 있습니다.

또한 방금 언급한 비유에서 길을 간 사람이 기찻길의 끝, 뱃길의 끝, 하늘길의 끝인 도착지에 이르렀을 때, 자기가 가고 싶어 했던 곳이 맞는지 아닌지를 조사하고 반조해 볼 수 있습니다. 그렇게 반조했을 때, 자기가 가고 싶었던 곳이 맞으면 자기가 타고 왔던 운송 수단, 혹은 여행했던 길이 맞다고, 처음에 다른 이가 자기에게 가르쳐 주었던 길도 맞다고 확실하게 믿을 수 있습니다. 성자의 집도 마찬가지입니다. 진실로 열심히 수행했을 때 지금 본승이 말한 대로 특별한 삼매와 지혜들이 생겨나는 것을 스스로 경험할 것입니다. 그 법들이 자신이 원하던 바른 법인지 살펴보십시오. 그렇게 살펴보았을 때 바른 법이라고 확실하게 경험하여 '흔들리지 않는 신뢰aveccapasāda'를 통해 확고하게 믿게 될 것입니다.

세상에 맛이 없는 음식을 먹어보라고 권할 수는 없습니다. 다른 사람이 먹어 보아서 맛이 좋지 않다는 사실을 알게 되면 권유한 사람에게 불평을 할 것이기 때문입니다. 맛좋은 음식을 권하고 대접해야 그 음식을 먹은 이들이 매우 고마워할 것입니다. 그와 마찬가지로 부처님의 가르침은 매우 훌륭하기 때문에 권유받은 대로 수행해 본 이라면 가르침의 좋은 맛을 경험해서 그 법을 권유한 이에게 매우 고마워할 것입니다. 그래서 부처님의 가르침을 "ehipassiko 와서 살펴보라", "수행해 보라"라고 권유할 만한 법이라고 말합니다.[92] 와서 조사해 보라고 권할 만한 법이라는 뜻입니다. 지금까지 설명한 대로 수행하기 전에 미리 믿음을 가지는 것이 필요합니다. 믿음이라는 법이 성자의 집을 짓는 데 드는 비용 중 하나입니다.

92 ㉻미얀마 수행센터에 한 고등학생이 아버지의 강요로 15일간의 집중수행에 들어왔다. 3,4일쯤 지나자 학생은 "다리도 너무 아프고 생각도 많고 졸음만 쏟아져 집에 돌아가겠습니다"라고 말했다. 지도스승은 "그러면 경행은 30분만 하고 좌선도 15분만 해라"라고 수행 시간도 줄여주고 중간중간 빵이나 바나나 등을 주면서 달랬다. 일주일 정도 지나자 학생은 수행이 익숙해졌다. 한 시간 경행, 한 시간 좌선까지 할 수 있게 됐다. 들어온 지 10일째에는 위빳사나 지혜가 많이 향상됐다. 수행을 마치기 전날 인터뷰 때 다른 망상 없이 고요하게 부풂과 꺼짐을 관찰하는 것이야말로 제일 좋다고 말하면서 처음에는 수행을 강요한 아버지가 미웠지만 지금은 매우 감사하다고 덧붙였다. 집에 가서 아버지에게 예경까지 올리겠다고 말했다. 그리고 다음 집중수행에도 꼭 참가하겠다고 다짐했다.

열의와 정진도 필요하다

성자의 집을 짓는 데는 믿음이라는 비용뿐만 아니라 열의와 정진이라는 비용도 필요합니다. 도와 과, 열반이라는 특별하고 거룩한 법들을 바로 이생에서 얻도록 수행하기를 원하는 열의chanda가[93] 매우 강렬해야 합니다. 그리고 물러서지 않고 열심히 수행하는 정진vīriya도 필요합니다. 투지가 좋아야 합니다. 확실히 믿고, 열의를 가지고, 게으르지 않다면 여섯 문에서 분명하게 드러나는 모든 것을 관찰할 수 있습니다. 가고 서고 앉고 눕는 어느 자세에서도 새길 수 있습니다. 새길 때마다 성자의 집을 짓고 있다고 말할 수 있습니다. 성자의 집에 들어와 머문다고도 할 수 있습니다. 그렇게 관찰하다가 좋아하고 바라는 감각욕망바람이 생겨날 때 그것을 〈좋아함, 좋아함; 바람, 바람〉 등으로 관찰하면 이렇게 새기는 것도 성자의 집을 짓고 있는 것이라고 할 수 있습니다. 그렇게 새길 때마다 계속해서 사악도의 위험으로부터 벗어납니다. 매우 바람직합니다. 돈 한 푼 들이지 않고서 성자의 집이라는 매우 좋은 집에서 지낼 수 있습니다. 매우 바람직합니다. 이렇게 계속 관찰하다가 새김이나 지혜가 성숙돼 완전히 구족됐을 때는[94] 열반에 이르러 진짜 성자가 됩니다. 성자가 되면 그때는 성자의 집을 완전히 자신의 것으로 소유하게 됩니다. 마음 놓고 편안하게 머물 수 있습니다.

사람들에게 물어보십시오. 크고 좋은 집에서 지내고 싶은지, 아니면 허술하고 다 쓰러져 가는 집이나 집 없이 노지에서 지내고 싶은지 물어

93 'chanda'를 선한 법을 얻기를 원하는 성품인 경우 '열의'라고, 감각욕망거리를 바라는 성품인 경우 '바람'이라고 번역했다.

94 ㊥1에서 100까지 헤아릴 때 1 다음에 바로 100으로 헤아리지 않는다. 1, 2, 3부터 차근차근 99까지 헤아려야 한다. 시간이 걸린다. 하지만 99에서는 100에 바로 도달한다. 시간이 걸리지 않는다. 마찬가지로 수행도 차근차근 지혜가 향상되다가 완전히 무르익었을 때 훽 하고 열반에 도달한다.

보십시오. 노지에서 지내고 싶다고는 어느 누구도 대답하지 않을 것입니다. 허술하고 다 쓰러져 가는 집에서 지내고 싶다고 대답하는 사람도 없을 것입니다. 당연히 크고 좋은 집에서 지내는 것이 여러 위험 없이 안전하고 편안하기 때문입니다. 윤회의 여정에서도 그와 마찬가지입니다. 크고 좋은 집과 같은 성자의 집에서 지내고 싶은지, 노지와 같은 어리석은 범부의 집에서 지내고 싶은지 물어보십시오. 일부 사람들은 범부의 집을 좋아할 수도 있겠지만, 사실은 당연히 성자의 집이 지내기에 좋습니다. 뛰어나고 훌륭합니다. 위험으로부터도 안전합니다. 그래서 사악도의 위험으로부터 안전하도록, 성자의 집에서 편안하고 안락하게 지내며 살아가도록 지금 본승이 '아리야와사ariyāvāsa'라는 성자의 집에 해당하는 법들을 쌓아가는 방법을 설하고 있는 것입니다.

지금까지 성자의 집에 해당하는 법들 중 '새김이라는 보호를 갖추어야 한다'라는 법 하나, '의지해야 할 것 네 가지가 있어야 한다'라는 법 하나를 설명했습니다. 그리고 '다섯 가지 요소를 제거해야 한다'에서는 다섯 가지 중 '욕망바람 빚을져 먼저제거해'라는 게송과 함께 감각욕망 바람이라는 하나만 설명했습니다. 제거해야 할 다섯 가지 장애 중 아직 네 가지가 남았습니다. '여섯 가지를 갖추어야 한다'라는 내용 등 아직 남아있는 가르침이 많습니다. 그 법들도 매우 중요하니 내일 법문도 꼭 듣기 바랍니다. 법문을 들을 때는 끝까지 다 듣는 것이 매우 중요합니다.

법을 얻지 못하게 하는 두 가지

부처님 당시 부처님을 직접 뵀던 이들이라 하더라도 조건이 형성되지 않으면 법을 얻을 수 없었습니다. 도와 과, 열반이라는 특별하고 거룩한 법은 여러 조건이 형성돼야 얻을 수 있습니다. 법을 얻지 못하게 하는 조건에는 두 가지가 있습니다. '행함의 부족kiriyaparihāni'과 '저열한 친구pāpamitta'입니다. 이 두 가지 조건은 특별한 법을 얻지 못하게 방해합니다.

뻿사 일화

한때 부처님께서 많은 승가 대중과 함께 지내고 계실 때 깐다라까Kandaraka라는 유행자와 뻿사Pessa라는 재가자 한 명이 부처님께 다가왔습니다. 그때 부처님 주위의 승가 대중이 매우 고요하게 있는 것을 보고 비록 불교 교단 밖의 수행자였지만 깐다라까 유행자에게 믿음이 생겨났습니다. '이렇게 많은 승가 대중 중에서 단 한 비구도 손을 움직이는 이가 없구나. 다리를 움직이는 이도 없구나. 말소리도 없구나. 매우 조용하구나. 매우 존경할 만하구나. 이는 틀림없이 훌륭한 가르침과 훈계가 있기 때문일 것이다'라고 생각하고서 존경하게 됐습니다. 이 사실을 깐다라까 유행승은 부처님께 말씀드렸습니다. 그러자 부처님께서는 "깐다라까 유행자여, 그대가 말한 것이 맞소. 나는 제자들에게 훌륭한 가르침으로 훈계를 하고 있소. … 이 승가 대중 중에서 일부는 아라한들이오"라고 말씀하셨습니다. 아라한들은 새김이 항상 현전하는 이들입니다. 일부는 아나함들이라고 말씀하셨습니다. 아나함은 새김이 4분의 3 정도 구족된 이들입니다. 일부는 사다함들이라고 말씀하셨습니다. 사다함은 새김이 반 정도 구족된 이들입니다. 일부는 수다원들이라고 말씀하셨습니다. 수다원은 새김이 4분의 1 정도 구족된 이들입니다. 또한 나머지 일부도 새김확립 수행을 하고 있는 이들이라고 말씀하셨습니다. 새김확립 수행을 하고 있는 이들은 새김이 완벽히 구족됐다고 말할 수는 없지만 어느 정도는 갖춘 이들입니다. 그래서 팔을 굽히고 싶으면 굽히고 싶어 하는 마음을 시작으로 〈굽히려 한다, 굽히려 한다〉라고 관찰하고, 굽힐 때도 〈굽힌다, 굽힌다〉라고 관찰하면서 천천히 굽힙니다. 관찰하지 않고 갑자기 굽히거나 펴거나 하지 않습니다. 말을 하려 할 때도 이익이 있는지 없는지 잘 반조합니다. 그렇게 반조까지는 하지 않는다 해도 말하려는 마음을 〈말하려 한다, 말하려 한다〉라고 새깁니다. 그래서 말할 이유가 충분하지 않으면 말을 하지 않습니다. 어쩔 수 없어 다시 말하더라도 말하는 것을 새기고 있어서, 필요 없는 말은 하지 않습니다.[95] 그래서 새김확립 수행을 하고 있는 이들은 감각기관을 잘 단속합니다.

마음을 바꾸는 데는 새김확립이 중요하다

당시 부처님 주위에 있는 승가 대중 중 일부는 아라한이나 아나함, 사다함, 수다원, 일부는 새김확립 수행을 닦고 있는 이들이었습니다. 수행을 하지 않고 있는 이는 없었습니다. 그래서 더욱 고요하게 지낸다는 사실을 부처님께서 말씀하셨습니다. 그러자 뻿사라는 재가자가 다음과 같이 말했습니다.

"부처님, 부처님께서 사람들이 올바르도록 훈계하시는 것은 매우 훌륭합니다. 동물들은 평소에 하는 행위를 단지 행하기만 합니다. 대변

95 ㊞이것은 이익 바른 앎과 관련된다. 바른 앎sampajañña에는 네 종류가 있다. ① 이익 바른 앎sātthaka sampajañña은 어떤 행위가 이익이 있는지 없는지 바르게 아는 것이다. ② 적당함 바른 앎sappāya sampajañña은 이익이 있더라도 적당한지 그렇지 않은지 아는 것이다. ③ 영역 바른 앎gocara sampajañña은 관찰 대상을 계속 관찰하는 것이다. '영역'이란 분명하게 드러나는 몸·느낌·마음·법 등의 물질·정신 대상이다. ④ 미혹없음 바른 앎asammoha sampajañña은 관찰을 통해 무상 등을 분명하게 아는 지혜이다. 마하시 사야도 법문, 비구 일창 담마간다 옮김, 『마하사띠빳타나숫따 대역』, pp.110~133 참조.

을 보고 싶으면 대변을 봅니다. 소변을 보고 싶으면 소변을 봅니다. 이렇다 저렇다 생각하지 않습니다. 또한 '주인을 속여서 어떻게 해야지'라는 간교한 생각이 없습니다. 자기들이 하고 싶지 않으면, 마음에 들지 않으면 하기 싫은 티를 냅니다. 그러나 부처님, 사람들은 그렇지 않습니다. 사람들은 간교합니다.[96] 남이 보는 곳과 보지 않는 곳에서 다르게 행동합니다. 남이 보는 곳에서는 상대방의 이익을 바라고 자애가 있는 듯 행동하다가 남이 보지 않는 곳에서는 그렇지 않습니다. 상대방에게 불이익을 가져다주는 행동을 하기도 합니다. 이렇게 간교한 성품을 가지고 있는 사람들의 마음 요소를 부처님께서 올바르게 바꿔 주시는 것은 참으로 훌륭합니다. 저도 재가자이지만 이 새김확립법을 때때로 실천하고 있습니다, 부처님."

이렇게 뻿사가 칭송하면서 말했습니다. 맞습니다. 새김확립법은 마음 요소를 바꾸는 데 매우 좋은 법입니다. 사람들이 간교한 것은 자신의 마음이 간교하다는 것을 모르기 때문입니다. 자신의 마음을 안다면 어떻게 속일 수 있겠습니까? 자신의 마음이 간교하다면 간교하다는 사실을 알도록, 또한 간교하지 않다면 간교하지 않다고 알도록 마음을 거듭 관찰하는 것이 매우 중요합니다. 마음 거듭관찰cittānupassanā을 잘 갖춘 이에게는 간교한 성품들이 전혀 생겨나지 못합니다. 그의 마음은 매우 올바르고 훌륭합니다.

96 빠알리어 원본에는 "사람들은 복잡하지만gahanaṁ 동물들은 단순하다uttānakaṁ"라고 표현됐다.(M.ii.2) 『맛지마 니까야』 제2권, p.417에는 "사람들은 뒤엉켜 있지만 동물들은 다 드러나 있다"라고 번역됐다. '간교한'이라고 번역한 'sāṭheyyatā'는 원래 없는 덕목을 있는 듯 꾸미는 성품이어서 보통 '허풍'이라고도 번역한다.

법을 얻을 만하지만 얻지 못하다

뻿사가 그렇게 말씀드리자 부처님께서는 네 부류의 사람을 자세하게 분석해서 설하시려고 했습니다. 하지만 부처님께서 개요 정도만 설하셨을 때 뻿사는 "부처님, 저는 할 일이 많습니다. 가도록 허락해 주십시오"라고 청했습니다. 그러자 부처님께서는 '내가 뻿사에게 조금만 더 있으라고, 나의 설법을 끝까지 들어보라고 하면 그는 그대로 앉아 있을 수도 있고 그렇지 않을 수도 있다. 설령 미안해서 그대로 앉아 있다 하더라도 마음에 없는 법문을 들을 것이기 때문에 그에게 아무런 이익이 없을 것이다'라고 생각하셨습니다. 그래서 부처님께서는 그를 가로막지 않고 "뻿사여, 지금이 적당한 시간이라면 그렇게 하시오"라고 떠나는 것을 허락하셨습니다. 뻿사가 돌아가자 부처님께서는 "비구들이여, 뻿사는 지혜롭다.[97] 나 여래가 설할 법문을 끝까지 들었다면 그는 수다원도를 얻었을 것이다. 수다원이 됐을 것이다. 매우 이익이 많았을 것이다"라고 말씀하셨습니다. 이 내용에 대해 주석서에서는 "부처님과 직접 대면했는데도 법을 얻을 만한 자질을 갖춘 이가 법을 얻지 못할 수도 있는가?"라고 먼저 질문한 뒤 그렇게 될 수 있다는 사실을 다음과 같이 설명했습니다.(MA.iii.7)[98]

앞서 도와 과를 증득하지 못하게 하는 조건에 '행함의 부족kiriyaparihāni'과 '저열한 친구pāpamitta'라는 두 가지가 있다고 말했습니다. 행함의 부족에도 설하는 이가 행해야 할 모든 것을 충분하게 행하지 않은 것이 하나, 듣는 이가 행해야 할 모든 것을 충분하게 행하지 않는 것이

97 주석서에서는 새김확립을 평소 닦았기 때문이라고 설명했다.(MA.iii.7)

98 『위빳사나 수행방법론』 제1권, pp.128~130 참조.

하나, 이러한 두 가지가 있습니다. 도와 과, 열반을 증득할 수 있도록 설하는 이가 가르침을 충분하게, 완벽하게 설하지 않는다면 스승의 책임을 다하지 못한 것입니다.

맞습니다. 도와 과, 열반을 증득할 수 있도록 설하는 이가 법을 충분하게, 완벽하게 설하지 않으면 제자가 어떻게 수행을 할 수 있겠습니까? 어떤 이는 수행을 하고자 하더라도 수행법을 설해줄 스승이 없습니다. 방법을 알려 줄 사람이 없습니다. 그래서 수행을 하고 싶어도 못한 채 늙어 죽고 맙니다. 법을 수행하지 않았기 때문에 법을 증득하는 것과는 더욱 거리가 멉니다. 이렇듯 행함의 부족 등 스승과 관련한 이유로 법을 얻지 못하는 경우도 있습니다. 이것은 스승의 책임이 무너진 것입니다.[99] 지금 본승은 스승의 의무가 무너지지 않도록 자세하게 설하고 있습니다. 격려하고 있습니다.

그런데 법문을 듣는 사람들 중 일부는 법문을 끝까지 듣지 않습니다. "실천하십시오"라고 해도 실천하지 않습니다. 실천하더라도 적당히 실천합니다. 완벽하게 실천하지 않습니다. 노력하지 않습니다. 완벽하게 실천하지 않고 노력하지 않으면 얻을 만한 법들을 얻지 못합니다. 뻿사도 부처님과 직접 대면했지만 법문을 끝까지 듣지 않았습니다. 법문을 끝까지 듣고 마음을 기울였다면 수다원이 될 수 있었지만 안타깝게도 좋은 결과를 얻지 못했습니다. 그러니 본승이 설하는 법문을 끝까지 잘 경청하기 바랍니다.

99 부처님 당시에 다난자니Dhanañjāni 바라문이 죽어갈 때 사리뿟따 존자는 위빳사나를 설하지 않고 거룩한 머묾 등 사마타만 설했다. 그 때문에 바라문은 죽은 후 범천 세상에 태어났다. 만약 사리뿟따 존자가 위빳사나를 설했다면 바라문은 바로 그 사람의 생에서 도와 과를 증득할 수 있었다. 부처님께서는 사리뿟따 존자를 나무라시면서 범천 세상에 가서 다시 법을 설해 주라고 말씀하셨다. 사리뿟따 존자는 즉시 범천 세상으로 가서 다시 법을 설했다. 그 후부터 사리뿟따 존자는 법을 설할 때는 언제나 네 가지 진리의 법을 항상 포함해서 설했다고 한다.(M97)

본승이 이 딴린 지역으로 오는 것은 그리 쉽지 않습니다. 지금도 마침 여건이 맞아서 온 것입니다. 짜우딴*Kyautan* 근처의 아웅제이요웅*Aungjeyyoung*이라는 정사에 계단sīmā·戒壇을 지정하는 일이 있어서 이 법회를 수락했습니다. 원래는 계단지정이 끝나면 그날 바로 양곤으로 돌아가려고 했습니다. 하지만 계단지정이 끝났을 때 저를 초청한 아웅제이요웅 스님이 "저도 쉐보우*Shwebou* 출신입니다"라며 애정을 가지고 초청해서 어쩔 수 없이 '따라가는 것이 좋겠구나'라고 생각해서 따라온 것입니다. 계단지정의 의무를 마친 뒤에 이 딴린 시의 신도인 우 보우흘라*U bouhla*가 저를 찾아왔습니다. 일단 딴린 시쪽으로 가게 되면 그곳에 그 거사를 비롯한 여러 수행자가 있기 때문에 그들에게 말하지 않고 그냥 갈 수도 없습니다. '말하지 않고 가면 내 의무를 다하지 않는 것이 되겠구나'라고 생각해서 우 보우흘라 거사에게 딴린 시 쪽으로 간다는 사실을 말했습니다. 그러자 그가 "그러면 스님, 그 정사에서 돌아오실 때 이곳 딴린 시에서 법문을 설해 주시면 좋지 않겠습니까?"라고 청했습니다. 그래서 본승도 "가면서 손 흔들기"[100]라는 속담처럼 "좋습니다"라고 허락했습니다. 이렇게 그 계단지정 일로 가면서 여건이 맞았기 때문에 지금 법을 설하고 있는 것입니다. 나중에 다시 와서 법을 설할 수 있을지, 그때 여건이 맞을지 안 맞을지 알 수 없습니다. 그러니 특별한 건강상의 이유나 다른 피할 수 없는 일들이 없다면 내일도 이어서 본승이 설하는 법문을 끝까지 듣기 바랍니다.

100 쉽게 말하는 것을 비유한다. 어차피 가는 길이니 설법을 허락했다는 뜻이다.

저열한 친구 때문에도 법을 얻지 못한다

법을 얻지 못하는 또 다른 원인은 저열한 친구pāpamitta입니다. 'pāpamitta'는 '저열한'을 뜻하는 'pāpa'와 '친구'를 뜻하는 'mitta'의 합성어로 빠알리어 단어 그대로 '저열한 친구'라는 의미입니다. 그러나 빠알리어 그대로 번역하면 상대방을 매우 폄하하는 것이 돼 잘 받아들이려 하지 않을 수도 있습니다. 저열한 친구 때문에 법을 얻지 못한다는 의미는 '친구가 좋지 않아서 법을 얻지 못한다'라는 뜻입니다. '저열한 친구'라는 표현이 거칠고 지나치다고 느껴진다면 '친구가 좋지 않아서; 좋은 친구가 없어서; 좋지 않은 친구가 있어서'라고 생각하면 됩니다.

'저열한 친구 때문에 법을 얻지 못한 이'란 어떠한 사람인가에 대해 주석서에는 아자따삿뚜Ajātasattu 왕을 예로 들고 있습니다. 아자따삿뚜 왕은 부처님께서 설하시는 「사만냐팔라숫따Sāmaññaphalasutta(사문과경)」 법문을 들었을 때 수다원이 될 정도로 바라밀을 갖춘 사람이었습니다. 하지만 그는 데와닷따Devadatta라는 저열한 친구를 스승으로 의지해서 그가 시킨 대로 매우 심한 악행을 저질렀습니다. 일반적으로 스승과 제자 사이에서 스승이 말하면 제자는 무조건 옳다고 생각하고 스승이 시키는 것이면 무엇이든지 합니다. 스승인 데와닷따가 말한 대로 아자따삿뚜 왕은 많은 은혜를 베푼 부왕 빔비사라Bimbisāra 대왕을 시해했습니다. 그래서 부친살해업pitughātaka kamma에 해당돼 수다원이 될 수 있는 충분한 바라밀을 갖췄음에도 불구하고 도와 과라는 특별한 법을 얻지 못했습니다.[101] 이

101 도와 과를 얻지 못하게 하는 장애에 다섯 가지가 있는데 그중 업 장애에 해당하기 때문이다. 어머니를 죽이는 것, 아버지를 죽이는 것, 아라한을 죽이는 것, 부처님 몸에 피멍이 들게 하는 것, 승단을 분열시키는 것, 이렇게 다섯 가지를 '무간업ānantariya kamma'이라고 하고, 이 무간업과 비구니를 범하는 행위를 업 장애라고 한다. 업 장애는 천상에 태어나는 것도 가로막고 도와 과를 얻는 것도 가로막는다. 『위빳사나 수행방법론』 제1권, p.103 참조.

외에도 잘못된 친구를 의지해서 악행을 범한 예가 많습니다. 부처님 당시에 부처님과 대적하던 삿된 스승들이 있었습니다. 그러한 삿된 스승들의 가르침을 받아들인 사람들도 도와 과를 얻지 못했습니다. 그 사람들 중에서도 바른 가르침을 받아들여 실천했다면 도와 과를 얻을 수 있는 사람들이 있었습니다. 지금 시대에도 사람을 잘못 사귀어서, 삿된 스승을 의지해서 바른 법을 듣지 못하는 이들, 그래서 바른 법을 수행할 기회를 얻지 못하는 이들이 있습니다. 이 또한 저열한 친구를 의지해서 특별한 법을 얻지 못한 경우입니다.

지금까지 도와 과를 얻지 못하게 하는 '행함의 부족'과 '저열한 친구를 의지하는 것'이라는 두 가지 이유를 설명했습니다. 이 두 가지를 잘 기억해서 이러한 이유로 법을 얻지 못하는 일이 없도록 해야 합니다. 게송을 독송합시다.

다섯제거 육구족 하나보호해
넷을의지 독자견 거부해야해
추구버려 사유청 호흡고요해
마음해탈 혜해탈 열가지덕목
성자의집 설하신 거룩한붓다

생겨관찰 새겨야 보호항상둬
수용참아 삼가야 없애의지넷
욕망바람 빚을져 먼저제거해

『아리야와사 법문』을 정성스럽게 들은
청법선업 의도의 공덕으로
성자의 집에 해당하는 법들을 갖추도록 노력하기를.
그리하여 위빳사나 지혜와 성스러운 도 지혜의 차례에 따라
모든 고통이 사라진 거룩한 열반의 행복을
빠르게 증득하기를.

사두, 사두, 사두.

첫째 날 법문이 끝났습니다.

둘째 날 법문

1962년 11월 6일

(음력 10월 10일)

『아리야와사 법문』 둘째 날 법문을 시작하겠습니다. 먼저 첫째 날에 설명한 내용을 한 번 더 간략히 설명하겠습니다.

'아리야ariya'란 성자를 뜻하고, '아와사āvāsa'란 지내는 집을 뜻합니다. 이 두 단어를 합친 '아리야와사ariyāvāsa'는 '성자의 집', 즉 성자들이 머무는 집을 말합니다. 과거에 출현하신 여러 부처님이나 아라한 성자들도 성자의 집에 해당하는 법들을 의지해서 지냈습니다. 지금 고따마 부처님과 고따마 부처님 가르침 아래에 있는 아라한 성자들도 성자의 집을 의지해서 지냅니다. 나중에 출현하실 여러 부처님이나 아라한 성자들도 성자의 집을 의지해서 지낼 것입니다. 성자의 집들을 버리면 성자가 될 수 없다는 뜻입니다. 따라서 성자의 집은 매우 중요합니다. 성자의 집을 갖춘 성자들은 사악도 등 윤회윤전saṁsarāvaṭṭa의 고통에서 벗어납니다. 그렇기 때문에 성자의 집은 '진실로 고요히 의지해서 머물 수 있는 곳'이라고 할 수 있습니다. 성자의 집은 이 세상에 분명히 존재합니다. 모든 위험으로부터 보호해 줄 수 있는 장소가 성자의 집입니다. 여러분들이 여러 위험과 장애로부터 완전히 벗어나도록 부처님께서 성자의 집을 설하신 것입니다. '부처님께서 설하신 가르침이 다시 설해지고 있다'라고 마음속으로 떠올리면서 법문을 들으십시오. 게송과 간략한 설명을 다시 한 번 더 짚고 넘어가겠습니다.

"다섯제거 육구족 하나보호해"라는 게송은 '다섯 구성요소를 제거해야 한다. 여섯 구성요소를 구족해야 한다. 한 가지 보호도 구족해야 한다'라는 성자의 집 세 가지를 표현했습니다.

"넷을의지 독자견 거부해야해"라는 게송은 '네 가지를 의지해야 한다. 독자적인 견해를 제거해야 한다'라는 뜻입니다. 이 게송에서 두 가지와 앞에 설했던 게송에서 세 가지, 합해서 다섯 가지 성자의 집이 표현됐습니다.

"추구버려 사유청 호흡고요해"라는 게송은 '추구하는 것도 제거해야 한다. 생각도 오염되지 않고 깨끗하게 해야 한다. 고요한 들숨날숨도 갖춰야 한다'라는 뜻입니다. 이 게송에 있는 세 가지를 합하면 지금까지 모두 여덟 가지 성자의 집이 표현됐습니다.

"마음해탈 혜해탈 열가지덕목"이라는 게송은 '마음도 탐욕과 성냄, 어리석음 등의 더러움들로부터 해탈해야 한다. 해탈했다는 것도 스스로의 지혜로 알아야 한다'라는 뜻입니다. 이 게송의 두 가지를 다시 합하면 모두 열 가지 성자의 집이 표현됐습니다.

"성자의집 설하신 거룩한붓다"라는 게송은 '이러한 성자의 집을 거룩하신 부처님께서 설하셨다'라는 뜻입니다.

생겨관찰 새겨야

이 중 제일 먼저 '보호' 장치 한 가지부터 마련해야 합니다. 게송을 같이 독송합시다.

생겨관찰 새겨야 보호항상둬

재산이 많거나 권력이 있는 이들은 안전을 위해 경호원을 둡니다. 경호원도 한 명이 아니라 여럿을 두기도 합니다. 과거 절대권력 시대의 왕들은 호위무사들을 여럿 거느렸습니다. 국가도 마찬가지입니다. 다른 나라의 침략 등으로부터 국민들을 보호하기 위해 군사나 무기 등 여러 안전장치를 마련합니다. 그와 마찬가지로 자신의 물질·정신 무더기에도 번뇌라는 위험이 들어오지 못하도록 보호 장치를 마련해야 합니다. 바로 새김이라는 보호 장치입니다. 새김이라는 보호 장치는 어떻게 마련해야 할까요? 물질과 정신이 생겨날 때마다 계속해서 그것을 새기고 관찰하면서 확립해야 합니다. "생겨관찰"이란 볼 때마다, 들을 때마다, 맡을 때마다, 맛볼 때마다, 닿을 때마다 계속해서 새기고 관찰하면서 보호 장치를 확립해야 한다는 뜻입니다. '닿을 때마다'라는 표현에는 몸의 여러 동작을 바꿀 때마다 생겨나는 현상들도 모두 포함됩니다. 머리를 움직여도 머리에 감촉들이 있습니다. 감촉은 온몸에 존재합니다. 그러한 감촉들이 생겨날 때마다 계속해서 새기고 관찰하면서 보호 장치를 확립해야 합니다. 생각하고 숙고하고 계획할 때마다 마찬가지로 새기고 관찰해서 보호 장치를 확립해야 합니다. '생각하고 숙고하고 계획한다'라는 것은 그 영역이 매우 광범위합니다. 생각은 잠자는 동안만 멈춥니다. 잠에서 깨어나는 순간부터 생각이 시작되고 잠들었을 때라야 멈춥니다. 하루 종일 멈추지 않고 생각합니다. 그것도 대부분 좋지 않은 생각들입니다. 그렇게 생각하고 숙고하고 계획할 때마다 새김으로 보호해야 합니다. 그러면 탐욕과 성냄, 어리석음 등 여러 번뇌의 위험이 사라집니다.

보호 장치가 있는 곳에는 여러 위험과 장애가 들어올 수 없습니다. 확실한 경비 장치가 있는 집에 어떻게 도둑이나 강도 등이 들어오겠습니까? 경비 장치가 없는 집이라면 도둑이나 강도 등이 들어와 물건을 훔치거나 상해를 입힐 수도 있습니다. 모두 보호 장치가 없기 때문입니다. 있다고 해도 보호 장치가 완전하지 않기 때문입니다. 완벽하게 보호하고 있다면 어떠한 위험과 장애도 생겨날 수 없습니다. 그와 마찬가지로 여섯 문에서 물질과 정신이 생겨날 때마다 계속해서 그것을 새기고 관찰하면서 새김이라는 보호를 끊임없이 확립해야 합니다. 그렇게 보호를 확립하는 것도 아라한이 됐을 때라야 완벽하게 구족합니다. 아라한이 되기 전까지는 완벽하게 구족하도록 천천히 실천해 나가야 합니다. 이것은 글을 배우는 것과도 같습니다. 글을 배울 때 처음부터 어떻게 잘 읽겠습니까? 한 글자씩 차례대로 연습해 나가야 합니다. 미얀마어라면 'က(까지)', 'ခ(카그웨)'라는 등으로, 한글이라면 'ㄱ(기역)', 'ㄴ(니은)' 등으로 처음에는 한 글자씩 배워나가야 합니다. '까지'가 어떻게 생겼는지, '카그웨'가 어떻게 생겼는지 하나씩 잘 기억해야 합니다. 다른 나라 글자도 그 언어에 따라 처음에는 한 글자씩 모양을 기억해야 합니다. 나중에 조금 익숙해졌을 때는 두 글자나 세 글자 등으로 합해서 어느 정도 읽을 수 있게 됩니다. 실력이 많이 향상됐을 때는 눈으로 한 번 보는 것만으로 한 문장을 읽을 수 있게 됩니다.

그와 마찬가지입니다. 처음에는 능숙하지 않아서 새김에 그리 힘이 없습니다. 하지만 시간이 지나면 물질과 정신이 생겨날 때마다 계속해서 거의 모든 것을 관찰할 수 있게 됩니다. 그렇게 관찰해서 어느 정도 능숙하게 됐을 때, 그렇게 관찰하다가 수다원 도와 과의 단계에 도달해 수다원이 됩니다. 그보다 더욱 능숙하게 됐을 때는 사다함 도와 과의 단계에 도달해 사다함이 됩니다. 또 그보다 더욱 능숙하게 됐을 때는 아나함 도와 과의 단계에 도달해 아나함이 됩니다. 아나함에서 계속 관찰해 이 새김이라는 보호의 힘이 완벽하게 좋아져 능숙하게 됐을 때 아라한이 됩니다. 이때는 어느 곳에서도 새김을 놓쳐버리는 경우가 없습니다. 그래서 번뇌가 생겨날 기회나 틈이 전혀 없습니다. 새김이라는 보호 장치가 모든 곳에서 번뇌를 완벽하게 저지합니다. 그 정도까지 도달하도록 노력해야 합니다. 이 게송 하나만 의지해서 정성스럽게 수행해 나가도 열반에 도달할 수 있습니다. 성자의 집에 해당하는 법에 열 가지가 있다고 했지만 사실은 이 새김 한 가지를 갖추는 것이 가장 중요합니다. 마음마다 계속해서 모두 새길 수 있도록 새김으로 관찰해 나가십시오. 그렇게 관찰해서 어떤 것도 놓치지 않는다면 새김을 완벽하게 구족할 것입니다. 하지만 다른 덕목들도 드러내야만 이해할 수 있기 때문에 부처님께서 아홉 가지 덕목에 대해서도 일일이 설명하셨습니다. 그렇더라도 근본은 새김입니다. 그래서 완전열반에 드실 때 부처님께서는 이 새김만을 간략하게 설하셨습니다.

마지막 유훈

Handadāni, bhikkhave, āmantayāmi vo, vayadhammā saṅkhārā, appamādena sampādetha. (D.ii.100)

해 석

비구들이여, 여기에서 지금 그대들에게 말하나니, 형성들은 사라지기 마련이니 불방일로 구족하라.

대 역

Bhikkhave비구들이여, handa여기에서 idāni지금 vo그대들에게 ahaṁ나는 āmantayāmi말하겠다; 마지막으로 말하겠다. saṅkhārā형성들은; 형성된 법들은 vayadhammā사라지기 마련인 법이다; 사라지는 성품이 있다. appamādena불방일로; 잊어버림이 없는 새김이라는 법으로 sampādetha구족하라; 계·삼매·통찰지 등 해야 할 바를 모두 구족하도록 노력하라.

먼저 "비구들이여, 여기에서 이제 그대들에게 나는 말하겠다"라고 말씀하셨습니다. 부모들은 자식들에게 마지막으로 당부하고 싶은 말을 유언으로 남기고 세상을 떠납니다. 임종의 시간이 다가오면 부모들은 사랑하는 자식들이 항상 기억하면서 따라 실천하도록 제일 중요한 훈계를 남깁니다. 본승이 어린 사미였을 때 마을에 페스트라는 전염병이 돌아 사람들이 정사 근처에서 천막을 치고 지냈습니다. 그들 중 한 거사님이 위독해져 살 가망이 없게 되자 가족들에게 밤새 이런저런 유언을 남기는 것을 직접 들은 적이 있습니다. 그렇게 임종의 순간에 부모가 마지막으로 남긴 말을 자식들은 잊지 못합니다. 부모의 유언은 언제나 귓가에 생생합니다. 그래서 그 유언을 정성스럽게 따릅니다. 부모 생전에 말을 잘 안 듣던 자식들이라도 임종 순간에 남긴 유언은 기억합니다. 마찬가지로 부처님께서도 제자들을 당신의 자식들처럼 매우 연민하셨기 때문에 완전열반에 드시기 직전 마지막 순간에 이 말씀을 유훈으로 남기셨습니다.

Vayadhammā saṅkhārā.

해 석

형성들은 사라지기 마련인 법이다.

형성법들은 사라지기 마련인 법들일 뿐이어서 전혀 의지할 만한 점이 없다는 뜻입니다. 아무렇게나 빈둥거리며 지내는 이들에게는 이 말씀이 전혀 와 닿지 않을 것입니다. 그러나 이 말씀은 매우 의미심장하고 아주 중요합니다. 형성법들은 오직 무너지기만 하고 있다는 뜻입니다. 더 자세하게는 "자식들과 같은 그대들은 '하나의 몸이 어릴 때부터 조금씩 성장한 것이다. 이 몸이 그대로 유지되고 있다. 이것이 나다'라고 생각하고 있다. '하나의 마음이 계속 유지되고 있다. 이것이 나다'라고 생각하고 있다. 또한 '이 목숨, 이 무더기로 나중까지 오랫동안 지낼 것이다'라고 생각한다. 그러나 그대들이 생각하는 것처럼 몸과 마음, 목숨이라는 것은 항상 머물고 있는 것이 아니다. 그렇게 생각하는 것은 그대들이 아직 잘 알지 못하기 때문이다. 이러한 형성법들은 한순간도 이어지지 않고 무너지고 있는 법들일 뿐이다. 그래서 전혀 의지할 것이 아니다. 언제든 무너져버리고 사라져버릴 수 있는 것이다"라는 뜻입니다.

그래서 부처님께서는 그 의미를 이해시키기 위해 "saṅkhārā형성들은; 관련된 여러 조건법이 모여 형성시켜 주어야 생겨날 수 있는 물질·정신 형성법들은 vayadhammā사라지기 마련인 법이다; 사라지는 성품이 있다"라고 설하셨습니다. "무너지지 않고 그대로 머물 수 있는 것은 하나도 없다. 그러므로 의지할 만한 것이 아니다"라는 뜻입니다. 이렇게 형성들이 의지할 만한 것이 아니라면 무엇을 의지해야 할까요? 무너지고 사라지기만 하는 그 형성법들에서 완전히 벗어난, 완전히 해탈하여 모든 고통이 사라진 열반을 의지해야 합니다. 열반을 의지해서 열반에 이르게 할 수 있는 법들을 실천하고 노력해야 합니다. 이어서 부처님께서는 열반에 도달하려면 어떻게 수행해야 하는지 그 실천 모습도 다음과 같이 매우 간략하게 설하셨습니다.

Appamādena sampādetha.

해석

불방일로 구족하라.

"불방일이라는 잊어버림 없는 새김법을 통해 구족하도록 노력해야 한다"라고 부처님께서는 말씀하셨습니다. 이것이 부처님의 마지막 유훈입니다. 부모의 유언을 자식들이 잊지 않듯 부처님께서 남겨놓으신 마지막 훈계인 이 유훈은 출가자든 재가자든 부처님의 가르침에 들어온 이라면 절대로 잊어서는 안 됩니다. 명심, 또 명심해서 확실하게 따라야 합니다. 주석서에서는 이 짧은 한 줄의 말씀이 그 의미로는 광범위한 삼장과도 같다고 설명해 놓았습니다.(DA.ii.185) 여기에서 'appamādena 불방일로; 잊어버림 없는 새김으로'라는 한 어절로 부처님께서는 마지막 유훈을 말씀하셨습니다. 이「아리야와사숫따」에는 그 새김과 함께 열 가지 법을 설해 놓으셨습니다. 그 열 가지 중 기본은 잊어버림 없는 새김법입니다. 이 새김만으로 관찰하고 노력해도 다른 법들은 저절로 구족될 수 있습니다. 이 내용을 잘 이해하도록 다시 설명한 것입니다.

의지할 것 네 가지

불방일의 새김법을 확립할 때 의지할 것 네 가지도 필요합니다. 의지할 것 네 가지에 관한 게송을 독송합시다.

수용참아 삼가야 없애의지넷

먼저 "수용"이란 의지하기에 적당한 네 가지 필수품은 사용하면서 의지해야 한다는 뜻입니다. 이것이 의지할 법들 중 하나입니다. "참아"란 좋지 않은 소리나 대상들, 좋지 않은 감촉들, 고통스러운 느낌들과 만났을 때 화를 내지 말고 참으면서 수행해야 한다는 뜻입니다. 이것도 의지할 법들 중 하나입니다. "삼가야"란 위험이나 장애가 생겨날 만한 것과 장소를 멀리서부터 피해야 한다는 뜻입니다. 이것도 의지할 법들 중 하나입니다. "없애"란 감각욕망사유 등 좋지 않은 사유나 생각이 일어나면 즉시 관찰해서 없애야 한다는 뜻입니다. 이것도 의지할 법들 중 하나입니다. 그래서 "수용참아 삼가야 없애의지넷"이라고 게송으로 표현했습니다. 이 내용은 앞에서 자세히 설명했습니다.

이어서 "다섯제거"라고 표현한 "다섯 가지 구성요소를 제거해야 한다"는 것은 특별히 어떻게 바꾸어서 제거해야 한다는 것이 아닙니다. 새김이라는 보호로 수행해 나가면 그 다섯 구성요소는 저절로 제거됩니다. 다섯 가지 구성요소라는 장애nīvaraṇa 법들이 절대로 들어오지 못합니다. 그중 감각욕망바람장애kāmacchanda nīvaraṇa라는 구성요소를 제거하는 모습은 첫째 날 법문에서 "욕망바람 빚을져 먼저제거해"라는 게송과 함께 설명했습니다. 감각욕망바람이 생겨나는 것은 빚을 지는 것과 같습니다. 그러니 빨리 제거해야 합니다. 제거하지 못하면 어떻게 될까요? 성자의 집에서 지내지 못하고 범부의 집에서만 지내야 합니다. 그로 인해 여러 위험으로부터 안전하지 않습니다. 띳사라는 비구가 가사에 대한 집착이라는 감각욕망바람으로 죽어서 다음 생에 이로 태어났다는 일화를 앞에서 말씀드렸습니다. 그것은 성자의 집에서 지내지 않아서, 즉 좋아함과 바람을 관찰해서 제거하지 않았기 때문입니다.

감각욕망바람장애라는 불선법은 띳사 비구를 사악도 중 축생인 이의 생으로 내동댕이쳤습니다. 그러다가 그 이의 생에서 일주일 정도 지난 후 죽게 됐을 때는 더 이상 가사에 집착하지 않았습니다. 비구의 생에서 수행했던 선업에만 마음 기울이면서 죽었기 때문에 도리천 천상 세계에 태어났다고 합니다. 매우 놀라운 일입니다. 비구의 생에서 이로 태어났다는 것도 놀라운 일이고, 다시 이의 생에서 도리천 천상 세계에 태어나 천신이 됐다는 것도 매우 놀라운 일입니다. 일반인의 시각으로는 이해하기 어려울 수도 있습니다. 하지만 법 성품의 측면에서 숙고해 보면 그것은 매우 분명합니다. 마음의 힘입니다. 마음이 깨끗하지 못하면 저열한 생에 도달합니다. 가로막거나 방해하는 어떠한 것도 없습니다. 휙 하고 도달합니다. 그래서 매우 두려운 것이라고도 할 수 있습니다. 그렇게 두려워할 만한 위험에서 벗어나 의지할 만한 법들을 얻고자 수행한다면 그 법들을 지금 바로 얻을 수 있습니다. 어떻게 얻을 수 있습니까? "욕망바람 빚을져 먼저제거해"라는 게송에 따라 좋아함과 바람이 생겨나면 그 좋아함과 바람을 관찰해서 제거하기만 하면 됩니다.[102] 그렇게 제거해 나가면 성자의 집에 도착합니다. 그렇게 관찰해 나가다가 지혜가 완전히 무르익었을 때 수다원도 될 수 있습니다. 그때는 사악도에 내동댕이칠 수 있는 거친 감각욕망바람장애가 사라집니다. 아나함이 되면 감각욕망거리를 좋아하는 감각욕망바람장애가 완전히 사라집니다. 아라한이 되면 색계존재나 무색계존재를 좋아하는 미세한 애착들도 모두 사라집니다. 그래서 '욕망바람 빚을져 먼저제거해'라고 표현한 것입니다. 이렇게 다섯 가지 제거해야 할 법 중 첫 번째를 앞서 자세하게 설명했습니다.

성냄이라는 병

이어서 다섯 가지 제거해야 할 법 중 두 번째는 분노장애byāpāda nīvaraṇa입니다. 여기서 '분노byāpāda'란 원하지 않는 대상과 만났을 때 화내고 성내는 성품입니다. 이 내용을 "성냄화냄 병걸려 제압제거해"라고 게송으로 표현했습니다. 성냄dosa은 질병과 같습니다. 병에 걸리면 빨리 낫도록 치료해야 합니다. 머리가 아프면 두통약을 먹어야 합

102 감각욕망바람장애는 더러움 표상에 거듭 마음 기울이면 일어나지 않거나 제거된다.(DA. ii.367) 그래서 먼저 〈원함; 바람〉 등으로 관찰하고, 그래도 안 되면 더러움에 잠시 마음 기울이고, 그래도 안 되면 "혀를 입천장에 대고 마음으로 마음을 항복시키고 제압해서 제거해야 한다"는 부처님의 가르침대로 실천해야 한다.(M20)

니다. 그러면 두통이 사라집니다. '오, 머리가 아픈 것이 좋구나'라면서 받아들이면 안 됩니다. 약이 있으면 즉시 약을 먹어서 병이 사라지도록 치료해야 합니다. 그와 마찬가지로 성냄이 생겨나면 빨리 사라지도록 관찰해서 제거해야 한다는 뜻입니다. 같이 독송합시다.

성냄화냄 병걸려 제압제거해

성냄은 왜 병과 같을까요? 병에 걸리면 식욕이 사라집니다. 특히 열병에 걸리면 식욕이 더 없어집니다. 말라리아에 걸리면 심하게 식욕을 잃어버립니다. 식욕을 잃어버린 사람은 어떠한 맛도 누리지 못합니다. 다른 이들에게는 매우 맛있는 음식도 그저 쓰게 느껴질 뿐입니다. 당밀이나 설탕은 매우 단 음식입니다. 하지만 그의 혀에는 씁니다. 당밀이나 설탕의 맛이 상한 것일까요? 아닙니다. 그의 혀가 기능을 상실한 것입니다. 그의 혀가 왜 기능을 상실했는가 하면 병에 걸렸기 때문입니다. 병에 걸리지 않았을 때는 혀로 맛을 잘 알았습니다. 병에 걸리자 혀가 제 기능을 잃어 아무리 좋은 맛이라 해도 느끼지 못하는 것입니다.

이와 마찬가지로 성냄이 생겨나면 아무리 좋은 말을 들어도 좋다고 생각하지 않습니다. 성냄이 없을 때에는 "어떻게 지내야 한다. 어떻게 앉아야 한다. 어떻게 말해야 한다. 어떠한 것을 행하면 안 된다" 등으로 부모나 스승, 친구나 주위 사람들이 훈계하고 알려주면 매우 고마워합니다. '이 사람들은 내가 잘되기를 바라며 번영을 가져다주려고 한다. 은혜가 매우 크다'라고 고마워합니다. 하지만 화가 났을 때 그러한 말을 들으면 더 이상 귀를 기울이지 않습니다. 평상시 말을 잘 듣는 사람일지라도 화가 났을 때는 화해시키려는 말도 받아들이지 않습니다. 중재하려는 사람조차도 상대방과 같은 편이라 생각해서 미워하기까지 합니다.

훈계도 적당한 이에게 적당할 때(한국마하시 우 소다나 사야도)

훈계도 적당한 이에게 적당할 때 해야 합니다. 그와 관련해서 『자따까』 일화 하나를 소개하겠습니다.(J376)

언젠가 보살은 많은 재산을 버리고 히말라야 산 속에 들어가 선인으로 지냈습니다. 선인이 탁발하는 모습을 보고 존경심이 생겨난 왕은 선인을 왕실 정원에 머물도록 청했습니다. 선인은 공양을 마친 뒤 네 가지 잘못따름agati을[103] 삼가고 새김과 인욕, 자애와 연민으로 나라를 다스리도록 법문한 뒤 항상 두 게송으로 축원했습니다.

대지의 주인이여, 화를 내지 마시오.
마차의 소유자여, 화를 내지 마시오.
성낸 이에게 다시 화를 내지 않는
그러한 왕이라야 국민에게 존경받습니다.

혹은 마을에서, 혹은 숲에서
낮은 곳에서나 높은 곳에서나
어디서나 나는 훈계하나니
마차의 주인이여, 절대로 화를 내지 마시오.

103 네 가지 잘못따름에 대해서는 마하시 사야도 법문, 비구 일창 담마간다 옮김, 『헤마와따숫따 법문』, pp.381~384 참조.

왕은 수행자의 훈계를 듣고 더욱 존경심이 솟아나 선인에게 매년 십만 냥의 세금을 걷을 수 있는 마을 전체를 포상했습니다. 그러나 선인은 포상을 받지 않았습니다.

어느 날 선인은 유행을 하다가 강을 건너게 됐습니다. 강을 건네주는 뱃사공의 이름은 아와리야 삐따Avāriya pitā였습니다. 이 뱃사공은 강 건너편에 도착해서야 뱃삯을 받았기 때문에 돈을 내지 않거나 적게 내는 사람과 다투는 일이 잦았습니다.

나루터에 도착한 선인은 뱃사공에게 배를 태워 달라고 청했습니다. 뱃사공은 뱃삯이 있는지 물었습니다. 선인은 "뱃삯은 있소"라고만 대답했습니다. 뱃사공이 어떻게 뱃삯을 줄 것인지 묻자 선인은 "재산과 이익을 늘게 하는 방법을 말해 주겠소"라고 대답했습니다. '재산을 늘게 한다'는 말에 얼마를 줄 것인지 제대로 확인하지 않고 뱃사공은 선인을 강 건너로 건네다 주었습니다.

건너편에 도착하자 뱃사공은 "선인이여, 뱃삯을 주십시오"라고 말했습니다. 그러자 보살은 "그러지요"라고 대답하고 재산을 늘게 하는 첫 번째 방편을 게송으로 말했습니다.

> 뱃사공이여, 반대편으로 건너기 전에
> 먼저 뱃삯을 청하시오.
> 실로 건너고 난 뒤의 마음과
> 건너려고 하는 마음이 서로 다르다오.

게송을 들은 뱃사공은 '돈을 주기 전에 먼저 충고하는 말일 것이다. 이제 돈을 주겠지'라고 생각했습니다.

하지만 선인은 "이 게송이 그대에게 주는, 재산을 늘게 하는 방법이오. 이제 이익과 법을 늘게 하는 방법을 알려주겠소"라면서 두 번째 게송을 읊었습니다.

> 혹은 마을에서, 혹은 숲에서
> 낮은 곳에서나 높은 곳에서나
> 어디서나 나는 훈계하나니
> 뱃사공이여, 절대로 화를 내지 마시오.

수행자는 이렇게 두 게송을 설한 다음에 "이것이 재산을 늘게 하는 방법과 이익을 늘게 하는 방법이오"라고 말하고 가만히 있었습니다. 뱃사공은 지혜가 없는 사람이라 그 훈계를 받아들일 생각을 전혀 하지 않았습니다. 그리고 다시 물었습니다.

"사문이시여, 이게 지금 뱃삯입니까?"

"맞소, 뱃사공이여."

"저는 게송은 필요 없으니 돈을 주시오."

"보시오. 이 게송을 제외하고 돈은 따로 없소이다."

"아무것도 없으면서 왜 내 배에 올라탄 것이오?"

이렇게 화를 내면서 뱃사공은 수행자를 강둑에 쓰러뜨리고 가슴 위에 올라타 얼굴을 주먹으로 내리쳤습니다. 똑같은 가르침을 주었는데 왕은 큰 마을을 포상하고 뱃사공은 얼굴을 내리친 것입니다.

뱃사공이 수행자를 때리고 있을 때 마침 뱃사공의 아내가 음식을 가져오고 있었습니다. 남편이 선인을 때리고 있는 모습을 본 뱃사공의 아내는 "여보, 이분은 왕이 모시는 스승입니다. 왕사입니다. 때리면 안 됩니다"라고 말렸습니다.

뱃사공은 그 말에 또 화를 내며 "당신이 이 사기꾼 사문을 때리지 못하게 하겠다고?"하면서 수행자를 때리다가 일어나서 아내까지 발로 차서 넘어뜨렸습니다. 그릇은 다 깨지고 밥도 다 흩어지고, 마침 임신한 상태였던 아내는 넘어지면서 유산까지 하게 됐습니다.

나루터에 있던 사람들이 "선인을 때리다니"라며 뱃사공을 둘러싸고 잡아서 묶은 다음 왕에게 데려갔습니다. 왕은 뱃사공과 선인 사이에 있었던 일을 조사한 뒤 형벌을 내렸습니다.

화를 내지 말라는 내용과 관련해서 다음의 '화내지마 게송'도 참고할 만 합니다.

> 화내지마 화내지마 지금에도 화내지마
> 나중에도 화내지마 언제라도 화내지마
> 화를내면 재산줄어 용모추해 지옥가고
> 화안내면 재산늘어 용모준수 천상가네

화가 나 있는 사람에게 말할 때는 매우 주의해야 합니다. 두 사람 사이에 다툼이 있을 때 화해시키려는 마음에 이런저런 말을 해도 잘 받아들이지 않습니다. 오히려 더욱 화를 냅니다. 화가 난 사람의 화를 누그러뜨리려고 하면 오히려 자신까지 공격당할 수도 있습니다. 왜냐하면 그는 지금 성냄이라는 병에 걸린 상태이기 때문입니다. 이익이 있는 것, 이익을 얻게 하는 것에 대해 일부러 해 주는 말은 매우 가치가 큽니다. 하지만 화가 난 사람에게는 제값을 하지 못합니다. 앞서 말했듯이 아무리 맛있는 음식도 말라리아에 걸려 혀가 제 기능을 못하는 이에게는 전혀 맛이 없는 것과 같습니다.

그래서 성냄이 생기면 병에 걸렸다고 알고 약으로 빨리 치료해야 합니다. 병을 치료하지 않으면 더욱 악화돼 죽을 수도 있습니다. 그와 마찬가지로 성냄이 심해지면 바로 현생에서도 좋지 않은 결과들이 많이 생깁니다.[104] 가끔씩 신문에서 사이좋은 형제자매나 매우 아끼고 사랑하던 사람들이 사소한 오해로 심하게 화가 나서 폭력을 휘두르다 살인까지 저질렀다는 기사, 그리고 살인을 저지른 이도 걷잡을 수 없이 슬퍼하고 후회했다는 기사를 볼 수 있습니다. 처음에는 사이좋고 사랑하는 사람들 사이에서도 성냄 때문에 끔찍한 일이 벌어질 수 있다는 것을 보여주는 예입니다.

104 ㊞화를 내는 것의 허물, 나쁜 과보는 다음과 같다. 용모가 추해진다. 쉽게 잠들지 못하고 잠을 자도 편안하지 못하다. 행운이 따르지 않는다. 부와 명성이 따르지 않는다. 친구가 없다. 화 때문에 나쁜 행위를 하면 죽어서 지옥에 태어난다.(A7:60) 『부처님을 만나다』, p.323 참조.

성냄 때문에 좋지 않은 결과가 생겨나다(저본의 보충)

몹시 화가 난 언니가 동생을 가위로 찔러 죽인 기사가 《함사와디 신문, 쉐만 특집》에 다음과 같이 실렸습니다.

언니가 동생을 찔러 죽이다

지난 1월 25일 밤 3시, 오른쪽 가슴을 가위에 찔려 죽은 여성의 시체 한 구가 만달레이 주, 빠떼인 경찰서에서 만달레이 국립병원으로 이송됐다.

• **성냄**　죽은 이는 만달레이 주, 빠떼인 시의 다핫또 마을 거주자인 우 에이의 딸 마 리라는 21살의 여성이었다. 가해자는 그 여성의 언니인 22살 마 찌였다. 언니가 화를 참지 못해 동생을 처참하게 죽인 것이다. 사건의 전말은 이렇다.

지난 1월 24일 저녁 7시 30분께, 마 리가 집에서 자기 일을 하고 있을 때 담배를 말고 있던 언니 마 찌가 마을의 동쪽 정사에서 열리고 있는 공연을 보러 가자고 제안했다. 그러나 동생은 언니의 제안을 거절했고, 함께 가고 싶었던 언니는 그런 동생을 심하게 꾸짖었다. 이에 동요한 동생이 언니에게 말대꾸를 하며 욕을 퍼붓자, 화를 참지 못한 언니는 담배를 말기 위해 손에 들고 있던 가위로 동생을 찔렀다. 언니가 휘두른 가위에 동생은 오른쪽 가슴이 찔린 채 쓰러졌다. 언니 마 찌는 즉시 동생을 끌어안고 슬퍼하며 응급처치를 했지만 동생 마 리는 결국 언니의 품 안에서 죽고 말았다.

• **체포** 다핫또 마을 사람들의 신고로 관련 부서인 뻬떼인 경찰서 소속 경찰들이 출동해 사건의 경위를 조사한 뒤 시체는 인근 만달레이 국립병원으로 이송하고, 형법 제302조에 근거해 마 찌를 체포 · 투옥했다.

언니 마 찌는 매우 사랑하는 동생 마 리를 성냄 때문에 자신의 손으로 죽였다는 죄책감에 매우 슬퍼하며 통곡을 멈추지 못했다.

《함사와디 신문, 1961년 1월 28일 기사에서》

성냄 때문에 양쪽 모두에게 불이익이 생겨난 것입니다. 성냄 때문에 폭력을 가해서 자신의 여동생이나 남동생을 죽인 경우도 있습니다. 그리고는 죄책감으로 비탄에 빠져 지냅니다. 본승은 신문에 이러한 기사들이 실리면 주의 깊게 봅니다. 이런 사건들은 모두 성냄이라는 병을 잘 다스리지 못해서 큰 고통을 겪는 경우입니다. 사랑하고 아끼는 사람을 괴롭히거나 심지어 죽게도 할 수 있고, 자신도 세간의 여러 법적 처벌을 받을 수 있습니다. 얼마나 슬프고 고통스러운지는 말할 필요조차 없습니다.

이처럼 성냄은 좋은 친구나 이웃들과 사이를 벌어지게 하고 법적 처벌을 받게 하는 등 현재 생에서도 나쁜 결과를 줍니다. 다음 생에서도 사악도에 떨어져 고통을 받는 나쁜 결과를 줍니다. 매우 두려운 일이 아닐 수 없습니다. 성냄 때문에 불이익이 생겨난 모습을 부처님 당시 일화 하나를 통해 보여드리겠습니다. 기억해 둘 만한 일화입니다.

웨데히까 일화

부처님께서 출현하시기 전 과거 사왓티에 웨데히까Vedehikā라는 여주인이 살았다고 합니다. 주위 사람들은 그 여주인을 "웨데히까 부인은 행실이 바르다. 마음이 좋다. 참사람의 마음이 있다. 말도 부드럽게 잘한다. 사람을 대할 때도 친근하게 잘 대한다. 진짜 좋은 사람이다"라고 칭송했습니다. 이집 저집 모두가 칭찬했습니다. 그 집에는 깔리Kāḷi라는 하녀가 있었습니다. 깔리는 이집 저집에서 "웨데히까 부인은 마음이 좋다. 잘 참는다. 친근하게 대한다"라고 안주인을 칭송하는 말만 들었습니다. 어느 날 그녀는 '우리 안주인이 진짜 마음이 좋을까? 그렇지 않으면 집안의 여러 일을 내가 잘 처리해서 편안하기 때문이 아닐까? 한번 시험해 봐야지'라고 생각하고는 안주인의 행동을 살펴보기 시작했습니다.

먼저 어느 날은 평소처럼 일찍 일어나야 할 시간에 일어나지 않고 잠자리에 그냥 누워 있었습니다.[105] 그때 날이 밝아 잠자리에서 일어난 웨데히까 부인이 평소와 다른 것을 알게 됐습니다. 평상시라면 세숫물 등 미리 준비돼 있어야 할 것들이 전혀 준비돼 있지 않았습니다. 부엌에도 요리할 준비가 전혀 돼 있지 않았습니다. 하지만 부인은 '이 애가 몸이 안 좋을지도 모르겠구나'라고 생각하고서 화를 내지는 않았습니다. 화나게 할 조건들이 아직 충분하지 않았던 것입니다. '몸이 안 좋아서 그랬겠지'라고 연민의 마음까지 생겨났습니다. 방금 말했던 성냄의 병이 아직 생겨나지 않아서 웨데히까 부인은 아직 그대로 좋은 마음, 깨끗한 마음 상태였습니다. 부인은 '몸이 안 좋은가?'라고 생각하고 깔

105 『맛지마 니까야』에는 "divā uṭṭhāsi 낮에 일어났다"라고 묘사됐다.(M.i.176)

리에게 가서 물었습니다.

"얘, 깔리야."

"왜 그러세요, 마님."

"너 아직 잠자리에서 안 일어났느냐?"

"예, 아직 안 일어났어요, 마님."

"왜 그러느냐, 어디 몸이라도 안 좋으냐?"

"아무렇지도 않아요. 그냥 계속 자고 싶어서 누워 있어요, 마님."

그러자 웨데히까 부인은 입으로는 아무 말도 하지 않았지만[106] 안색이 약간 변하고 눈살을 찌푸렸습니다. '왜 저러지? 평소에 하던 일들을 하지 않다니, 어떻게 된 걸까? 이 아이가 조금 변했구나'라고 마음이 약간 상했습니다. 깔리도 부인 근처에서 계속 졸린 것처럼 꾸미고 '우리 안주인이 어떠한가? 화를 내는가, 내지 않는가?'라고 자세하게 살펴보고 있었습니다. 깔리는 안주인의 안색이 어두워지고, 눈살이 찌푸려지는 것을 봤습니다. 성냄이라는 병이 시작된 것을 눈치챈 것입니다. 그래서 깔리는 '그래, 안주인도 화를 낼 줄 아는구나. 화를 낼 일이 없어서 화를 내지 않는 것뿐이구나. 하지만 아직은 확실하지 않다. 좀 더 시험해 봐야지'라고 생각하고 다음 날도 잠자리에서 일찍 일어나지 않고 그대로 누워 있었습니다.[107] 그러자 전날과 마찬가지로 부인이 와서 물었습니다.

106 『맛지마 니까야』에서는 "no vata re kiñci, pāpi dāsi, divā uṭṭhāsīti bhākuṭiṁ akāsi '뭐라고? 아무것도 아니라니. 못된 하녀 같으니. 낮이 다 돼서야 일어나다니'하며 눈살을 찌푸렸다"라고 묘사됐다.(M.i.176)

107 『맛지마 니까야』에는 앞서와 비슷하게 "divātaraṁyeva uṭṭhāsi 한낮이 다 돼서야 일어났다"라고 묘사됐다.(M.i.176)

"너 아직 잠자리에서 안 일어났느냐?"

"예, 아직 안 일어났어요, 마님."

"왜 안 일어났느냐?"

"아무 일도 아니에요, 마님."

"못된 하녀 같으니라고! 뭐, 아무 일도 아니라고?"[108]

결국 부인의 입에서 거친 말이 튀어나왔습니다. 마음속뿐만 아니라 입에까지 화가 도달한 것입니다. 거친 말도 사실 마음에서 화가 일어나 그 화에 따라 마음으로 행한 것입니다. 지금 사람들이 말을 하는 것은 모두 마음 때문입니다. 가고 오는 것, 움직이는 것도 모두 마음 때문입니다. 행하는 모든 것이 다 마음 때문입니다. 그러니 이 마음을 잘 다스려야 합니다. 마음을 다스리지 못해서 힘든 것입니다. 마음의 영향력은 매우 광범위합니다. 좋은 행위를 하는 것도 마음 때문이고 나쁜 행위를 하는 것도 마음 때문입니다. 보시와 지계, 수행을 하는 것도 마음 때문입니다. 그러니 마음을 능숙하게 다루는 것이 매우 중요합니다. 과학자들은 원자 등의 물질을 연구하고 있습니다. 그러한 원자 등의 물질을 능숙하게 다루어 대량살상 무기들을 만들어 사용하고 있습니다. 외부의 물질법들을 능숙하게 다루기 위해 연구하고 있는 것입니다. 하지만 내부의 마음이 더 중요합니다. 마음을 능숙하게 다루어야 합니다. 마음을 능숙하게 다루지 못하면 마음은 갖가지 고통을 가져옵니다. 웨데히까 부인도 성냄 마음이 부추겨서 거친 말이 튀어나오게 된 것입니다.

108 『맛지마 니까야』에는 "no vata re kiñci, pāpi dāsi, divātaraṁ uṭṭhāsīti kupitā anattamanā anattamanavācaṁ nicchāresi '뭐라고? 아무것도 아니라니. 못된 하녀 같으니. 한낮이 다 돼서야 일어나다니'하며 화나고 언짢은 마음으로 불쾌한 말을 내뱉었다"라고 묘사됐다.(M. i.176) 저본에는 "깔리, 너, 나에 대해서 알게 될 거야"라고 표현했다.

부인이 거친 말을 내뱉자 깔리는 '내가 생각한 대로구나. 맞구나. 마님도 화낼 줄 아는구나. 화낼 이유가 없어서 화내지 않은 것이구나'라고 생각했습니다. 하지만 '더욱 확실하게 알기 위해 다시 한번 더 시험해 봐야지'라고 생각하고 그다음 날도 늦게까지 잠자리에서 일어나지 않았습니다. 그러자 웨데히까 부인은 깔리에게 처음부터 화가 난 모습을 보였습니다. '얘가 확실히 전과 달라. 아주 나쁘게 변해 버렸어'라며 금방 화가 났습니다.

"너 아직 잠자리에서 안 일어났느냐?"

"예, 아직 안 일어났어요, 마님."

"왜 안 일어났느냐?"

"아무 일도 아니에요, 마님."

"세상에, 이 못된 하녀 같으니라고! 뭐, 아무 일도 아니라고?"[109]

부인은 몹시 화가 나서 빗장을 들어 깔리의 머리를 내리쳤고, 깔리의 머리가 깨졌습니다. 이것은 성냄이라는 마음이 말의 업뿐 아니라 몸의 업에까지 도달하게 된 것입니다. 웨데히까 부인이 몸의 업까지 범하자 깔리는 깨진 머리를 하고서 그간의 일을 이웃들에게 호소하고 다녔습니다.

"여러분, 저에게 일어난 일 좀 들어보세요, 집에서 부릴 사람이라고는 저밖에 없습니다. 저 혼자 모든 일을 다 합니다. 그런데 그런 저를 아끼기는커녕 잠자리에서 일찍 일어나지 않았다고 이렇게 심하게 때릴 수 있습니까? 여러분, 더 이상 부인을 칭찬하는 말은 하지 마세요. '웨

109 『맛지마 니까야』에는 앞과 마찬가지로 "no vata re kiñci, pāpi dāsi, divātaraṁ uṭṭhāsīti kupitā anattamanā anattamanavācaṁ nicchāresi '뭐라고? 아무것도 아니라니. 못된 하녀 같으니. 한낮이 다 돼서야 일어나다니'하며 화나고 언짢은 마음으로 불쾌한 말을 내뱉었다"라고 묘사됐다.(M.i.176) 저본에는 "깔리, 너, 나에 대해서 알게 될 거야"라고 표현했다.

데히까 부인은 좋은 사람이다. 거친 말은 전혀 하지 않는다. 부드럽게 대한다. 마음씨도 좋다. 성품이 아주 좋다'라고 모두 칭찬했지만, 자, 보세요. 그렇게 훌륭한 사람이 하나뿐인 하녀를 이 정도로 심하게 빗장으로 내려칠 수 있습니까? 제 머리가 다 깨졌습니다."

그러자 마을사람들이 "웨데히까 부인은 매우 거칠고 잔인하구나. 하나뿐인 하녀를 저토록 잔인하게 대하다니"라고 비난하기 시작했습니다. 그전에 칭찬하던 것보다 오히려 더 많이 비난했다고 합니다.(M21/M.i.176)

칭찬받기란 그리 쉽지 않습니다. 오히려 비난받는 것은 매우 쉽습니다. 칭찬받고 싶은 사람은 칭찬받을 만한 덕목을 갖추기 위해 열심히 노력해야 합니다. 몸의 행위나 말의 행위를 여러 측면에서 잘 보호해야만 칭찬할 만한 덕목 한두 가지가 생겨납니다. 또한 그렇게 생겨난 덕목들이 무너지지 않도록 보호하는 것도 매우 어렵습니다. 하루 이틀 바르게 지내는 것으로는 되지 않습니다. 다음 날도, 다음 달도, 다음 해도 계속해서 좋아야, 그렇게 평생 이어져야 어느 정도 구족됩니다. 어떤 사람들은 죽을 즈음에 평생 쌓아온 훌륭한 덕목들이 무너져 명성이 훼손되는 경우도 있습니다. 좋은 덕목을 계속 유지하는 것은 이처럼 쉽지 않습니다. 매우 어렵습니다. 반대로 덕목이 무너져 비난받는 것은 매우 쉽습니다. 전혀 어렵지 않습니다. 지금도 바로 덕목이 무너지게 할 수 있습니다. 누구든 할 수 있습니다. 그렇게 덕목이 무너지고 비난받는 것은 어디에서 비롯할까요? 성냄이란 나쁜 병에서 대부분 생겨납니다. 성냄이란 병에 걸리면 그 병 때문에 마음의 모습도, 말의 모습도 비정상적으로 변해 버립니다. 그때 비난받을 허물들이 생겨납니다. 그러니 성냄이란 병은 바로 치료해야 합니다. 제거해야 합니다. 그렇게 제거하는 것은 수행을 하고 있을 때나 그냥 지내고 있을 때, 언제나 유용합니다. 또한 어른에게나 아이에게도, 누구에게나 유용합니다.[110]

혼자서만 지낼 수 있는 사람은 거의 없습니다. 우리는 다른 많은 사람들과 서로 연결돼 있습니다. 가정에서라면 적어도 남편과 아내가 있습니다. 남편과 아내가 서로 화합하며 지내는 것이 매우 중요합니다. 여러 사람이 함께 지낼 때, 내 마음에 안 들든지 상대방 마음에 안 들든지, 화날 일들이 없을 수는 없습니다. 당연히 있기 마련입니다. 화날 일이 생기면 서로 화를 냅니다. 그렇게 자신에게 화가 일어나면 '병에 걸렸구나'라고 생각해야 합니다. 그리고 화가 난 마음을 빨리 관찰해서 제거해야 합니다. 제거하지 못하면 그 마음이 자꾸 커져서 나중에는 하지 않아야 할 말까지 내뱉게 될 것입니다. 그러면 서로 자애가 무너져서 함께 지내기에 편안하지 않습니다. 말에서 그치지 않고 몸으로 행동까지 이어지면 말할 것도 없습니다. 서로 사이가 갈라져서 많은 고통이 찾아올 것입니다. 이것이 세간의 측면에서 성냄으로 인해 좋지 않은 결과들이 생기는 모습입니다. 윤회의 측면에서도 불선업에 해당될 정도로 범하면 그러한 불선업의 나쁜 결과, 심한 고통을 겪어야 합니다. 따라서 수행을 하지 않은 사람들이라도 평소 생활과 관련된 여러 측면에서 편안하도록, 좋은 결과와 행복이 생겨나도록, 자신의 명예나 덕목이 무너지지 않도록, 갖춘 덕목은 더욱 향상되도록 성냄이란 병이 마음에

110 ㉻자애를 거듭 닦아 화가 일어나는 것을 미리 예방하는 것이 가장 좋다. 그래도 화가 생겨나면 먼저 관찰해서 제거해야 한다. 만약 관찰해도 제거되지 않으면 성냄의 허물과 인욕의 이익을 숙고하기, '사지를 자르더라도 화를 내면 부처님의 제자라 할 수 없다'라고 스스로 경책하기, 화가 나게 한 사람의 좋은 점을 떠올리기, '화를 내면 나 자신만 불태울 것이다'라고 스스로 훈계하기, 업만이 자신의 진정한 재산임을 숙고하기, 부처님의 바라밀을 떠올리기, 윤회를 숙고하기, 자애의 이익을 생각하기, 요소로 분석하기, 마지막에는 베풀기 등으로 화를 다스려야 한다. 『부처님을 만나다』, pp.321~329 참조.

들어오지 못하게 해야 합니다. 세상에서는 병든 사람을 꺼립니다. 환자의 근처에는 가까이 다가가려 하지 않습니다. 막역한 사이라도 가까이에 함께 있는 것을 부담스러워합니다. 전염성이 큰 병은 더합니다. 그런 병에 걸리면 가족이나 친척이라도 감히 근처에 가지 못합니다. 가까이 가고 싶어도 전염될까 봐 가지도 오지도 못합니다. 몹시 두려워합니다. 아무리 사랑하고 아끼는 사람일지라도 함께할 수 없습니다.

서로의 자애가 무너지게 하는 성냄

그와 마찬가지로 병과 같은 성냄이 생겨나면 서로 가깝게 지내던 사람들 사이에서도 자애가 무너집니다. 그래서 성냄이 생겨나면 즉시 관찰해서 제거해야 합니다. 세상에서 살아가는 데 모든 면에서 행복할 수 있도록 다른 것은 그만두고라도 성냄 하나만은 반드시 관찰해서 제거하기를 특별히 권합니다. 사람들이 보통 '싫어한다. 화난다'라고 할 때 누구를 대상으로 주로 화가 나는지 생각해 보십시오. 대부분 가장 가까운 사람들을 대상으로 생겨나지 않습니까? 이익을 가져다주는 이는 누구입니까? 가장 가까운 사람들이 이익을 가져다주지 않습니까? 힘든 상황이 생겼을 때 누구에게 기댑니까? 같이 지내는 사람에게 기댑니다. 그런데 화를 내는 것도 같이 지내는 사람, 가장 가깝게 지내는 사람에게 화를 냅니다. 다른 지방, 다른 나라에서 지내고 있는, 전혀 알지도 못하는 사람들에게 화를 내는 경우는 찾기 어렵습니다. 모르는 사람에게 어떻게 화를 내겠습니까? 전혀 화를 낼 일이 없습니다. 화를 낼 일이 없는 것처럼 그에게 이익을 가져다주지 못하고, 그도 나에게 이익을 가져다주지 못합니다. 서로 이익을 가져다주는 사람도 같이 지내는 사람, 가까운 사람입니다. 서로 싫어하고 다투는 사람도 같이 지내는 사람, 가까운 사람입니다.

한 마을에서 싸움이 났을 때는 이웃끼리 싸움이 일어난 것입니다. 대부분 가까운 집들 사이에서 일어납니다. 한 집 건너, 두 집 건너 싸움이 일어나는 것은 드뭅니다. 힘들 때 의지하는 사람도 가까운 사람이듯이 화를 내는 경우도 가까운 사람들끼리 화를 냅니다. 그렇게 화가 생기지 않도록, 서로 의지해서 자애가 무너지지 않고 항상 서로 돕고 살아갈 수 있도록 서둘러 성냄이라는 병을 치료해야 합니다. 이것만은 항상 명심해 두십시오. 마음에서 성냄이 생겨나면 마음에서 바로 사라지도록 관찰해서 제거해야 합니다. 말의 나쁜 행위나 몸의 나쁜 행위로까지 이어지지 않게 하십시오. 안색이 약간 변할 수는 있습니다. 안색이 약간 변했다면 그 정도에서 멈추도록, 더 심해지지 않도록 단속해야 합니다. 몸의 모습이 무너진 정도에서 그치지 않고 거친 말을 할 때도 있습니다. 그렇게 거친 말을 하게 됐어도 더 많은 거친 말을 하기 전에, 한 마디나 두 마디 이상 이어서 말하지 않도록 관찰해서 제거해야 합니다. 이것이 매우 중요합니다. 성자의 집에 해당하는 법들 중 다른 법들은 실천하지 못하더라도 성냄과 관련된 내용만은 꼭 실천하도록 특히 권합니다. 게송을 같이 독송합시다.

성냄화냄 병걸려 제압제거해

해태·혼침

다섯 가지 제거해야 할 법 중 세 번째는 해태·혼침입니다. 빠알리어 'thīna'는 나태함을, 'middha'는 노곤함을 말합니다. 그래서 'thīnamiddha'를 '해태·혼침'이라고 번역합니다. 쉽게 말하면 게으른 것을 뜻합니다. 무엇에 게으른 것일까요? 선법에 게으른 것입니다. 보시하는 데 게으른 것, 계를 지키는 데 게으른 것, 부처님께 예경 올리는 데 게으른 것, 법문을 듣는 데 게으른 것, 수행하는 데 게으른 것, 이러한 것들이 해태·혼침입니다. 일부 사람들은 게을러서 법문을 들으러 오지 않습니다. 도와 과를 원하기는 원합니다. 누가 물으면 원한다고는 대답합니다.[111] 하지만 "열반에 도달하게 하는 법을 수행하십시오"라고 하면 법문 듣는 것부터 게을러서 듣지 않습니다. 일부 사람들은 법문은 듣는데 수행하는 것에는 게으릅니다. 일부는 주위의 권유로 수행센터에 와서 수행은 합니다. 하지만 열심히 노력하지는 않습니다. 게을러서 하는 둥 마는 둥 하기 때문에 수행이 향상되지 않습니다. 이것은 해태·혼침이 선법을 실천하는 것을 방해하고 가로막는 모습입니다. 그래서 해태·혼침은 감옥살이를 하는 것과 같습니다.

범죄를 저지르면 경찰에 체포돼 철창에 갇히는 신세가 됩니다. 철창에 갇힌 사람들은 자유롭게 나다닐 수가 없습니다. 반면 철창에 갇히지 않은 사람들은 가고 싶은 곳은 어디든 갈 수 있습니다. 축제가 열리는 곳에 가서 흥취를 만끽할 수도 있습니다. 축제에 다녀와서는 감동적이었던 공연 등에 대해 서로 이야기를 나누기도 합니다. "음악이 어떠했다. 춤이 어떠했다"라는 등으로 말하면 같이 가서 즐겼던 사람이라면 금

111 ⓗ과거 미얀마에서 어느 큰스님 한 분이 기차를 타고 있었다. 마침 그 옆자리에 앉게 된 한 거사가 큰스님에 대한 존경심으로 바닥에 자리를 깔고 앉은 뒤 "법문을 설해 주십시오"라고 청했다.
"법문은 왜 들으려 합니까?"
"열반을 얻고 싶어서입니다."
"열반을 진짜 얻고 싶습니까?"
"진짜 얻고 싶습니다."
"저를 속이면 안 됩니다."
"속이지 않습니다. 진정으로 열반을 얻고 싶습니다."
"그렇다면 지금은 무슨 일로 기차를 타고 가는 것입니까?"
"사업 때문입니다."
"돈 때문에 이리저리 다니고 있는 사람이 진정으로 열반을 원한다고 말할 수 있습니까? 다음부터는 '열반을 진정으로 원하는 마음이 생겨나도록 법문해 주십시오'라고 청하십시오."

방 알아듣습니다. 즐거웠던 것을 말하면 함께 즐거워하고, 공연 중 슬펐던 장면을 말하면 같이 슬퍼합니다. 축제의 맛과 흥취를 다시 곱씹는 것입니다. '곱씹는다'는 것은 되새김질하는 것입니다. 소들은 낮에 풀을 뜯어 먹은 뒤 밤이 되면 낮에 뜯어 먹었던 풀을 게워서 다시 씹습니다. 이를 '되새김질한다'라고 말합니다. 그렇게 축제가 열린 곳에 가서 직접 본 이들은 축제에서 경험했던 것들, 좋았던 것들을 곱씹으며 다시 이야기합니다. 주거니 받거니 이야기하면서 함께 축제의 맛을 되새김질하는 것입니다. 하지만 철창에 갇힌 사람은 축제를 볼 기회가 없습니다. 축제에 직접 다녀온 사람들이 축제와 관련해서 이런저런 이야기를 해도 자신이 직접 경험한 것이 아니기 때문에 그 맛을 전혀 느끼지 못합니다.

그와 마찬가지로 해태·혼침에 휩싸인 사람은 법회가 열리는 곳에 오지 않습니다. 오지 않기 때문에 당연히 법문을 듣지도 못하고, 법문에 깃든 법의 맛을 느끼지도 못합니다.

법의 맛은 어떤 맛과도 같지 않다

누군가는 법문을 듣고 돌아가는 길에 자기가 이해한 것을 다른 이들에게 이야기할 것입니다. 그때 그와 함께 법문을 들은 사람들이라면 법의 맛이 다시 드러날 것입니다. 법문을 듣지 않은 사람들의 경우에는 상대방이 말하기 때문에 들을 뿐이지 법의 맛이 크게 드러나지는 않을 것입니다. 본승이 법문을 설하는 모습도 전혀 드러나지 않을 것입니다.

법의 맛은 게으르지 않고 열심히 노력하는 사람이라야 경험할 수 있습니다. 매우 큰 행복과 즐거움을 경험할 것입니다. 본승의 법문에 앞서 우 께뚜말라 비왐사가 매우 큰 행복과 기쁨을 직접 경험한 모습을 설했습니다. 그것은 스스로 경험한 것을 말한 것입니다. 진실로 열심히 노력하면 법의 맛을 자주, 깊이 경험할 것입니다. 어떤 이들은 법이 가져다주는 행복과 기쁨을 지나치게 강하게 경험해서 조금 억제가 필요한 경우도 있습니다. 행복과 기쁨에 젖어 있느라 수행이 정체될 수 있기 때문입니다. 행복해하면서 수행할 시간을 허비하지 않도록 적절한 억제가 필요합니다. 즐길 만한 법의 맛들은 많습니다. 이러한 법의 맛은 어떠한 맛들과도 같지 않습니다. 법의 맛은 매우 좋고 특별합니다.[112]

Sabbarasaṁ dhammaraso jināti. (Dhp.354)

대 역

Sabbarasaṁ모든 맛을 dhammaraso법의 맛이 jināti이긴다.

요즘 세상에는 먹고 마시기에 좋은 음식들이 많습니다. 음식 외에도 보아서 맛이 드러나는 것, 들어서 맛이 드러나는 것, 맡아서 맛이 드러나는 것, 닿아서 맛이 드러나는 것 등 여러 종류가 있습니다. 그러한 맛들 중 어떠한 맛도 법의 맛에 미치지 못합니다. 법의 맛이 제일 좋습니다. 한때 어떤 여성 수행자가 수행하다가 자신이 경험한 법의 맛에 관해 보고한 적이 있습니다. "법의 맛이 좋은 모습은 어떤 맛과도 같지 않습니다"라고 말했습니다. "저는 세상의 여러 맛과 즐거움은 대부분 경험해 보았습니다. 재산과 관련된 것이든 가정과 관련된 것이든 어떠한 것이든 즐길 만한 맛과 재미는 대부분 다 경험했습니다. 그러나 지금 경험한 법의 맛은 세상의 어떠한 맛들과도 같지 않습니다. 법의 맛은 얼마

112 ㉻벨랏타시사Belaṭṭhasīsa 장로는 과 증득의 행복이 너무나 좋아 탁발하는 시간까지 아깝게 생각했다. 그래서 탁발해서 받은 밥을 말려 며칠 동안 탁발을 나가지 않고 물에 불려 간단하게 먹으며 나머지 시간에 과의 증득을 즐겼다고 한다. 이것을 연유로 "저장한 것을 씹거나 먹으면 속죄해야 한다"는 계목이 제정됐다.(Dhp.92 일화)

나 좋은지 알 수 없을 정도로 좋습니다. 법의 맛은 매우 좋은 맛입니다" 라고 말했습니다. 여러분 중에도 그런 경험을 해 본 분들이 있을 것입니다. 스스로 노력해 본 사람이라면 잘 알 수 있을 것입니다. 그러한 법의 맛은 게으르지 않고 열심히 수행하는 사람들만 경험할 수 있습니다. 게을러서 수행하지 않는 이들이 어찌 경험할 수 있겠습니까? 법의 맛이 매우 좋다고 본승이 아무리 설하더라도 스스로 경험해 보지 않고서야 어떻게 알겠습니까? 예를 들면 어떤 사람이 아주 맛있는 빵을 먹고 나서 "와, 매우 맛있구나. 매우 맛있구나"라고 말하더라도 먹어 보지 않은 사람이 어찌 그 맛을 알겠습니까? 얼마나 좋은지도 알 수 없습니다. 그러나 먹어 본 사람이라면 누군가 "이 빵은 아주 맛이 좋습니다"라고 말했을 때 "맛있지요"라고 하면서 맞장구칠 것입니다. 스스로 먹어 보아서 그 맛을 알기 때문입니다. 이처럼 누군가 "빵이 맛있다"라고 할 때 '그렇지. 내게 맛있는 것처럼 저 사람에게도 맛있다는 것을 지금 말하고 있구나'라고 알 수 있습니다. 그와 마찬가지입니다. 수행을 실천해서 직접 경험해 본 이라면 지금 말하고 있는 법의 맛을 이해하고 알 수 있습니다.

해태·혼침에 빠지고 게을러서 수행을 하지 않는 이들이나 법문을 듣지 않는 이들은 법의 맛을 스스로 알 수 없습니다. 법의 맛을 알지 못하기 때문에 법의 맛에서 단계단계 향상해서 얻을 수 있는 도의 행복, 과의 행복, 열반의 행복도 얻지 못합니다. 부처님의 가르침과 만났음에도 불구하고 그 기회에 얻어야 하고 얻을 수 있는, 제일 가치가 큰 법의 유산을 놓쳐버리는 것입니다.[113] 그러므로 해태·혼침은 감옥살이와 같습

113 ㉻비유하자면 하루 일해서 하루 먹고 살 수 있는 일, 일주일 일해서 한 달 먹고 살 수 있는 일, 한 달 일해서 평생 먹고 살 수 있는 일이 있다면 세 번째 일을 하는 것이 바람직하다. 마찬가지로 두세 달 수행해서 악처에서 완전히 벗어나서 열반의 행복을 누릴 수 있다면 당연히 수행을 해야 한다. 그것은 바로 위빳사나 수행이다. 부처님의 가르침이 있을 때만 위빳사나 수행을 할 수 있다.

니다.[114] 감옥에 갇히면 그곳에서 벗어나려고 애씁니다. 그와 마찬가지로 해태·혼침이라는 감옥에 갇히지 않도록, 감옥에서 벗어나도록 수행해야 합니다. 해태·혼침이 생겨나게 되면 관찰해서 제거해야 합니다. 이것은 수행하고 있을 때 사용하는 방법입니다. 수행하지 않고 지낼 때는 이 정도로 유용하지는 않습니다. 그냥 지낼 때는 관찰해서 제거하는 것이 이 정도로 중요하지는 않습니다. 수행하고 있는 동안에 나른함이나 게으름 등이 생겨나면 그 해태·혼침을 관찰해서 제거합니다. 게송을 같이 독송합시다.

해태혼침 옥갇혀 관찰제거해

해태·혼침을 제거하는 방법

「빠짤라숫따Pacalāsutta(졸고 있음 경)」의 방법

수행할 때 졸림을 관찰해도 제거되지 않으면 부처님께서 마하목갈라나 존자에게 설하신 일곱 가지 방법을 적용해야 합니다.(A7:58)

① 대상을 바꿔야 합니다. 배의 부풂과 꺼짐을 〈부풂, 꺼짐〉으로 관찰하다가 졸리면 앉아 있는 몸과 몸이 바닥에 닿는 부분까지 대상으로 〈부풂, 꺼짐, 앉음〉, 〈부풂, 꺼짐, 닿음〉 등으로 관찰대상을 늘리거나 〈앉음, 닿음〉으로 바꿔야 합니다.

114 ㊞졸면서 고개를 아래로 끄덕이는 것은 지옥에 내 자리가 있는지 없는지 미리 살피는 행위와 같다. 수다원이 돼야 지옥의 자리가 완전히 없어진다. 지옥의 문이 완전히 닫힌다. 그전까지는 언제든지 지옥에 떨어질 수 있다. 수행을 게을리하는 범부에게 지옥의 자리는 절대로 없어지지 않는다. 활짝 열려 있다.

②이전에 들었던 법의 의미를 숙고해야 합니다. '네 가지 진리가 무엇인가?', '관찰할 때마다 팔정도가 포함된다는 것은 무슨 의미인가?'라는 등으로 숙고해야 합니다.

③혼자 수행하는 경우라면 이전에 외웠던 게송을 소리 내어 독송해 보는 것도 좋습니다.

④두 귓불을 잡아당기고 손으로 사지를 문질러 봅니다.

⑤물로 눈을 씻고 사방을 둘러봅니다.

⑥광명상에 마음을 기울여야 합니다. 앞에 보이는 불상이나 전등불을 대상으로 〈밝음, 밝음〉 등으로 관찰해도 됩니다.

⑦그래도 졸림이 제거되지 않으면 일어나서 경행을 해야 합니다.

경행을 해도 졸림이 제거되지 않으면 '언제 일어나리라'라고 결의하고 오른쪽으로 누워 잠깐 잠을 잔 뒤에 다시 수행을 지속해야 합니다. 이 일곱 가지 방법을 정리한 마하시 사야도의 게송은 다음과 같습니다.

주제바꿔 법숙고 독송귀당겨
세수하고 광명상 경행을하라
혼침제거 일곱법 부처님설법

주석서의 방법

혹은 『상윳따 니까야 주석서』 등에 소개된 해태·혼침을 제거하는 여섯 가지 방법을 적용해도 됩니다.(SA.iii.289) 이 중 어느 한 가지 방법을 실천하면 해태·혼침을 제거할 수 있습니다.

① 음식의 양을 줄이는 것(네다섯 숟가락을 남겨두고 물을 마시는 것)
② 자세를 바꾸는 것
③ 빛에 마음을 기울이는 것
④ 탁 트인 곳에서 지내는 것(방 안에서 지내지 않는 것)
⑤ 해태·혼침이 적은 도반과 지내는 것
⑥ 정진을 독려하는 두타행 등과 관련된 말만 하는 것

해태·혼침을 제압하며 수행한 밀락카 존자

스리랑카 로하나Rohaṇa 지역 가멘다왈라Gāmeṇḍavāla 정사에 쭐라삔다빠띠까띳사Cūḷapiṇḍapātikatissa라는 장로가 머물고 있었습니다. 장로가 탁발을 나가는 마을에는 밀락카Milakkha라는 사냥꾼이 가족을 부양하기 위해 매일 숲에서 올가미나 덫으로 짐승들을 잡으며 살고 있었습니다. 가끔씩은 잡아온 짐승들을 구워 먹기도 했습니다.

어느 날 사냥꾼은 평소처럼 고기를 구워 먹은 뒤에 목이 말라 가멘다왈라 정사에 들어갔다가 정사 안의 물 항아리 열 개가 모두 비어 있는 것을 보았습니다.

"게으른 스님들 같으니. 물도 길어놓지 않다니."

사냥꾼은 큰소리로 스님들을 비난했습니다. 그 소리를 듣고 장로가 나와서 물 항아리를 살펴보았습니다. 하지만 열 개의 물 항아리 모두 물이 가득 차 있었습니다. 이것을 본 장로는 '음, 저 사냥꾼은 사람인 채로 아귀가 됐군'이라고 생각했습니다.

장로가 손으로 받쳐 직접 물을 국자로 떠서 사냥꾼에게 주었지만 마치 벌겋게 달아오른 불 항아리 속으로 물방울을 떨어뜨리는 것처럼 물은 즉시 말라버렸습니다. 불선업의 과보가 현생에 직접 나타나고 있는 것이었습니다.

"거사님, 그대의 불선업은 매우 두려워할 만하오. 바로 지금 그대는 아귀가 되어 있소. 윤회의 두려움을 잘 숙고해 보시오"라고 장로가 말했습니다.

사냥꾼 밀락카는 장로의 말을 듣고는 질겁하여 사냥도구를 모두 버리고 정사로 돌아와 출가를 청했습니다. 밀락카 존자는 출가해서 크고 작은 소임을 열심히 행했습니다. 불교 문헌도 배우고 익혔습니다. 하지만 수행을 할 때는 사냥꾼이었을 때 사슴이나 돼지 등을 죽였던 모습과 표상이 떠올라 온몸 전체가 뜨겁게 달아올랐습니다. 앉아서는 견딜 수 없었습니다. 결국 밀락카 존자는 '출가자의 생으로 지내는 것이 아무런 이익이 없다'라고 생각하고는 은사 스님에게 가서 속퇴하기를 청했습니다. 이에 장로는 "그대가 속퇴하면 바로 무간지옥에 떨어질 걸세"라며 젖은 나무토막을 쌓게 한 뒤 신통으로 무간지옥에서 반딧불 정도의 작은 불씨를 가져와 그곳에 던졌습니다. 불이 떨어지자마자 젖은 나무토막 무더기 전체가 휙 하고 재가 돼 버렸습니다.

경각심이 생겨난 밀락카 존자는 열심히 위빳사나 수행을 실천했습니다. 특히 해태·혼침을 제압하기 위해 짚으로 똬리를 만들어 물에 적신 후 머리 위에 올려두고 수행했습니다. 다리도 물에 담그고 앉았습니다. 가끔은 물이 한 방울씩 떨어지는 물 항아리를 허벅지 위에 올려놓고 수행하기도 했습니다.

그렇게 열심히 수행하다가 어느 날, 「아루나와띠숫따Aruṇavatīsutta(아루나와띠 경)」(A6:14)를 듣고[115] 네 가지 분석지와 함께 아라한이 됐습니다. 밀락카 존자는 완전열반에 들기 전 아래의 게송을 읊었습니다.(AA.i.28)[116]

Allaṁ palālapuñjāhaṁ,
Sīsenādāya caṅkamiṁ;
Pattosmi tatiyaṁ ṭhānaṁ,
Ettha me natthi saṁsayo. (SA.ii.253)

해 석

나는 축축한 짚으로 엮은 똬리를
머리에 이고서 경행을 했다네.
세 번째 단계에 도달했나니
나에게 이에 대해 의심이 없다네.

115 『상윳따 니까야 주석서』에는 『담마빠다』 24번 게송을 설했다고 설명돼 있다.(SA.ii.253)

116 『상윳따 니까야 주석서』에는 "다섯 가지 아랫부분 족쇄를 끊고 아나함과에 확립했다"라고 설명됐다. 아래 게송의 '세 번째 단계'라는 표현과 일치한다.(SA.ii.253)

들뜸·후회

다섯 가지 제거해야 할 법 중 네 번째는 들뜸·후회입니다. 들뜸uddhacca이란 마음이 여기저기로 달아나는 성품입니다.[117] 본승이 법문하기 전에 우 께뚜말라 비왐사가 부처님 당시에 한 젊은 비구가 장로에게 부채질을 해 드리다가 이런저런 망상을 한 일화를 소개했습니다. 그 젊은 비구는 망상 속에서 속퇴한 뒤 닭과 염소를 키우다가 결혼을 했고 나중에는 부인을 때린다는 것이 그만 실제로 장로를 때려서 자신의 망상이 지나쳤음을 알게 됐다는 일화입니다. 그러한 성품을 들뜸이라고 합니다.

망상하는 비구의 일화

부처님 당시 한 비구는 속가 삼촌인 장로에게 가사를 보시하려 했지만 장로는 받지 않았습니다. 마음이 상한 채 지내던 어느 날, 그 비구는 날이 몹시 더워 삼촌 장로에게 부채질을 해 드리고 있었습니다. 그렇게 부채질을 하면서 비구는 이런 망상에 빠지기 시작했습니다.

117 ㉻수행센터 경내 정도로 마음이 달아나는 것을 들뜸uddhacca이라고 하고 집이나 회사 등으로 멀리 달아나는 것을 산란vikkhepa이라고 한다. 마음이 달아나는 것은 이전에 형색을 보거나 소리를 들을 때 등에 관찰하지 못해 그 대상에 번뇌가 잠재해 있다가, 수행할 때 조건이 형성되면 드러나는 것이다. 혹은 아직 일어나지 않은 미래를 기대하며 달아나기도 한다. 이럴 때는 즉시 〈생각함; 망상함; 계획함〉 등으로 관찰해서 제거해야 한다. 구체적인 망상이면, 예를 들어 망상 속에서 친구를 봤다면 〈본다, 본다〉, 대화한다면 〈대화한다〉 등으로 관찰해야 한다. 배의 부풂과 꺼짐이 저절로 드러나는 것이 망상이 제거됐다는 신호이다. 그러면 다시 원래 관찰대상인 부풂과 꺼짐을 계속 관찰해 나가야 한다.

'속퇴해서 결혼해야지. 그러면 아이가 태어날 것이다. 그러면 수레를 타고 삼촌 스님에게 인사하러 갈 것이다. 그런데 아내가 아이를 안고 있다가 수레에서 떨어뜨릴 것이다.'

망상은 계속 이어졌습니다. 아이를 수레에서 떨어뜨리자 "이런 부주의한 여인 같으니"라며 아내를 몰이막대로 내리쳤습니다. 망상 속에서 내리친 것입니다. 마침 비구는 부채질을 하고 있던 중이어서 삼촌 장로의 이마를 부채로 탁 내리쳤습니다. 그제야 망상도 끝났습니다. 조카 비구는 삼촌 장로에게 용서를 구했습니다. 그 젊은 비구는 훗날 부처님의 훈계를 듣고 수행해서 아라한이 됐습니다. 부처님께서 그 비구에게 설하신 게송은 다음과 같습니다.

Dūraṅgamaṁ ekacaraṁ,
Asarīraṁ guhāsayaṁ;
Ye cittaṁ saṁyamessanti,
Mokkhanti te mārabandhanā. (Dhp.37)

해 석

멀리 달아나고, 혼자 다니고
형체도 없이 굴속에 사는
그 마음을 잘 단속하는 이는
마라의 속박에서 벗어나리라.

대 역

Dūraṅgamaṁ먼 대상 쪽으로도 가고, ekacaraṁ하나씩

만 생기고, asarīraṁ형체, 모양이 없고, guhāsayaṁ심장 물질, 몸이라는 동굴에 의지해서 사는 cittaṁ대상을 아는 그 마음을 ye출가자든 재가자든 어떤 이가, 어떤 수행자가 saṁyamessanti잘 다스린다면 te그 마음을 잘 단속하는 수행자는 mārabandhanā마라의 속박으로부터; 삼계의 윤전 고통이라는 번뇌의 족쇄, 마라의 족쇄에서 mokkhanti 벗어날 것이다.

후회kukkucca란 이전에 행한 잘못된 행동이나 말을 돌이켜 걱정하는 성품입니다. '잘못 말했구나. 잘못 행했구나. 내가 잘못했구나'라면서 걱정하는 것을 '후회'라고 말합니다.[118] 이러한 들뜸과 후회가 생겨나면 즉시 관찰해서 제거해야 합니다.

들뜸·후회는 노예가 되는 것과 같습니다. 다른 사람의 노예가 되면 자유가 전혀 없습니다. 노예제도가 있었던 과거에는 한두 푼의 빚을 갚지 못해도 노예가 되는 경우가 흔했습니다. 일단 노예가 되면 주인의 말을 무조건 따라야 합니다. 주인이 시키는 일을 하고, 주인이 지정한 곳에서 지내고, 주인이 주는 것을 먹어야 합니다. 그것뿐입니다. 자기 재산이라고는 전혀 없습니다. 가고 싶은 곳도 가지 못하고 먹고 싶은 것도 먹지 못합니다. 하고 싶은 것도 하지 못합니다. 노예와 관련된 모든 것은 주인이 소유합니다. 사정이 좋지 않아 주인이 때리기라도 하

118 ㉻후회에는 악행을 행한 것을 걱정하는 것과 선행을 하지 못한 것을 아쉬워하는 것, 두 가지가 있다.

면 죽을 수도 있습니다. 그렇다고 고소할 수도 없습니다. 지금 시대로 치자면 소처럼 취급받았습니다. 주인이 소를 때려서 죽게 하더라도 어느 누구도 고발하지 않습니다. 그와 마찬가지로 노예제도가 있던 시기에는 제일 낮은 계층 사람들을 노예로 만들어 주인들이 물건처럼 소유했습니다. 요즘에도 일부 국가에서는 통치자들이 주인처럼 행세하면서 국민들을 노예처럼 취급한다는 소식을 들은 적이 있습니다. 만약 그것이 사실이라면 매우 두려워할 만한 일입니다. 지금 말하고 있는 노예제도는 과거의 제도를 말합니다. 과거에는 노예에게 어떠한 기회도 없었다고 합니다. 그와 마찬가지로 마음이 산란하거나 후회하고 있으면[119] 법들이 전혀 향상되지 못합니다. 법의 맛을 전혀 누리지 못합니다. 좋은 기회를 전부 놓쳐버리는 것입니다.[120] 그래서 "들뜸후회 노예돼 빨리제거해'라고 게송으로 표현했습니다. 게송을 같이 독송합시다.

들뜸후회 노예돼 빨리제거해

의심

다섯 가지 제거할 법 중 마지막은 의심vicikicchā입니다. 'vicikicchā'를 '의심'이라고 해석하지만 세상일과 관련된 의심을 뜻하는 것이 아닙니다. 예를 들어 '이 길로 가면 내가 가고 싶은 곳에 갈 수 있는가, 갈

119 ㉻후회와 관련된 대표적인 예로 '두사나소' 일화가 있다. 삿된 음행을 저지른 이들이 그 과보로 화탕지옥에 떨어져서 아래로 3만 년 동안 내려간 뒤 다시 위로 3만 년 동안 올라와서 자신들의 행위를 후회하면서 '두', '사', '나', '소'라고 빠알리어로 한 마디씩 외쳤다고 한다.(Dhp.60 일화) 우 소다나 사야도 법문, 비구 일창 담마간다 옮김, 『통나무 비유경』, pp.85~91 참조.

120 ㉻데와닷따의 전생인 세리와Seriva 목걸이 장수는 욕심이 지나쳐서 매우 가치 있는 황금 그릇을 놓쳐버리고 크게 후회하다가 결국 죽어버렸다.(J3) 이 일화를 통해 부처님의 가르침을 만났을 때 수행하지 않는 이는 오랫동안 사악도의 고통을 당하면서 후회할 것이라고 경각심을 일으켜야 한다. 『부처님을 만나다』, pp.424~427 참조.

수 없는가? 그 사람 이름이 무엇인가?'라는 등으로 세상일과 관련해서 의심하는 것은 도와 과를 방해하는 장애로서의 의심이 아닙니다. 진짜 부처님과 가르침, 승가에 관련해서 의심하는 것이 장애로서의 의심입니다. '고따마 부처님은 진짜 부처님이 맞을까 아닐까?'라는 등으로 의심하는 것이 여기서 말하는 의심입니다.[121]

의심은 갈림길에 도달한 것과 같습니다. 한 상인이 있다고 합시다. 이 상인이 물건을 사기 위해 돈주머니를 가지고 물건을 파는 곳으로 갑니다. 이 소식을 들은 도적들이 무기를 들고 상인의 뒤를 쫓아갑니다. 인적이 없는 곳이나 경찰들이 지키지 않는 숲속 등에서 약탈하려고 뒤를 따라가는 것입니다. 도적이 뒤따른다는 사실을 알면 앞서가는 상인은 매우 두려울 것입니다. 그래서 상인은 더 속력을 낼 것이고, 도망치기까지 할 것입니다. 그렇게 서둘러 도망치다가 갈림길을 만났습니다. 하지만 그 길은 이전에 한 번도 가보지 않은 길이었습니다. 도망치던 중에 이 사람이 말해 주고 저 사람이 말해 줘서 지금 처음 가게 된 길이라 갈림길을 만났을 때 '어느 쪽 길로 가야 할까? 왼쪽 길이 맞을까, 오른쪽 길이 맞을까? 왼쪽 길이 안전할까, 오른쪽 길이 안전할까? 어느 쪽 길로 가야 빨리 도착할까?' 고민하며 우물쭈물하고 있었습니다. 그렇게 의심하며 시간을 허비하지 말고 바로 어느 길이든 한 길을 선택해서 갔다면 뒤따르던 도적들이 따라잡지 못했을 것입니다. 하지만 망설이는 사이에 도적들에게 붙잡혀서 상인은 돈도 빼앗기고 목숨도 잃고 말았습니다. 아무런 이익도 얻지 못한 채 괴로움만 겪은 것입니다.

---

121 ㉺『담마상가니』에서는 여덟 가지 의심을 설하셨다. 부처님, 가르침, 승가, 수련, 앞부분, 뒷부분, 앞부분과 뒷부분, 연기라는 여덟 가지다.(Dhs.208)『맛지마 니까야』에서는 앞부분 등에 대해서 16가지로 자세하게 설하셨다.(M.i.10)

이 비유처럼 수행자가 수행하는 것은 전혀 가보지 않은 길을 가는 것과 같습니다. 생각해 보십시오. 수행 중인 수행자가 이전에 열반을 어떻게 경험해 보았겠습니까? 부처님께서는 열반을 "agataṁ disaṁ"이라고 설해 놓으셨습니다.(Dhp.323) "한 번도 가보지 않은 곳"이라는 뜻입니다. 하지만 윤회하면서 열반을 제외하고 가 보지 않은 곳은 없습니다. 기억하지 못해서 처음 가본 곳처럼 생각할 뿐 사실은 예전에 가보았던 장소들입니다. 어떤 곳이든 다 가보았다고 말할 수 있습니다. 인간 세상에 있는 여러 나라만이 아닙니다. 정거천 다섯 곳을 제외하고 천상 세상이나 범천 세상에서도[122] 가보지 않은 곳은 전혀 없습니다. 모두 다 가본 적이 있는 장소들입니다. 열반만 한 번도 가보지 않은, 도달해 보지 않은 곳입니다. 지금에서야 열반을 향해 가고 있습니다. 지금 가고 있는 중이기 때문에 그 길은 이미 알고 있는 길이 아닙니다.

부처님께서 열반으로 가는 길을 설해 놓으셨고, 그 길을 따라 먼저 가보았던 스승들의 가르침을 의지해서 수행하고 있는 것입니다. 본승은 새김확립방법으로 수행을 지도하고 있습니다. 여섯 문에서 물질과 정신이 분명하게 생겨날 때마다 그것을 새김을 통해 관찰해야 한다고 지도합니다. 그리고 처음부터 분명하게 드러나는 것을 모두 관찰할 수 없기 때문에 조금씩 관찰하도록 가르칩니다. 관찰하기에 제일 쉬운 방법이라고 생각해서, 또한 수행에 입문하는 모든 수행자의 수행법이 일치되게 하기 위해서, 본승은 배의 움직임이라는 물질부터 관찰하도록 지도하고 있습니다.

다른 대상부터 관찰할 수도 있습니다. 여섯 문에서 분명하게 드러난

122 31 탄생지는 본서 부록 p.308 참조.

다면 어느 것이든 관찰할 수 있고, 관찰해도 좋습니다. 어느 것을 관찰하더라도 같습니다. 다르지 않습니다. 관찰할 수 있고 알 수 있으면 어느 것이든 좋습니다. 눈에서 보이는 것부터 관찰할 수도 있습니다. 귀에서 들리는 것부터 관찰할 수도 있습니다. 코에서 맡아지는 것부터 관찰할 수도 있습니다. 혀에서 맛보아지는 것부터 관찰할 수도 있습니다. 몸에 닿는 것이라면 어떠한 부분이든 관찰할 수 있습니다. 머리든 다리든 몸통이든 감촉이라면 몸 어느 곳에서든 관찰할 수 있습니다. 생각하고 계획하고 숙고하는 것부터 관찰할 수도 있습니다. 다섯 무더기라면 어느 것을 관찰하든 틀린 것이 아닙니다. 모두 올바른 관찰입니다. 관찰해야 할 법들일 뿐입니다.

하지만 본승은 배가 부풀고 꺼지면서 생기는 팽팽함과 홀쭉함, 움직이고 있는 물질, 몸 무더기를 먼저 관찰하도록 가르칩니다. 배가 부풀어 오는 것은 무엇입니까? 팽팽하고 움직이는 바람 요소입니다. 배가 꺼져 가는 것은 무엇입니까? 홀쭉하고 움직이는 바람 요소입니다. 바람 요소란 네 가지 근본물질mahābhūtāni, 즉 사대四大 중 하나입니다. 위빳사나 수행을 할 때 사마타라는 바탕이 없는 수행자라면 사대 요소 중 어느 하나를 대상으로 관찰을 시작해야 한다고 주석서에 설명돼 있습니다.(Vis.ii.222)[123] 그리고 사마타라는 바탕이 있는 수행자라면 선정 마음 등 정신법부터 관찰할 수도 있다고 설명했습니다. 하지만 본승이 지도하는 방법은 사마타라는 바탕이 없이 위빳사나만으로 관찰하는 길입니다. 주석서 등에서 설명한 대로 사대 요소부터 관찰해야 합니다. 사대 요소 중에서도 땅 요소란 딱딱하고 거친 성품입니다. 지금 손으로

123 대림스님 옮김, 『청정도론』 제3권, pp.176~177 참조.

아무 물질이나 만져 보십시오. 딱딱하거나 거칠거나 무르거나 매끄러운 것을 느낄 수 있습니다. 그 땅 요소부터 관찰할 수도 있습니다. 불 요소란 뜨겁고 차갑고 따뜻한 성품입니다. 그 불 요소부터 관찰할 수도 있습니다. 분명하기만 하다면 무엇이든 관찰할 수 있습니다.

분명하고 쉬운 것부터 관찰하라

『위숫디막가 마하띠까』에 다음과 같이 설명돼 있습니다.

Yathāpākaṭaṁ vipassanābhiniveso hoti. (Pm.ii.391)

대역

Vipassanābhiniveso위빳사나 천착은; 위빳사나를 처음 마음 기울이는 것은; 노력하는 것은 yathāpākaṭaṁ hoti분명한 법들의 차례대로이다.

위빳사나 수행자는 분명한 것을 대상으로 관찰을 시작해야 한다는 뜻입니다. 분명한 것, 쉬운 것을 대상으로 관찰을 시작해야 한다는 말입니다. 분명하지 않은 대상이나 관찰하기 어려운 대상부터 관찰하면 안 된다는 뜻입니다. 그래야 빠르게 지혜가 향상됩니다. 이것은 경전을 배우는 것과 같습니다. 경전을 배울 때는 쉬운 내용부터 배워야 합니다. 처음부터 제일 어려운 내용을 배우면 어떻게 되겠습니까? 이제 갓 강원에 들어왔는데 제일 어려운 『빳타나Paṭṭhāna·發趣論』부터[124] 배운다면 잘 배울 수 없을 것입니다. 세간 학문의 측면에서도 아주 어려운 내

124 『빳타나』란 아비담마 일곱 권 중 마지막으로 법들의 조건관계를 설명한 방대한 문헌이다.

용부터 배운다면 어린 학생들이 잘 배울 수 없을 것입니다. 제일 쉬운 것부터 배워야 합니다. 그와 마찬가지로 수행자들도 제일 쉬운 것부터 관찰해야 합니다. 부처님께서도 제일 쉬운 것들을 먼저 설해 놓으셨습니다. 첫째 날 법문에서 예를 들어 설명했듯이 네 가지 자세를 관찰하라고 설하셨습니다.

갈 때는 간다고 관찰하라

Gacchanto vā gacchāmīti pajānāti. (D.ii.232)

대 역

Gacchanto vā갈 때도 gacchāmīti'간다'라고 pajānāti안다.

"갈 때는 '간다'라고 알아야 한다"는 뜻입니다. 그뿐입니다. 갈 때는 '간다'라고 알아야 한다는 것이 어렵습니까? 전혀 어렵지 않습니다. 어렵지 않기 때문에 어떤 사람들은 그것을 '수행이 아니다'라고 생각하기도 합니다. 부처님께서 설하셨기에 받아들이지 만약 부처님께서 설하지 않으셨다면 모두 거부했을지도 모릅니다. 부처님께서 설하셨어도 "이러한 것이 아니다. 저러한 것이 아니다"라고 따집니다. 마치 'ၡ(낭에)'라는 미얀마어 글자에 꼬리를 그려 넣는 편집자와 같습니다. 고칠 곳이 없어 "'ၡ(낭에)'의 꼬리가 조금 짧다"라고 하면서 꼬리를 길게 그리며 고치는 것과 마찬가지입니다.[125] "'gacchanto vā 갈 때는; 가면'이라는 내용에서 가는 것을 '간다'라고 관찰하면 다리와 몸이 어색하고 이상하게 될 것이다. 그것들은 빤냣띠 개념일 뿐이다. 빠라맛타 절대 성

125 사족이라고 이해하면 된다.

품이 아니다"라고[126] 따지면서 고치려고 합니다. 그것은 "ㅎ(낭에)'에 꼬리를 더 다는 것과 같습니다. 그 내용은 부처님께서 설해 놓으신 것이어서 고칠 필요가 없습니다. 만약 절대 성품인 물질·정신 법들을 마음으로 숙고해서 관찰해야 한다면 부처님께서는 "gacchanto vā nāmarūpanti pajānāti. gacchanto vā갈 때는 nāmarūpanti물질과 정신이라고 pajānāti안다"라고 바꿔서 설하셨을 것입니다.

하지만 부처님께서는 「마하사띠빳타나숫따」에서 그렇게 바꿔서 설하지 않으셨습니다. 앞에서 언급했듯이 "gacchanto vā갈 때도 gacchāmīti간다고 pajānāti안다"라고 설하셨습니다. 이 내용은 첫째 날 법문에서도 설명했습니다.

레디 사야도께서도 『아낫따 디빠니Anatta dīpanī(무아 해설서)』라는 책에서 다음과 같이 설명해 놓으셨습니다.[127]

> "감이라는 몸의 자세에서 발걸음마다 계속해서 '나는 간다. 나는 간다'라고 발에만 머무는 마음을 생겨나게 하면서 가야 한다.[128] 한 발걸음도 새김 없이 무심코 내디뎌서는 안 된다."

여기서 '나는 간다. 나는 간다'라고 설명하신 것은 'gacchāmi'라는 빠알리어를 그대로 직역한 것입니다. 지혜로 꾸며서 첨가한 것이 절대 아

126 빠라맛타paramattha 절대 성품이란 틀리지 않고 직접 경험해서 알 수 있는 물질, 마음, 마음부수, 열반이라는 법을 말한다. 빤냣띠앗타paññattiattha 개념 성품이란 서로 의사소통을 하기 위해 정해 놓은 명칭이나 그 명칭이 뜻하는 의미를 말한다. 『아비담마 강설 1』, pp.50~52 참조.

127 본서 p.82와 표현이 조금 바뀌었다. 저본의 표현을 따랐다.

128 발에만 마음을 둔 채로 가야 한다는 뜻이다.

닙니다. 〈나는 간다. 나는 간다〉라고 새기지만 삼매와 지혜의 힘이 무르익으면 '간다는 것은 가려는 마음 때문에 움직이는 물질이 생멸하고 있는 것뿐이다'라고 사실대로 알 수 있습니다. 본승은 그렇게까지 길게 새기도록 지도하지 않습니다. 갈 때는 〈간다, 간다〉라고, 그렇지 않으면 〈뻗는다, 뻗는다〉라고, 그렇지 않으면 〈든다, 간다, 놓는다〉라고[129] 관찰하도록 지도합니다. 이것은 제일 쉬운 방법입니다. 중요한 것은 가는 동작을 아는 것뿐입니다.

앉아 있을 때도 〈앉음, 앉음〉하며 새길 수도 있습니다. 그렇게 〈앉음〉 하나로만 새기고 있으면 일부 수행자들에게는 지겨움이[130] 생겨나기도 합니다. 그래서 본승은 분명하기도 하고, 관찰하기도 쉽고, 변화도 있는 몸의 움직임을 관찰하도록 지도합니다. 그 몸의 움직임이란 바로 배가 부풀고 꺼지면서 움직이고 있는 물질입니다. 배가 부풀 때는 〈부푼다〉라고, 꺼질 때는 〈꺼진다〉라고 그 두 가지를 새기도록 지도합니다. "부풂과 꺼짐을 관찰하면 위빳사나가 생겨난다"라고 설명해 줍니다. 그러면 법문을 듣던 일부 사람들이나 처음 수행을 시작하는 사람들은 "'〈부풂, 꺼짐〉이라고 새기는 것만으로 위빳사나 지혜가 생겨난다'라는 말이 맞을까?"라고 의심하기도 합니다. 당연히 의심할 만합니다. 아직 이 길을 가보지 않았기 때문입니다. '위빳사나 지혜가 생겨난다'라는 것도 아직 전혀 모릅니다. 처음에는 스승들이 '위빳사나 지혜가 생겨난다'라고 말하는 것만 믿고 수행합니다. '물질과 정신도 나중에는 구별할 수 있을 것이다'라고 스승들이 말해 주지만 자신은 아직

129 일반적으로 마하시 센터에서는 경행할 때 〈오른발, 왼발〉, 〈든다, 놓는다〉, 〈든다, 간다, 놓는다〉라는 세 단계 정도로 관찰하도록 지도한다.

130 직역하면 '수행에 관심이나 흥미가 없는 상태'이다.

구별하지 못합니다. '무상과 괴로움과 무아의 성품들도 알 수 있을 것이다'라고 말해 주지만 아직 알지 못합니다. 아직 알지 못하기 때문에 '이렇게 관찰하는 것만으로 위빳사나 지혜가 생겨난다는 말이 맞을까? 물질과 정신을 구별하여 안다는 말이 맞을까? 무상과 괴로움과 무아의 성품들을 안다는 말이 맞을까?'라고 마음속으로 이리저리 따져 묻기도 합니다. 이것이 바로 방금 전에 말했던 갈림길에 도착한 것입니다. 갈림길에 도착해서 생각만 하고 있는 것입니다. 생각만 하면서 수행을 계속하지 않습니다. 관찰하지 않은 채 그냥 내버려 둔 마음에는 새김이라는 보호가 사라지고 위빳사나 지혜도 없어져서 그 수행자는 성자의 집에서 지내지 못하고 범부의 집으로 다시 돌아옵니다. 여러 위험으로부터 안전하지 않게 되는 것입니다. 첫째 날 법문에서 언급한 대로 가사에 집착해서 이로 태어난 띳사 비구처럼 어떤 대상 하나를 집착한 바로 그때 죽는다면 지옥에도 떨어질 수 있습니다. 그것은 갈림길에서 고민과 생각만 하던 상인이 그를 따라온 도적들에게 붙잡혀 물건도 약탈당하고 죽임을 당한 것과 마찬가지입니다. '이렇게 관찰하는 것이 맞을까? 아닐까?'라고 의심하고 생각하면서 수행을 하지 않으면 법이 향상되지 않습니다. 향상되지 않기 때문에 도와 과, 열반에 도달할 수 없습니다. 도와 과, 열반에 도달하지 못하기 때문에 사악도에서 벗어나지 못합니다. 사악도에 다시 떨어질 수 있습니다. 늙어야 하고 병들어야 하고 죽어야 하는 윤회윤전의 고통들도 계속 겪어야 합니다. 이러한 것들을 겪으면서 나쁜 결과들이 생겨납니다. 그러므로 갈림길과 같은 의심을 만나면 관찰해서 제거해야 합니다. 게송을 같이 독송합시다.

의혹의심 갈림길 만나제거해

장애법들에 대한 내용이 많지만 중요한 것은 "다섯 가지 장애법이 생겨날 때마다 계속해서 관찰해서 제거해야 한다"입니다. 이 내용을 명심하기 바랍니다.

다섯 가지 장애를 완전히 제거했을 때 마음청정cittavisuddhi이 생겨납니다. 장애는 문을 닫아버리는 것처럼 수행bhāvanā을 가로막는 것입니다. 예를 들어 출입할 수 있는 문이 하나만 있고, 그 문으로 한 사람만 들어오고 나갈 수 있다고 합시다. 그 문으로 사람들이 계속 들어오기만 한다면 나가려는 사람들은 나갈 수 없습니다. 반대로 사람들이 계속 나가기만 한다면 들어오려는 사람들은 들어올 수 없습니다. 또 다른 예로 오직 한 사람만 지나갈 수 있는 다리가 있다고 합시다. 다리 이쪽에서 사람들이 끊임없이 가기만 한다면 다른 쪽에서는 올 수가 없습니다. 반대로 다른 쪽에서 끊임없이 오기만 해도 이쪽에서는 사람들이 갈 수가 없습니다. 이 두 가지 비유처럼 마음도 한 찰나에 하나씩만 생겨날 수 있습니다. 선 마음이 생겨나면 불선 마음은 생겨날 수 없고, 불선 마음이 생겨나면 선 마음은 생겨날 수 없습니다. 선과 불선, 두 마음이 모두 한꺼번에 생겨날 수 없습니다. 하나씩만 생겨납니다. 따라서 관찰하는 수행 마음이 계속 생겨나고 있으면 선 마음만 생겨나고 있는 것입니다. 불선 마음이 생겨나지 않습니다. 반면 관찰하지 않을 때는 대부분 불선 마음만 생겨날 것입니다.

이와 같이 장애라는 불선법들이 생겨나고 있을 때는 관찰하는 선법들이 없어진 것입니다. 감각욕망바람kāmacchanda이 생겨나거나, 분노byāpāda라는 성냄이 생겨나거나, 의심vicikicchā이 생겨나 '맞을까, 아닐까?' 고민하고 있으면 그동안은 관찰이 없습니다. 수행이 없습니다. "야, 수행들아, 너희들은 생겨나지 마"라고 비록 말은 하지 않았지만 말한 것과 마찬가지입니다. 장애법들만 기회를 얻어 생겨나고 있는 것입니다. 그래서 선법이 생겨나는 것을 가로막기 때문에 그 법들을 장애라고 말하는 것입니다. 장애법들이 없어지기 전까지는 마음이 깨끗하지 않은 것입니다. 어떻게 깨끗할 수 있겠습니까? 이쪽에서 한두 번 정도 관찰하면 저쪽에서 장애법 중 하나가 들어와 생겨나고, 또 이쪽에서 관찰하면 저쪽에서 장애법 하나가 들어와 생겨나고, 이렇게 섞여 생겨나는 상태를 수행자라면 더욱 잘 알 것입니다. 아직 수행해 보지 않은 사람들 중에 일부는 보시나 지계 등 선업들을 행하거나, 부처님에 대한 여러 의무를 행하거나, 부처님께 예경할 때 '내 마음이 매우 훌륭하구나. 수행할 필요가 없구나'라고 생각하기도 합니다. 그렇게 생각하는 사람에게 수행하도록 권유하면 "오, 나는 필요 없습니다. 내 마음은 이미 훌륭합니다. 좋지 않은 마음은 전혀 없습니다. 누구에게도 좋지 않은 행위는 하지 않습니다. 누구에게도 좋지 않은 생각을 하지 않습니다. 내 마음은 항상 깨끗합니다"라고 말하기도 합니다. 하지만 수행을 해 보아야 진짜 자신의 마음이 어떤 상태인지 압니다.

본승이 몰라먀인에 있을 때 여신도 한 분이 수행센터에 와서 띨라신[131] 정사에서 수행했습니다. 배의 부풂과 꺼짐을 기본으로 물질과 정신이 분명하게 생겨날 때마다 그 법들을 관찰하도록 수행주제를 설했습니다. 그 방법대로 관찰하다가 그녀는 "스님, 제 마음이 지금 좋지 않습니다. 집에 있을 때는 제 마음이 아주 좋고 훌륭했습니다. 집에서는 안 좋은 마음이라고는 전혀 없었습니다. 마음이 항상 좋고 깨끗했습니다. 그런데 지금 수행센터에 와서 수행하니 마음에 좋지 않은 생각들이 계속 일어납니다. 그래서 그것들이 일어날 때마다 관찰하고 있습니다"라고

131 미얀마의 여성 출가자를 말한다.

말했습니다. 마음에 관한 것을 수행하기 전에는 잘 몰랐던 것입니다. 그래서 본승이 그녀에게 "그것은 좋은 것입니다. 집에서는 자기 마음을 전혀 관찰하지 않아서 몰랐을 것입니다. 마음에 좋은 것이 생겨나도 모르고 나쁜 것이 생겨나도 몰랐기 때문에 스스로 좋다고 생각한 것입니다. 그러나 지금은 생겨날 때마다 관찰하면서 살피는 것입니다. 그래서 나쁜 것이 하나 생겨나면 관찰해서 알고, 다시 나쁜 것이 하나 생겨나면 관찰해서 알고, 그렇게 알고 있는 것입니다"라고 격려해 주었습니다.

예를 들어 매우 더러운 옷이 하나 있다고 합시다. 아니면 행주에 그을음이나 기름 찌꺼기 등이 잔뜩 묻었다고 합시다. 그렇게 더러운 옷이나 행주에는 얼룩 하나가 더 묻는다고 해도 분명하게 드러나지 않습니다. 그 옷이나 행주는 원래 더러웠기 때문입니다. 전혀 특별하지 않습니다. 얼룩이나 그을음이 더 묻었다고 해서 분명하게 알 수 없습니다. 그와 마찬가지로 새김이 없는 사람들은 마음에 장애법이 하나 더 생겨났다고 해서 분명하게 알지 못합니다. 그들은 마음이 깨끗해지도록 노력하지 않습니다. 그래서 나쁜 것들을 주로 생각합니다. 그러다가 다른 생각이 생겨납니다. 좋아하고 즐기는 생각이 일어납니다. 어찌 즐기려는 생각이 없겠습니까? 좋아하고 바라기 마련입니다. 혹은 마음에 들지 않는 것들과 만나기라도 한다면 화도 낼 것입니다. 어찌 화가 없겠습니까? 분명히 있습니다. 스스로 관찰하지 않았기 때문에 모를 뿐입니다. 하지만 수행하고 있을 때는 여러 오염된 마음이 생겨나면 즉시 압니다. 예를 들어 매우 하얗고 깨끗한 손수건에 작은 얼룩이라도 하나 묻으면 바로 알 수 있습니다. 색깔이 이상해지는 것은 말할 것도 없고 보기에도 좋지 않습니다. 그와 마찬가지로 수행해서 마음이 깨끗하게 진행되는데 갑자기 감각욕망바람이 끼어들면 그것을 바로 압니다. 이곳으로 갔다가 저곳으로 갔다가, 이렇게 달아나는 마음을 아는 것입니다. 분노가 생겨나더라도 알 수 있습니다. 그래서 수행해 보아야만 자신의 마음이 좋은지 나쁜지를 알 수 있습니다. 다이아몬드는 그냥 눈으로 보면 모두 좋게만 보입니다. 하지만 현미경 위에 올려놓고 보면 광택이나 순도 등이 좋은지 안 좋은지 알 수 있습니다. 그와 마찬가지입니다. 마음이라는 것도 수행해 보아야만 확실하게 알 수 있습니다. 그렇게 다른 곳이나 다른 대상으로 달아나려는 마음들이 생겨나는 것은 마음이 깨끗하지 않다는 증거입니다.

관찰을 하면 할수록 마음의 더러움들이 사라져 깨끗하게 됩니다. 수행자라면 마음청정이 생겨난 것을 스스로 알 수 있을 것입니다. '마음청정cittavisuddhi'이란 깨끗한 마음이 계속 진행되는 것입니다. 새길 때마다 깨끗한 마음뿐입니다. 앞의 마음도 새기는 마음, 뒤의 마음도 새기는 마음, 그다음 마음도 새기는 마음, 그다음 마음도 새기는 마음, 한 번에 하나의 흐름, 하나의 연속으로 5분 정도 계속해서 새기면 5분 내내, 10분이나 20분 정도 계속 새기면 10분이나 20분 내내 새기는 마음만 생겨납니다. 이리저리 달아나는 마음들이 없습니다. 감각욕망바람도 들어오지 않습니다. 성냄도 들어오지 않습니다. 해태·혼침도 들어오지 않습니다. 들뜸도 들어오지 않습니다. 의심도 들어오지 않습니다.[132] 관찰하는 마음만 끊임없이 생겨납니다. 염주 알이 한 알씩 이어져 있듯이 새기는 마음만 계속 깨끗하게 이어집니다. 그렇게 새기는 마음만 계속돼 마음청정이 생기는 것을 일부 사람들은 모릅니다. 모르기 때문에 선정을 얻어야만 마음청정이 생긴다고 생각합니다. 그렇지 않습니다. 선정 때문에 생겨나는 마음청정을 '사마타 연속삼매samathapabandhasamādhi'라고 말

132 저본에서는 좋아하는 마음, 성내는 마음 등으로 표현했지만 장애를 분명하게 하기 위해 감각욕망바람, 성냄 등으로 의역했다.

합니다. 선정 마음만 차례대로 계속 일어나 마음이 청정한 것을 말합니다. 위빳사나 자체만으로 생기는 마음청정을 '위빳사나 찰나삼매vipassanā khaṇikasamādhi'라고 말합니다. 위빳사나가 생겨나는 찰나마다 마음이 깨끗한 것을 말합니다. 사마타 연속삼매와 위빳사나 찰나삼매는 장애가 사라져 마음이 깨끗한 모습으로는 같습니다. 그렇게 깨끗한 상태에서 관찰할 때마다 물질법과 정신법을 구별하여 분명하게 알게 됩니다. 물질법과 정신법을 구별해서 아는 모습을 배의 부풂과 꺼짐으로 설명하겠습니다.

수행해 보면 마음에 들 것이다

본승은 배의 부풂과 꺼짐을 기본으로 수행방법을 지도하기 때문에 이 수행방법부터 설명하겠습니다. 다른 사람들이 좋아하든지 좋아하지 않든지 본승은 부풂·꺼짐부터 설명합니다. 일부 사람들은 처음 접했을 때는 부풂·꺼짐 관찰방법을 계속 비난하기도 합니다. 하지만 도반들의 권유로 어쩔 수 없이 이 방법으로 수행하더라도 직접 해 보면 나중에는 흡족해합니다. 더 이상 비난도 하지 않습니다. 예전에 자신과 함께 이 수행방법에 대해 비난하던 사람들을 향해 반대로 허물을 말하기까지 합니다. 이 새김확립 수행방법은 실제로 수행해 보면 흡족하기만 할 것입니다. 실재하는 성품법들을 스스로 경험할 수 있기 때문입니다. 불이 뜨겁다는 것을 직접 닿아보면 누구나 압니다. 얼음이 차갑다는 것도 직접 만져보면 압니다. 설탕이 달다는 것을 직접 맛보면 압니다. 소금이 짜다는 것도 직접 맛보면 압니다. 마찬가지로 수행법도 올바른지 올바르지 않은지 직접 수행해 보면, 그래서 스스로 경험하면 알 수 있습니다. 다른 사람들의 말만 믿고 좋은지 나쁜지 어떻게 확실히 알 수 있겠습니까? 수행해 보면 법은 확실하게 알 수 있습니다.

본승이 지도하고 있는 수행법은 배에 마음을 두고 〈부푼다, 꺼진다〉라고 관찰하고 새기는 방법입니다. 본승이 지도하는 수행법이라고는 했지만 지금은 본승이 앞에 나서서 분명하게 설하기 때문에 그렇게 말하는 것이지 사실은 부처님께서 설하신 방법입니다. '부풂'이란 방금 설명한 대로 다섯 무더기 중 물질 무더기, 물질법일 뿐입니다. 물질 중에서도 바람 요소입니다. 바람 요소에는 '지탱하는 특성vitthambhanalakkhaṇa'이 있습니다. 바람 요소를 관찰한다면 이렇게 특성을 알도록 관찰해야 합니다. 수행자는 물질법과 정신법만 관찰해야 합니다. 명칭 개념을 떠올리면서 관찰하면 안 됩니다. 물질이 몇 개, 정신이 몇 개, 마음이 몇 개, 마음부수가 몇 개, 이렇게 법의 숫자를 헤아리면서 관찰하는 것도 아닙니다. 형체나 모습으로 관찰해서도 안 됩니다. 일부 수행자들은 알알이 분해되는 입자의 모습이나 형체로 관찰하기도 합니다. 그러나 형체란 형색과 감촉에만 있을 뿐 그 밖의 물질과 정신에는 없습니다. 생각해 보십시오. 소리라는 물질이 어떻게 낱알처럼 생겨나겠습니까? 맛을 관찰해 보십시오. 먹어서 알아지는 맛을 알알이 관찰할 수 있겠습니까? 관찰할 수 없습니다. 그러한 것들은 물질법들이니 생겨날 수도 있다고 합시다. 정신법들을 어떻게 알알이 형상화해서 관찰하겠습니까? 대상을 아는 마음을 한 번 알알이 입자로 만들어 보십시오. 어떻게 되겠습니까? 탐욕을 한 번 알알이 입자로 만들어 보십시오. 성냄을 한 번 그렇게 해 보십시오. 아는 마음이나 탐욕 등은 매우 분명하게 드러나기는 하지만 알알이 형체로 드러나지는 않습니다. 괴로운 느낌은 분명하게 있습니다. 하지만 어떻게 그것을 알알이 입자로 만들어서 보겠습니까? 그렇기 때문에 형체로 관찰하는 것도 아닙니다. 사실은 성품법들만 관찰해야 합니다. 성품법을 관찰할 때도 법의 특성이나 역할, 작용으로 관찰해야 합니다. 혹은 법의 나타남으로 관찰해야 합니다. 이 내용은 본승의 주장이 아니라 주석서의 설명입니다.

Lakkhaṇarasādivasena pariggahetabbā. (Vis.ii.222)

대역

Lakkhaṇarasādivasena특성과 역할 등을 통해 pariggahetabbā 파악해야 한다.

물질·정신 법들의 고유 성품인 특성lakkhaṇa을 통해서도 관찰해야 하고, 그 법들의 작용인 역할rasa을 통해서도 관찰해야 합니다. 또한 '~ 등ādi'이라는 단어를 통해 법들이 수행자의 지혜에 드러나는 양상인 나타남paccupaṭṭhāna을 통해서도 관찰해야 합니다. 이 내용은 『위숫디막가』라는 주석서의 설명입니다. 이보다 더 알기 쉬운 근거로는 『아비담맛타상가하Abhidhammatthasaṅgaha(아비담마 집론서)』라는 문헌이 있습니다. 매우 분명한 문헌입니다. 이 문헌에 다음과 같이 설명돼 있습니다.

Lakkhaṇarasapaccupaṭṭhānapadaṭṭhānavasena nāmarūpa pariggaho diṭṭhivisuddhi nāma. (Ah.64)

대역

Lakkhaṇarasapaccupaṭṭhānapadaṭṭhānavasena특성과 역할과 나타남과 가까운 원인을 통해 nāmarūpa pariggaho물질과 정신을 파악하는 것이 diṭṭhivisuddhi nāma'견해청정'이다.[133]

133 『아비담마 길라잡이』 제2권, p.340 참조.

"견해청정이 생기길 원한다면 물질과 정신을 파악해야 한다. 그러면 물질과 정신을 어떻게 파악해야 하는가? 특성을 통해 파악해야 한다. 혹은 역할을 통해 파악해야 한다. 혹은 나타남을 통해, 혹은 가까운 원인을 통해 파악해야 한다"라는 뜻입니다. 사가인*Sagain*에서 경전도 설하고 수행경험도 있는 지혜로운 어떤 사람이 다음과 같이 말했다고 합니다.

"'Lakkhaṇarasapaccupaṭṭhānapadaṭṭhānavasena nāmarūpa pariggaho diṭṭhivisuddhi nāma(특성과 역할과 나타남과 가까운 원인을 통해 물질과 정신을 파악하는 것이 견해청정이다)'라는 구절은 매우 좋습니다. 이 구절에 주의하지 않는 사람들은 위빳사나 수행을 설하면서 가루나 낱알처럼 드러나는 대상을 관찰하도록 지도합니다. 사실 물질법과 정신법을 관찰할 때는 그 법들의 특성으로 관찰해야 합니다. 그렇지 않으면 역할로 관찰해야 합니다. 그렇지 않으면 나타남으로 관찰해야 합니다."

그러면 〈부푼다, 꺼진다〉라고 관찰하고 있을 때는 무엇을 알게 됩니까? "바람 요소를 안다"라고 본승은 설명합니다. 바람 요소를 어떻게 압니까? 특성으로도 압니다. 역할로도 압니다. 나타남으로도 압니다. 그렇다면 바람 요소의 특성은 무엇입니까? 역할은 무엇입니까? 나타남은 무엇입니까? 이렇게 자세히 살펴볼 필요가 있습니다. 같이 독송합시다.

지탱팽팽 느슨하네 움직이고 이동하네
원하는곳 밀고끄네 바람을 아는수행자

바람 요소를 아는 모습

먼저 "지탱팽팽 느슨하네"라고[134] 표현했습니다. 지탱하는 것, 팽팽한 것, 느슨한 것이 바람 요소의 특성입니다. 주석서에서는 다음과 같이 설명했습니다.

Vāyodhātu vitthambhanalakkhaṇā. (DhsA.368)

대역

Vāyodhātu바람 요소는 vitthambhana lakkhaṇa지탱하는 특성이 있다.

지탱하는 것은 바람 요소의 특성입니다. '지탱한다'라는 말은 주로 집이나 건물이 기울었을 때 '지지대로 지탱한다'라는 정도로 쓰입니다. '지탱한다'를 일상용어로 하면 '팽팽하다', '뻣뻣하다' 정도가 됩니다. 지금 팔을 약간 뻗어서 그대로 지탱해 보십시오. 그리고 팔에 마음을 집중해서 보면 무엇을 경험합니까? 팽팽함과 뻣뻣함을 경험합니다. 이를 문헌 용어로 'vitthambhana', '지탱하다'라고 표현합니다. 지금 허리를 한번 쭉 펴 보십시오. 그리고 허리에 마음을 집중해서 살펴보십시오. 뻣뻣함을 경험할 수 있습니다. 이것도 문헌 용어로는 '지탱하다'라고 말합니다. 이렇게 '지탱하다. 팽팽하다. 뻣뻣하다'라는 용어는 모두 동일한 성품을 표현하는 것입니다. 그리고 '느슨하다'라는 표현은 그 상태보다 더 팽팽한 것과 비교해서 말하는 것일 뿐입니다. 그 상태보다 더 느슨한 것과 비교하면 오히려 '팽팽하다'라고 말해야 할 것입니

134 원래는 '지탱하고 팽팽하고 느슨한 것은 동일한 성품을 다르게 표현한 것이다'라는 내용까지 포함됐으나 글자 수의 제한 때문에 '동일한 성품을 다르게 표현한 것이다'라는 내용을 생략했다.

다. 고무줄 세 가닥을 비교하기 위해 나란히 두어 봅시다. 한 줄은 제일 팽팽하게 당겨 놓고, 두 번째 줄은 중간 정도로 당겨 놓고, 세 번째 줄은 제일 느슨하게 당겨 놓았다고 합시다. 그러면 두 번째 줄의 경우 "그리 팽팽하지도 않고 느슨하지도 않다"라고 말할 수 있습니다. 그보다 더 팽팽한 첫 번째 줄과 비교하면 두 번째 줄은 느슨하다고 말해야 하고 그보다 더 느슨한 세 번째 줄과 비교하면 팽팽하다고 말해야 합니다. 그와 마찬가지입니다. '팽팽하다, 느슨하다'라는 것은 양쪽 끝부분일 뿐입니다. 그보다 더 팽팽한 것과 비교하면 '느슨하다'라고 말하고, 그보다 더 느슨한 것과 비교하면 '팽팽하다'라고 말하는 것입니다. 그래서 '지탱팽팽 느슨하네', 지탱하는 것, 팽팽한 것과 마찬가지로 느슨한 것도 바람 요소의 특성이라고 기억해야 합니다.

그렇다면 〈부푼다, 꺼진다〉라고 새길 때 무엇을 경험해서 알까요? 처음 수행을 시작한 수행자라면 원래대로만 알 것입니다. 배에 따라서[135] 알 것입니다. 본승도 이를 부정하지 않습니다. '배에 따라서 그대로 알아야 한다'라고 해도 전혀 상관없습니다. 수행을 처음 시작했을 때는 정신·물질 구별의 지혜조차 생겨나지 않습니다. 처음 수행을 시작할 때는 앞서 말했듯이 장애법들을 관찰해서 제거해야 합니다. 장애법들을 억압vikkhambhana해서 어느 정도 제거하고 정리해야 마음이 깨끗해집니다. 그렇게 마음이 깨끗해졌을 때 지금 말하고 있는 지탱함, 팽팽함 등의 성품들을 확실하게 알 수 있습니다. 처음 수행하자마자 잘 알지는 못합니다. "수행하자마자 잘 알 수 있습니다"라고 본승도 장담

135 '배의 모양이 드러나는 대로 따라서 안다'라는 뜻이다. 위빳사나 수행을 처음 시작할 때부터 형체개념이 사라지는 것이 아니다. 무너짐의 지혜에 도달했을 때 형체개념이 확실하게 사라진다. *Mahāsi Sayadaw*, 『*Āsīvisopamathouk tayato*(독사비유경 법문)』, pp.96~97 참조.

할 수 없습니다. 관찰을 많이 해야 장애법들이 사라집니다. 그때 〈부푼다〉라고 새기면 뱃속의 팽팽한 성품이 분명하게 드러납니다. 〈꺼진다〉라고 새기면 느슨한 성품이 분명하게 드러납니다. "그렇게 분명하지 않습니다"라고 어느 누구도 부정하지 못합니다. 확실히 수행해 보십시오. 분명하게 드러날 것입니다. 또한 〈부푼다, 꺼진다〉라고 새기는 것은 팽팽함이나 뻣뻣함이라는 성품을 알고 있기 때문에 바람 요소를 특성을 통해 사실대로 바르게 알고 있는 것입니다. 앞서 언급한 『위숫디막가』의 "특성과 역할 등을 통해 파악해야 한다"라는 설명과도 일치합니다.(Vis.ii.222) 또한 『아비담맛타상가하』의 "특성과 역할과 나타남과 가까운 원인을 통해 물질과 정신을 파악하는 것이 '견해청정'이다"라는 설명과도 일치합니다.(Ah.64)

이어서 "움직이고 이동하네"라고 표현했습니다.[136] '흔들린다. 기운다. 움직인다. 이동한다. 간다'라는 성품은 모두 동일합니다. 표현만 다를 뿐입니다. 이어서 주석서에서는 바람 요소의 역할을 다음과 같이 설명했습니다.

Samudīraṇarasā. (DhsA.368)

대 역

Samudīraṇarasā움직이는 역할이 있다.

바람 요소의 역할이란 바람 요소가 하는 일, 작용입니다. 이 주석서 설명에 따르면 바람 요소에는 움직임이라는 역할, 움직임이라는 작용

136 원래 표현에는 '흔들리고 움직이고 이동하면서 간다'라는 내용이 포함돼 있다. 자세한 내용은 본서 부록 pp.275~276 참조.

이 있다는 뜻입니다. 그래서 '바람 요소의 역할은 무엇인가'라고 한다면 움직이는 것입니다. 보통 바람이라고 하면 밖에서 부는 바람을 뜻합니다. 바람이 강하게 불면 나무나 풀이 심하게 흔들리고 어떠한 물체가 한 곳에서 다른 곳으로 옮겨가기도 합니다. 반대로 바람이 약하게 불면 나무나 풀이 흔들리지 않고 다른 물체들도 가만히 있습니다. 이러한 것을 통해 흔들림, 옮겨감, 움직임 등이 바람 요소의 역할, 바람 요소의 작용임을 알 수 있습니다. 자기 역할을 자기가 하고 있는 것입니다. 수행자가 〈부푼다, 꺼진다〉라고 새길 때 이 움직이는 성품을 모를 수가 없습니다. 확실히 알 수 있습니다. 〈부푼다〉라고 새기면 배가 바깥쪽으로 조금씩, 조금씩 이동하는 것을 압니다. 〈꺼진다〉라고 새기면 배가 안쪽으로 조금씩, 조금씩 이동하는 것을 압니다. 이것에 대해서는 특별히 말할 필요도 없습니다. 매우 분명합니다.

다음은 바람 요소의 나타남을 "원하는곳 밀고끄네"라고 표현했습니다.[137] 바람 요소는 자기가 원하는 곳으로 밀어서 끌고 간다는 뜻입니다. 바람 요소의 나타남은 팔을 굽히거나 펼 때 더욱 분명합니다. 팔을 굽히려는 마음이 생기면 팔을 안으로 끌어서 옮깁니다. 팔을 펴려는 마음이 생기면 팔을 밖으로 밀어서 옮깁니다. 갈 때는 앞으로, 물러날 때는 뒤로 마음이 원하는 쪽으로 몸을 계속 밀어 옮기듯이, 계속 당겨 옮기듯이 나타납니다. 〈부푼다, 꺼진다〉라고 새길 때도 배를 바깥쪽과 안쪽으로 밀고 당기듯 나타납니다. 이렇게 마음이 원하는 방향으로 마음에서 생긴 바람 요소가 밀어서 끌고 가는 것이 바람 요소의 나타남입니다. 주석서에서는 바람 요소의 나타남을 다음과 같이 설명했습니다.

137 자세한 내용은 본서 부록 pp.277~280 참조.

Abhinīhārapaccupaṭṭhānā. (DhsA.368)

대역

Abhinīhārapaccupaṭṭhānā이끄는 나타남이 있다.

'나타남paccupaṭṭhāna'이란 어떤 법을 숙고했을 때 지혜에 드러나는 양상[138]입니다. '어떠한 것이구나'라고 드러나는 양상이 나타남입니다. 〈부푼다, 꺼진다〉라고 새길 때 부푸는 물질, 꺼지는 물질을 바깥쪽으로 밀어내듯, 안쪽으로 잡아당기듯 지혜에 분명하게 드러납니다. 이것이 'abhinīhārapaccupaṭṭhānā(이끄는 나타남)'를 통해 분명하게 아는 것입니다. 바른 앎입니다. 그래서 마지막에 "바람을 아는수행자"라고[139] 표현했습니다. 이 게송은 매우 중요합니다. 같이 독송합시다.

지탱팽팽 느슨하네 움직이고 이동하네
원하는곳 밀고끄네 바람을 아는수행자

게송의 의미를 다시 정리해 보겠습니다. 바람 요소를 관찰해서 알 때는 지탱하고 팽팽하고 느슨한 특성을 통해서도 알아야 합니다. 흔들리고 움직이고 이동하는 역할을 통해서도 알아야 합니다. 바람 요소가 원하는 방향과 향하는 방향, 마음이 원하는 방향으로 밀고 끌어 옮기는 나타남으로도 알아야 합니다. 이 세 가지 중 어느 하나를 통해 알아야 한다는 뜻입니다.

138 '모습'이라고 하면 형체를 떠올릴 수도 있어서 '양상'이라고 표현했다.
139 원래는 '바람 요소를 새겨 아는 거룩한 수행자'라는 의미가 담겨 있다.

괴로운 느낌을 아는 모습

〈부푼다, 꺼진다〉라고 관찰하면서 바람 요소를 알다 보면 가끔은 몸에서 저림이나 뜨거움, 아픔, 쑤심 등 받아들이기 힘든 괴로운 느낌dukkhavedanā들이 생겨납니다. 이러한 괴로운 느낌들을 관찰하는 것에 대해 부처님께서는 다음과 같이 설하셨습니다.

Dukkhaṁ vā vedanaṁ vedayamāno 'dukkhaṁ vedanaṁ vedayāmī'ti pajānāti. (D.ii.236)

대 역

Dukkhaṁ vedanaṁ괴로운 느낌을 vedayamāno vā느낄 때도; 느끼고 있을 때도; 느끼는 중에도 'dukkhaṁ vedanaṁ괴로운 느낌을 vedayāmīti 느낀다'라고 pajānāti안다.

저리면 저린 성품이 괴로운 느낌입니다. 뜨거우면 뜨거운 것, 아프면 아픈 것이 괴로운 느낌입니다. 그러한 괴로운 느낌들을 느낄 때 어떻게 알아야 하는가 하면 "dukkhaṁ vedanaṁ괴로운 느낌을 vedayāmīti 느낀다고 pajānāti안다; 알아야 한다"라고 설하셨습니다. 앞에서 설명한 'gacchāmi'라는 단어처럼 빠알리어 문법 중 인칭의 측면에서 살펴보면 'vedayāmi'라고 1인칭으로 부처님께서 설하셨습니다. 확실하게, 완전하게 번역한다면 'ahaṁ나는 vedayāmi느낀다'라고 번역해야 합니다. 이 구절도 성전 그대로라면 〈나는 느낀다〉라고 새기고 관찰해야 할 것입니다. 성전 그대로 번역한 것이기 때문입니다. 그것을 틀렸다고 말하는 것이 아닙니다. 그것을 틀렸다고 하면 부처님의 성전을 비난하는 것이 되기 때문입니다. 하지만 '느낀다'라는 단어를 미얀마어에서는 잘 사용하지 않습니다. 뜨거우면 '뜨겁다'라고, 아프면 '아프다'라고, 저리면 '저리다'라고만 말합니다.[140] 그래서 뜨거우면 〈뜨겁다〉라고, 아프면 〈아프다〉라고, 저리면 〈저리다〉라고 새겨야 합니다. 그렇게 관찰하면 좋지 않은 느낌을 알게 됩니다. 이것은 매우 분명합니다. 괴로운 느낌의 특성을 다음과 같이 설명했습니다.

Aniṭṭhaphoṭṭhabbānubhavanalakkhaṇaṁ dukkhaṁ. (Vis.ii.91)

대역

Dukkhaṁ괴로운 느낌은 aniṭṭhaphoṭṭhabbānubhavanalakkhaṇ-aṁ원하지 않는 감촉을 경험하는 특성이 있다.

'괴로운 느낌은 좋지 않은 감촉을 느끼는 특성이 있다'라는 뜻입니다. 혹은 원하지 않는 감촉을 느끼는 특성을 가지는 것이 괴로운 느낌이라는 뜻입니다. 그래서 〈저리다, 저리다; 뜨겁다, 뜨겁다〉라고 새기고 있으면 좋지 않은 감촉을 느끼고 있다는 사실이 매우 분명합니다. 의심이 전혀 생기지 않습니다. 괴로운 느낌의 특성도 확실하게 알아두어야 합니다. 게송을 같이 독송합시다.

나쁜감촉 느낀다네

이어서 괴로운 느낌의 역할은 다음과 같이 설명했습니다.

140 '아픔을 느낀다', '뜨거움을 느낀다', '저림을 느낀다'라고는 말하지 않는다는 뜻이다.

Sampayuttānaṁ milāpanarasaṁ. (Vis.ii.91)

대 역

Sampayuttānaṁ결합한 것들을; 결합한 법들을 milāpanarasaṁ 시들게 하는 역할이 있다.

괴로운 느낌은 결합된 법들을 시들게 하고 힘을 저하시키는 역할을 한다는 뜻입니다. 여기서 '결합된 법들'이란 함께 생겨나면서 결합한 마음과 마음부수 법들을 말합니다. 게송을 같이 독송합시다.

맘힘줄여 저하시켜

괴로운 느낌은 마음의 힘을 약하게 합니다. 건강할 때는 활기차게 매우 힘이 좋습니다. 마음도 활기찹니다. 그러다가 건강이 나빠지면 마음의 힘이 단번에 줄어듭니다. 그와 마찬가지로 수행할 때도 저림이나 뜨거움, 아픔 등이 생겨나면 마음이 조금 위축됩니다. 그렇게 마음의 힘을 사라지게 하는 성품이 분명합니다. 마음의 힘을 약화시키고 저하시키는 것이 괴로운 느낌의 역할, 작용입니다. 관찰하는 이에게는 그 역할도 매우 분명합니다.

괴로운 느낌의 나타남은 다음과 같이 설명했습니다.

Kāyikābādhapaccupaṭṭhānaṁ. (Vis.ii.91)

대 역

Kāyikābādhapaccupaṭṭhānaṁ몸의 병이라고 나타난다.

'병처럼 몸에서 생겨나는, 몸을 괴롭히는 참기 힘든 성품으로 나타난다'라는 뜻입니다. 괴로운 느낌은 몸에서 괴롭히고 있는 성품, 몸에서 생겨나는 참기 힘든 성품입니다. 저림이나 뜨거움, 아픔, 쑤심 등을 새기고 있으면 '몸에서 생겨나는 참기 힘든 성품이구나'라고 압니다. 분명하게 알 수 있습니다. 몸에 가시가 박혀 있는 것처럼 따끔따끔하며 참기 힘든 성품이 매우 분명합니다. 게송을 같이 독송합시다.

몸괴롭혀 참기곤란

지금까지 설명한 대로 괴로운 느낌을 좋지 않은 감촉을 느끼고 있다고 알면 특성을 통해, 마음의 힘을 약하게 한다고 알면 역할을 통해, 몸을 괴롭히는 참기 힘든 성품이라고 알면 나타남을 통해 사실대로 바르게 아는 것이라고 말합니다. 게송을 같이 독송합시다.

나쁜감촉 느낀다네 맘힘줄여 저하시켜
몸괴롭혀 참기곤란 괴로움 아는수행자

그 밖에 행복한 느낌sukha vedanā이라는 즐거움을 관찰해도 마찬가지로 알 수 있습니다. 평온한 느낌upekkhā vedanā이라는 무덤덤한 느낌을 관찰해도 마찬가지로 알 수 있습니다.

느낌의 특질

느낌은 신체적으로 행복한 느낌인 행복sukha, 신체적으로 괴로운 느낌인 고통dukkha, 정신적으로 행복한 느낌인 즐거움somanassa, 정신적으로 괴로운 느낌인 근심domanassa, 무덤덤한 느낌인 평온upekkhā이라는 다섯 종류로 나눌 수 있습니다. 각각의 특질에 대한 성전 원문은 다음과 같습니다.

행복

Iṭṭhaphoṭṭhabbānubhavanalakkhaṇaṁ sukhaṁ, sampayuttānaṁ upabrūhanarasaṁ, kāyikaassādapaccupaṭṭhānaṁ, kāyindriyapadaṭṭhānaṁ. (Vis.ii.90)

해 석

행복은 원하는 감촉을 경험하는 특성이 있다. 결합된 법들을 활기차게 하는 역할이 있다. 신체적 달콤함이라고 나타난다. 몸 기능이 가까운 원인이다.

좋은감촉 경험특성 결합법들 활기역할
신체적인 만족현전 몸의기능 근인이네

고통

Aniṭṭhaphoṭṭhabbānubhavanalakkhaṇaṁ dukkhaṁ, sampayuttānaṁ milāpanarasaṁ, kāyikābādhapaccupaṭṭhānaṁ, kāyindriyapadaṭṭhānaṁ. (Vis.ii.90)

해 석

고통은 원하지 않는 감촉을 경험하는 특성이 있다. 결합된 법들을 시들게 하는 역할이 있다. 신체적 아픔이라고 나타난다. 몸 기능이 가까운 원인이다.

나쁜감촉 경험특성 결합법들 쇠퇴역할
신체적인 아픔현전 몸의기능 근인이네

즐거움

Iṭṭhārammaṇānubhavanalakkhaṇaṁ somanassaṁ, yathā tathā vā iṭṭhākārasambhogarasaṁ, cetasikaassādapaccupaṭṭhānaṁ, passaddhipadaṭṭhānaṁ. (Vis.ii.90)

해 석

즐거움은 원하는 대상을 경험하는 특성이 있다. 이렇게 저렇게 원하는 양상으로 향유하는 역할이 있다. 정신적 달콤함이라고 나타난다. 경안이 가까운 원인이다.

좋은대상 경험특성 좋은양상 향유역할
정신적인 만족현전 경안이~ 근인이네

근심

Aniṭṭhārammaṇānubhavanalakkhaṇaṁ domanassaṁ, yathā tathā vā aniṭṭhākārasambhogarasaṁ, cetasikābādhapaccupaṭṭhānaṁ, ekanteneva hadayavatthupadaṭṭhānaṁ. (Vis.ii.90)

해 석

근심은 원하지 않는 대상을 경험하는 특성이 있다. 이렇게 저렇게 원하지 않는 양상으로 향유하는 역할이 있다. 정신적 아픔이라고 나타난다. 반드시 심장토대가 가까운 원인이다.

나쁜대상 경험특성 나쁜양상 향유역할
정신적인 아픔현전 심장토대 근인이네

평온

Majjhattavedayitalakkhaṇā upekkhā, sampayuttānaṁ nātiupabrūhanamilāpanarasā, santabhāvapaccupaṭṭhānā, nippītikacittappadaṭṭhānāti. (Vis.ii.90)

해 석

평온은 중립적으로 느끼는 특성이 있다. 결합된 법들을 지나치게 활기차게도 하지 않고 시들게도 하지 않는 역할이 있다. 고요한 성품이라고 나타난다. 희열이 없는 마음이 가까운 원인이다.

중립적인 느낌특성 활기쇠퇴 없는역할
고요하고 안정현전 희열없는 마음근인

그 밖의 다른 마음이나 마음부수를 관찰해도 마찬가지로 알 수 있습니다. 알기에 적당한 특성과 역할, 나타남을 관찰하는 것만으로 모두 알 수 있습니다. 미리 공부해서 암기할 필요가 없습니다. 분명하게 생겨나는 동안, 생겨날 때 그러한 법들을 관찰하고 있으면 특성이 분명하면 특성을 통해, 역할이 분명하면 역할을 통해, 나타남이 분명하면 나타남을 통해 바른 성품을 알 수 있습니다.

마음을 아는 모습

마음의 특성은 다음과 같이 설명돼 있습니다.

Vijānanalakkhaṇaṁ viññāṇaṁ. (Vis.ii.159)[141]

대 역

Viññāṇaṁ의식은; 마음은 vijānanalakkhaṇaṁ아는 특성이 있다; 대상을 아는 성품이 있다.

이 내용을 "대상아는 성품있네"라고 게송으로 표현했습니다. 같이 독송합시다.

대상아는 성품있네

마음이 생겨날 때마다 계속해서 관찰하면 '대상 쪽으로 계속 도달하는 성품'을 알 수 있습니다. 마치 새들이 모이를 쪼아 먹는 것과 같습니

141 저본에는 "ārammaṇavijānanalakkhaṇaṁ"이라고 『빠띠삼비다막가 주석서』의 표현을 실었지만(PsA.ii.117) 다른 곳과 일치시키기 위해, 또한 뒤에 나오는 역할 등의 인용문을 고려해 『위숫디막가』에서 인용했다. 큰 차이는 없다.

다. 마음은 대상을 계속 붙잡아 알고 있습니다. 마음은 대상을 압니다. 보는 것을 관찰하면 보아서 아는 마음이 보이는 형색을 붙잡아 가지는 것처럼 대상을 아는 성품이 분명합니다. 듣는 것을 관찰해도 소리를 붙잡아 가지는 것처럼, 맡는 것을 관찰해도 냄새를 붙잡아 가지는 것처럼, 먹는 것을 관찰해도 맛을 붙잡아 가지는 것처럼, 닿는 것을 관찰해도 감촉을 붙잡아 가지는 것처럼, 생각하는 것을 〈생각한다; 숙고한다; 계획한다〉라고 관찰해도 그것을 계속 붙잡아 가지는 것처럼 알고 있습니다. 그렇게 아는 성품이 마음입니다. 대상을 아는 것이 마음의 특성입니다. 다르게 표현하면 마음에는 대상을 아는 성품이 있습니다. 마음의 이러한 특성은 수행자들에게 매우 분명합니다. 문헌에 해박하든지 해박하지 않든지 직접 이 방법에 따라 관찰하면 위에서 말한 그대로 매우 분명합니다. 어떤 수행자들은 경전을 전혀 배운 적이 없지만 타고난 지혜가 좋습니다. 그런 수행자들은 수행해서 아는 것도 분명하고, 그렇게 알게 된 것도 잘 표현해서 보고합니다. 경전을 배운 수행자라도 일부는 그들처럼 잘 표현하지 못합니다. 그렇게 타고난 지혜가 좋은 수행자 중에는 어린아이도 있습니다. 아직 열한두 살밖에 되지 않았는데 마음을 아는 모습이 매우 분명한 경우도 많습니다.

마음의 역할은 다음과 같이 설명했습니다.

Pubbaṅgamarasaṁ. (Vis.ii.159)

대역

Pubbaṅgamarasaṁ선두에 가는 역할이 있다; 결합한 법들의 선두에 가는 역할이 있다.

'마음은 결합하는 법들의 선두에 가는 역할을 한다'라는 뜻입니다. "어서 오시오, 어서"하고 부르며 앞서가는 선구자처럼 결합하는 법들의 선두에 가고 있는 역할도 알 수 있습니다. 이 내용을 게송으로 표현했습니다. 같이 독송합시다.

선두처럼 앞서가네

여러 사람을 모아서 어떤 일을 해야 할 때는 지도자가 앞에서 이끌어 나가야 합니다. 마치 무리의 지도자처럼 마음이 앞장서서 결합하는 법들을 이끌 듯이 생겨나고 있습니다. 마음이 앞장서서 이끌어 나가기 때문에 뒤를 따라서[142] 탐욕이 생기고, 성냄이 생기고, 믿음이 생기고, 새김이 생기는 등 다른 정신법들이 뒤를 따라 생겨나고 있다고 드러납니다.

마음의 나타남은 다음과 같이 설명했습니다.

Paṭisandhipaccupaṭṭhānaṁ. (Vis.ii.159)

대 역

Paṭisandhipaccupaṭṭhānaṁ다시 연결하는 것으로 나타난다.

'마음은 앞의 마음과 연결된 것으로 나타난다'는 뜻입니다. 『담마상가니 앗타까타』에서는 "sandahanapaccupaṭṭhānaṁ(연결이라는 나타남)"이라고 설명했습니다.(DhsA.155) 이 표현도 "앞의 마음과 연결돼 생겨나는 양상을 띤다"라는 뜻입니다. 이 내용을 "앞맘연결 거듭생겨"라고 게송

142 시간의 간격을 두고 따르는 것은 아니다. 동시에 생겨나지만 마음이 생기지 않으면 다른 법들은 생기지 않기 때문에 그렇게 표현한 것이다.

으로 표현했습니다. 마음 하나를 새기면 그것은 사라집니다. 그다음 새로운 마음이 생겨납니다. 그것도 새기면 또 사라지고 다시 새로운 마음 하나가 생겨납니다. 그 마음도 다시 새기면 사라지고 또 다음 마음 하나가 생겨납니다. 그렇게 마음이 하나씩, 하나씩 계속 이어져 생겨나는 것을 경험하는 수행자는 '마음은 연결이 끊어지지 않고 계속 생겨난다. 앞의 마음을 관찰해서 사라지면 그다음 마음 하나가 이어져 생겨난다. 그 마음도 관찰하면 다시 사라지고 그다음 마음 하나가 생겨난다. 마음은 하나씩 계속 이어져 끊임없이 생겨나고 있다'라고 이해합니다. 수행자들에게는 이러한 사실이 매우 분명합니다. 게송을 같이 독송합시다.

앞맘연결 거듭생겨 마음을 아는수행자

지금까지 물질법 중에는 바람 요소를 특성과 역할, 나타남을 통해 아는 모습을 설명했고 정신법 중에는 느낌과 마음을 특성과 역할, 나타남을 통해 아는 모습을 설명했습니다. 바람 요소, 느낌, 마음이라는 이 세 가지 법을 아는 모습과 마찬가지로 다른 물질법과 정신법도 그 법들이 생겨나는 찰나에 관찰하면 같은 방법으로 알 수 있다는 사실을 잘 이해했을 것입니다. 이제 물질과 정신을 구별하는 모습을 간략하게 설명하겠습니다.

물질과 정신을 구별하는 모습

볼 때 〈본다〉라고 관찰하면 눈과 형색은 물질이고 보는 것과 아는 것은 정신이라고 구별해서 알 수 있습니다. 그와 마찬가지로 들을 때 〈듣는다; 들린다〉라고 관찰하면 귀와 소리는 물질이고 듣는 것과 아는 것은 정신, 맡을 때 코와 냄새가 물질이고 맡는 것과 아는 것은 정신,

먹어서 알 때[143] 혀와 맛은 물질이고 맛이 드러나는 것과 아는 것은 정신, 닿을 때 몸과 감촉은 물질이고 닿는 것과 아는 것은 정신이라고 각각 구별해서 알 수 있습니다. 감촉을 아는 것은 매우 광범위합니다. 온몸 어디서나 분명하게 드러납니다. 굽힘, 폄, 움직임, 감 등도 닿아서 아는 것과 관련됩니다. 그러므로 팔과 다리를 굽힐 때 〈굽힌다, 굽힌다〉라고 관찰하면 굽히는 동작과 뻣뻣함과 움직임은 물질이고 아는 것은 정신, 갈 때도 〈간다, 뻗는다〉라고 관찰하면 뻣뻣함과 움직임은 물질이고 아는 것은 정신, 배가 부풀 때 〈부푼다〉라고 관찰하면 팽팽함과 움직임은 물질이고 아는 것은 정신, 배가 꺼질 때 〈꺼진다〉라고 관찰하면 홀쭉해짐과 움직임은 물질이고 아는 것은 정신이라고 각각 구별해서 알 수 있습니다. 걷는 한 동작에도 다리를 들 때 가벼움이 불 요소, 앞으로 나아갈 때 뻣뻣함과 움직임이 바람 요소, 다리를 내릴 때 무거움이 물 요소, 다리를 디뎌서 바닥에 닿아 누를 때 지지함이 땅 요소, 이렇게 네 가지 요소로 구분돼 드러날 수도 있습니다.[144] 몸의 여러 동작, 물질의 여러 양상을 새길 때마다 계속해서 대상을 알지 못하는 몸과 물질이 따로, 아는 정신이 따로, 이렇게 구분돼 드러납니다. 이것이 바로 정신·물질 구별의 지혜nāmarūpapariccheda ñāṇa입니다.

부처님께서는 정신·물질 구별의 지혜가 생겨나는 모습을 비유로 설명하셨습니다. 청금석veḷuriya이라고 푸르게 반짝거리는 보석이 있습니다. 이 청금석을 반지에 박아 장식하기도 합니다. 청금석에 작은 구멍을 뚫어서 푸른 줄이든, 노란 줄이든, 붉은 줄이든, 흰 줄이든 꿰어놓

143 볼 때 등과 다른 저본의 표현에 따랐다.

144 『위빳사나 수행방법론』 제1권, pp.454~458 참조.

았다고 합시다. 그때 눈 밝은 사람이 줄로 꿰어놓은 보석을 보면 '이것은 보석이고 이것은 줄이다. 줄 한 가닥이 보석에 꿰어져 있구나'라고 구별해서 알 수 있습니다.(D2/D.i.72) 이 비유에서 보석은 물질법과 같고, 줄은 새겨 아는 정신법과 같습니다. 새겨 아는 마음, 정신이 부풂이나 꺼짐 등 새겨지는 물질법을 아는 것은 보석 속으로 줄이 꿰뚫고 들어가 있는 것과 같습니다. 이 비유는 매우 분명합니다. 지금 수행자들이 관찰해서 물질과 정신을 구별하는 모습과 매우 일치합니다.

조건과 결과만 드러나는 모습

그렇게 정신과 물질을 분명하게 구별해서 안 뒤 삼매와 지혜가 더 무르익으면 조건과 결과도 관찰하는 중에 분명하게 구별해서 알게 됩니다. 팔이나 다리를 굽히거나 펼 때 그전에는 굽히고 펴는 것을 관찰하도록 매우 신경을 써야 했습니다. 지혜가 무르익으면 굽히거나 펴기 전에 굽히려 하고 펴려 하는 마음들이 생겨나는 것을 분명하게 경험할 수 있습니다. 그래서 그러한 마음을 〈굽히려 함, 굽히려 함; 펴려 함, 펴려 함〉 등으로 먼저 새겨야 합니다. 그 뒤 굽히고 펴는 동작들을 〈굽힌다, 굽힌다; 편다, 편다〉라고 새겨야 합니다. 그래서 '굽힘과 폄이라는 동작은 굽히려 하고 펴려 하는 마음이 있어서 생기는구나. 조건이 있어서 결과가 있구나. 굽히거나 펴도록 만드는 어떤 실체는 없구나. 굽히고 있고 펴고 있는 어떠한 존재도 없구나. 조건과 결과만 있구나'라고 이해하게 됩니다. 지금 손가락을 조금 굽혔다 폈다 해 보십시오. 굽히려는 마음을 경험할 수 있습니까? 경험할 수 없을 것입니다. 왜 경험할 수 없습니까? 아직 새김과 삼매를 닦지 않았기 때문입니다. 끊임없이 관찰하는 수행자라면 새김과 삼매를 이미 닦은 상태이기 때문에 알 수 있을 것입니다. 이렇게 조건과 결과만 있는 것을 진실로 알고 싶으면 끊임없이 관찰해서 닦아 보십시오. 정확하게 노력하면 2~3일 안에, 혹은 4~6일 안에 조건과 결과를 알 수 있습니다. 〈본다〉라고 새기면 '눈과 형색이 있어서 봄이 생기는구나'라고 압니다. 〈듣는다〉라고 새기면 '귀와 소리가 있어서 들음이 생기는구나'라고 압니다. 이러한 방법으로 새길 때마다 계속해서 '조건과 결과일 뿐이구나'라고 이해합니다. 이것이 조건파악의 지혜paccayapariggaha ñāṇa입니다.

명상의 지혜

조건파악의 지혜가 무르익으면 관찰하는 물질법과 정신법을 처음과 끝으로 분명히 구별해서 알게 됩니다. 처음이라는 것은 생겨나는 성품입니다. 끝이라는 것은 사라지는 성품입니다. 새길 때마다 그렇게 처음 생겨나서 끝에 사라지는 것을 경험할 때 '항상하지 않은 무상anicca의 법일 뿐이다'라고 숙고합니다. 이것이 명상의 지혜sammasana ñāṇa입니다.

이 지혜에 대해 주석서에서는[145] 다음과 같이 설명했습니다.

Aniccaṁ veditabbaṁ. Aniccatā veditabbā. Aniccānupassanā veditabbā. (Vis.i.281)

대역

Aniccaṁ무상을; 무상한 법을 veditabbaṁ알아야 한다. aniccatā무상함을; 무상특성을; 무상하다고 알게 하는 특성을 vedi-

145 뒷부분에 "aniccānupassī veditabbo(무상 거듭관찰자를 알아야 한다)"라는 내용이 있다. 이 내용은 대부분 들숨날숨 수행주제의 뒷부분에 위빳사나 관찰과 관련해서 언급됐다. 『위숫디막가』의 명상의 지혜에 대한 내용에 이 내용이 구체적으로 언급되지는 않았지만 무상과 괴로움과 무아를 광범위하게 숙고하는 모습이 나온다.

tabbā알아야 한다. aniccānupassanā무상 거듭관찰을; 무상하다 고 거듭 관찰하는 지혜를 veditabbā알아야 한다.

이 내용을 게송으로 표현했습니다. 같이 독송합시다.

무상한법 알아야해 무상특성 알아야해
무상하다 거듭관찰 세가지를 알아야해

'무상anicca', 즉 무상한 법이란 순간도 끊임없이 생멸하고 있는 물질·정신 무더기입니다. 그래서 주석서에서는 다음과 같이 설명했습니다.[146]

Aniccanti khandhapañcakaṁ. (Vis.ii.276)

대역

Aniccanti무상이란; 무상한 법이란 khandhapañcakaṁ다섯 무더기이다.

이 내용을 게송으로 표현했습니다. 같이 독송합시다.

생멸모든 물질정신 무더기가 무상한법

물질·정신 무더기를 'anicca', '무상한 법'이라고 무엇 때문에 알 수 있는가 하면 생겨나서는 사라지고 없어지기 때문입니다. 그래서 주석서에서는 다음과 같이 무상특성을 설명했습니다.

146 앞에서 인용한 구절에서는 동일한 의미지만 "aniccanti pañcakkhandhā(무상이란 다섯 무더기다"라고(Vis.i.281) 저본의 표현과 조금 달라 표현이 동일한 '생멸의 지혜' 구절을 인용했다.

Aniccalakkhaṇaṁ hutvā abhāvākāro. (Vis.ii.276)[147]

대 역

Hutvā생겨나서는 abhāvākāro존재하지 않는 양상이; 사라지는 양상이 aniccalakkhaṇaṁ무상특성; 무상하다고 특성 짓게 해 주는 무상특성이다.[148]

사람들에게는 '누구다'라고 알게 해 주는 특성들이 각각 있습니다. 그와 마찬가지로 물질·정신 무더기에도 무상하다고 알게 해 주는 특성이 있습니다. 그것이 무엇일까요? 물질법과 정신법은 원래 존재하지 않다가 생겨날 때가 되면 생겨나고, 생겨나서는 찰나 정도만 머뭅니다. 그리고는 사라질 때가 되면 다시 없어져 버립니다. 그렇게 생겨나서는 사라지는 것이 바로 무상하다고 알게 해 주는 무상특성aniccalakkhaṇa입니다. 전혀 생겨나지 않는 것도 무상하다고 말할 수 없습니다. 열반이나 명칭 개념이 그 범주에 속합니다. 또한 생겨난 뒤 다시 사라지거나 무너지지 않고 영원히 존재하는 것도 무상하다고 말할 수 없습니다. 하지만 그렇게 생겨나서 영원히 존재하는 법은 없습니다. 생겨나서는 즉시 사라지는 법들일 뿐입니다. 그렇게 사라져 무너지는 것을 무상특성이라고 말합니다. 게송을 같이 독송합시다.

생겨나서 사라지는 특성바로 무상특성

147 인용문은 저본의 표현을 따랐다. "abhāvākāro"라는 표현은 다른 주석서에서 사용됐으며 (DhsA.378) 『위숫디막가』에서는 "abhāvasaṅkhāto"라고 표현됐다.

148 저본에서는 'hutvā생겨나서는 abhāvākāro존재하지 않는 양상을; 사라지는 양상을 aniccalakkhaṇaṁ무상특성이라고 한다; 무상하다고 특성 짓게 해 주는 무상특성이라고 한다'라고 번역했다. 이 구절은 빠알리어 원문을 따랐다.

생겨나는 순간의 물질과 정신 어느 하나를 관찰하면서 계속 사라지는 이 무상특성을 스스로 경험해서 알아야 합니다. 그렇게 관찰하면서 사라지는 것을 분명하게 경험해야 '무상한 법이구나'라고 스스로의 지혜로 결정할 수 있습니다. 그렇게 거듭 관찰하면서 '무상하다, 무상하다'라고 스스로의 지혜로 결정할 수 있어야 무상 거듭관찰의 지혜aniccānupassanā ñāṇa라고 부를 수 있습니다. 이렇게 경험하고 알고 결정하는 것도 관찰하면서 경험하고 알고 결정하는 것만 의미합니다. 그래서 다음 게송에서도 "관찰할 때"라고 특별히 언급했습니다. 게송을 같이 독송합시다.

관찰할때 소멸함을 알고보고 경험하여
무상하다 아는것이 무상거듭 관찰지혜

그렇게 생겨나서는 계속 사라져서 무상하다고 알고 보면 그 무상한 것은 괴로움일 뿐이라고도 드러납니다. 무아의 성품법일 뿐이라고도 드러납니다. 그래서 다음과 같이 게송으로 표현했습니다.

무상보면 苦드러나 苦드러나 무아보네

무상과 무상특성, 무상 거듭관찰에 대해서만 요약해서 설했습니다. 시간이 충분하다면 괴로움과 괴로움특성, 괴로움 거듭관찰도 각각 자세하게 설명해야 하고, 무아와 관련해서도 자아라고 집착하는 모습을 포함해[149] 무아와 무아특성, 무아 거듭관찰이라는 세 가지도 자세하게 설명해야 합니다.[150] 또한 덩어리ghana 네 가지가 부서지는 모습도 설

149 자아라고 집착하는 모습은 마하시 사야도 법문, 비구 일창 담마간다 옮김, 『아낫딸락카나숫따 법문』, pp.69~73 참조.

150 본서 p.233 참조. 자세한 설명은 『위빳사나 수행방법론』 제2권, pp.541~615 참조.

명해야 합니다.[151] 하지만 시간 관계상 무상에 대해서만 요약했습니다. 게송을 같이 독송합시다.

무상보면 苦드러나 苦드러나 무아보네
무아보면 열반성품 들어가 도달한다네

"무아보면 열반성품 들어가 도달한다네"라고 무아를 보면 열반에 도달한다고 표현했지만 무아를 한 번 보는 정도로 열반에 도달한다고 알아서는 안 됩니다. 지금 설명하고 있는 것은 아직 명상의 지혜 단계로 숙고하는 모습 정도일 뿐입니다.

무상과 괴로움과 무아에 관한 게송

무상과 괴로움과 무아라는 세 가지 특성을 한번에 볼 수 있도록 마하시 사야도의 게송을 정리하면 다음과 같습니다.

무상

무상anicca과 무상특성aniccalakkhaṇa과 무상 거듭관찰aniccānupassanā을 알아야 합니다. 그리고 관찰할 때마다 무상하다고 아는 수행자를 무상 거듭관찰자aniccānupassī라고 합니다. 이 내용을 게송으로 다음과 같이 표현할 수 있습니다.

151 상속덩어리santatighana, 모임덩어리samūhaghana, 작용덩어리kiccaghana, 대상덩어리ārammaṇaghana를 말한다. 『위빳사나 수행방법론』 제2권, pp.604~611 참조.

무상한법 알아야해 무상특성 알아야해
무상하다 거듭관찰 세가지를 알아야해
(가) 생멸모든 물질정신 무더기가 무상한법
(나) 생겨나서 사라지는 특성바로 무상특성
(다) 관찰할때 소멸함을 알고보고 경험하여
무상하다 아는것이 무상거듭 관찰지혜
(라) 관찰마다 무상하다 아는이가 무상거듭 관찰자

괴로움

괴로움dukkha과 괴로움특성dukkhalakkhaṇa과 괴로움 거듭관찰dukkhānupassanā을 알아야 합니다. 그리고 관찰할 때마다 괴로움이라고 아는 수행자를 괴로움 거듭관찰자dukkhānupassī라고 합니다.

괴로움법 알아야해 고통특성 알아야해
괴로움의 거듭관찰 세가지를 알아야해
(가) 생멸핍박 물질정신 무더기가 괴로움법
(나) 생성소멸 핍박하는 특성바로 고통특성
(다) 관찰할때 핍박함을 알고보고 경험하여
괴롭다고 아는것이 고통거듭 관찰지혜
(라) 관찰마다 괴롭다고 아는이가 고통거듭 관찰자

무아

무아anatta와 무아특성anattalakkhaṇa과 무아 거듭관찰anattānupassanā을 알아야 합니다. 그리고 관찰할 때마다 무아라고 아는 수행자를 무아 거듭관찰자anattānupassī라고 합니다.

무아인법 알아야해 무아특성 알아야해
무아라고 거듭관찰 세가지를 알아야해
(가) 생멸본성 물질정신 무더기가 무아인법
(나) 마음대로 되지않는 특성바로 무아특성
(다) 관찰할때 마음대로 되지않음 경험하여
무아라고 아는것이 무아거듭 관찰지혜
(라) 관찰마다 무아라고 아는이가 무아거듭 관찰자

생멸의 지혜

명상의 지혜 단계에서 계속 관찰해 나가며 '무상하다. 괴로움이다. 무아인 성품법일 뿐이다'라고 많이 숙고하고 반조해서 능숙하게 됐을 때는 특별히 숙고하지 않고 계속 관찰만 하게 됩니다. 그제야 앎이 빨라집니다. 새길 때마다 계속해서 새겨지는 물질·정신 대상들의 처음과 끝을 분명히 구별해서 알게 됩니다. 이것이 생멸의 지혜udayabbaya ñāṇa입니다. 이 단계에서는 빛도 경험합니다. 기뻐하고 만족하는 희열pīti도 강하게 일어납니다. 몸과 마음의 고요함인 경안passaddhi도 분명하게 생겨납니다. 깨끗함, 존경함 등 믿음saddhā도 강하게 생겨납니다. '새기지 못하는 것, 알지 못하는 것은 없다'라고 생각될 정도로 새김sati과 지혜ñāṇa도 매우 좋아집니다. 이 지혜 단계에 이른 수행자는 매우 행복하고 만족해합니다. 이러한 경험들이 앞서 해태·혼침에 대해 설명할 때 언급했던, 특별한 법의 맛이라고 할 수 있습니다. 일부 수행자들은 그러한 현상들을 경험할 때 '도와 과, 열반이라는 특별한 법을 얻었구나'라고까지 생각하기도 합니다.

무너짐의 지혜에서 형성평온의 지혜까지

생멸의 지혜 단계에서 경험하는 좋은 현상들도 관찰해서 제거해야 합니다. 그러면 관찰할 때마다 계속해서 사라지고 없어지는 것만 경험합니다. 〈부푼다〉라고 새기면 배의 모습이나 형체가 더 이상 드러나지 않습니다. 몸 전체의 모습이나 형체도 드러나지 않습니다. 휙휙 사라져 버리는 것만 경험합니다. 새겨지는 대상뿐만 아닙니다. 새겨 아는 마음도 알고 나서는 계속 사라져 버리는 것만 경험합니다. 어떤 대상을 새겨도 대상이나, 그것을 새겨 아는 마음이나, 앞과 뒤로 계속 사라져 버리는 것만 경험합니다. 다리의 모습, 몸의 모습은 전혀 드러나지 않습니다. 이것이 무너짐의 지혜bhaṅga ñāṇa입니다. 일부 사람들은 "〈든다, 간다, 놓는다〉 등으로 새기면 다리 등의 모습이나 형체라는 개념이 드러나는 것 아닌가"라고 트집을 잡기도 합니다. 그렇게 말하는 이들은 자신들이 아직 무너짐의 지혜를 경험하지 않았다는 사실을 시인하는 것입니다. 무너짐의 지혜를 경험해 본 수행자라면 그러한 불경스러운 말을 하지 않습니다.

무너짐의 지혜 단계에서 계속 사라지는 것만 경험해서 '두려운 것이다'라고 생각하게 됩니다. 그것이 두려움의 지혜bhaya ñāṇa입니다. 두렵다고 생각하기 때문에 다시 허물을 봅니다. 그것이 허물의 지혜ādīnava ñāṇa입니다. 허물을 보기 때문에 더 이상 즐기지 못합니다. 염오합니다. 그것이 염오의 지혜nibbidā ñāṇa입니다. 염오하기 때문에 벗어나려고 합니다. 그것이 벗어나려는 지혜muñcitukamyatā ñāṇa입니다. 벗어나고자 하기 때문에 벗어나려고 다시 특별히 관찰합니다. 그것이 재성찰의 지혜paṭisaṅkhā ñāṇa입니다. 재성찰의 지혜로 다시 관찰하기 때문에 무상과 괴로움과 무아의 성품들을 확실히 알고 보게 돼 형성평온의 지혜saṅkhārupekkhā ñāṇa에 도달합니다. 이 지혜는 매우 미묘하고 좋습니다. 특별히 주의를 기울이지 않아도 대상이 저절로 드러나고 관찰과 앎도 저절로 계속 이어지며 오랫동안 생겨납니다.

형성평온의 지혜가 생겨날 때 여섯 구성요소 평온chaḷaṅgupekkhā도 갖추게 됩니다. 성자의 집 전체 게송 중 "다섯제거 육구족 하나보호해"라는 게송에서 "육구족"이란 지금 설명하고자 하는 "여섯 가지 덕목을 구족해야 한다"라는 내용과 관련됩니다. 이 내용은 매우 중요합니다. 부처님께서 여섯 가지 덕목을 갖추는 모습을 다음과 같이 설하셨습니다.

성자의 집 ❷ 여섯 가지 구성요소를 갖췄다

여섯 가지 덕목을 갖춘 모습

Chaḷaṅgasamannāgato. (A.iii.279)

해 석

여섯 가지 구성요소를 갖췄다.

대 역

Chaḷaṅgasamannāgato hoti여섯 가지 구성요소를 갖췄다; 여섯 가지 구성요소를 갖춘 이다.

Kathañca, bhikkhave, bhikkhu chaḷaṅgasamannāgato hoti?

(A.iii.279)

해 석

비구들이여, 비구는 어떻게 여섯 가지 구성요소를 갖췄는가?

대 역

Bhikkhave비구들이여, bhikkhu비구는 kathañca어떻게 chaḷaṅgasamannāgato hoti여섯 가지 구성요소를 갖춘 이가 되는가?

"'여섯 가지 구성요소를 갖췄다'라는 말은 무슨 뜻인가"라는 의미입니다. 이렇게 부처님께서는 먼저 물으신 뒤 다음과 같이 스스로 대답하셨습니다.

Idha, bhikkhave, bhikkhu cakkhunā rūpaṁ disvā neva sumano hoti na dummano, upekkhako viharati sato sampajāno.

(A.iii.279)

해 석

비구들이여, 여기서 비구는 눈으로 형색을 보고 나서 좋은 마음도 없다. 나쁜 마음도 없다. 평온하게 지낸다. 새기고 바르게 알기 때문이다.

대 역

Bhikkhave비구들이여, idha여기서; 이 가르침에서 bhikkhu비구는; 윤회의 위험을 내다보는 이는; 번뇌를 무너뜨리려는 수행자는 cakkhunā눈으로 rūpaṁ형색을 disvā보고 나서 neva sumano hoti좋은 마음도 없다; 좋아하지도 않는다; 마음의 행복함도 없다. na dummano hoti나쁜 마음도 없다; 싫어하지도 않는다; 마음의 불편함도 없다. upekkhako viharati평온하게 지낸다; 좋아하지도 않고 싫어하지도 않고 평온하게 계속 알면서 지낸다. 《무엇 때문인가?》 sato새기고 sampajāno바르게 알며 viharati지내기 때문이다.

먼저 앞부분에서 "비구들이여, 여기서 비구는 눈으로 형색을 보고 나서 좋아하지도 않는다"라고 설하셨습니다. 여기서 "보고 나서"라는 단어에 특히 주의해야 합니다. 경전에는 짧지만 매우 중요한 부분들이 있습니다. 짧다고 주의하지 않고서 중요한 부분들을 무심코 해석하면 원래 의미가 사라져 버립니다. "보고 나서"라는 단어도 그렇습니다. 이 말은 "보고 난 뒤 번뇌가 생겨나지 않도록 해야 한다"라는 뜻입니다.

수행자가 이 정도까지 이르러야 칭송받을 만합니다. 보이지 않거나 알지 못하는 대상과 관련해서 번뇌가 생겨나지 않는 것은 칭송받을 만한 일이 아닙니다. 보이지도 않고 알지도 못하는데 어떻게 번뇌가 생겨나겠습니까? 한 번도 만난 적이 없는 사람은 좋아하지도 않습니다. 미워하지도 않습니다. 그것이 어찌 놀라운 일이겠습니까? 전혀 놀라운 일이 아닙니다. 직접 만난 적이 있는 사랑할 만한 사람을 좋아하지 않고, 싫어할 만한 사람을 미워하지 않는다면, 그것이야말로 칭송받을 만합니다. 수행자들이나 성자들은 그 형색이나 사람을 보기는 봅니다. 보기는 하지만 "neva sumano hoti좋은 마음도 없다; 좋아하지도 않는다; 마음의 행복함도 없다"라는 구절처럼 그 대상을 좋아하지 않는다는 뜻입니다. 좋아할 만한 형색을 보고도 좋아하지 않습니다. 하지만 일반인들은 자기가 좋아하고 바라는 대상들과 만나면 좋아합니다. 사랑하는 아들딸을 보면 미소를 지으며 기뻐합니다. 원하는 물건을 쉽게 얻으면 즐거워합니다. 그렇게 좋아할 만한 물건을 얻어도 수행자나 성자에게는 행복함이나 소중하게 아끼는 마음이 생겨나지 않는다는 뜻입니다.

또한 일반인들은 좋지 않은 대상이나 싫어할 만한 사람과 만나면 화를 냅니다. 마음이 불편합니다. 수행자들은 그렇게 되지 않습니다. 그래서 "na dummano hoti나쁜 마음도 없다; 싫어하지도 않는다; 마음의 불편함도 없다"라고 설하셨습니다.

지금까지 부처님께서 "눈으로 형색을 보고 나서 좋아하지도 않고 싫어하지도 않는다"라고 설하신 것에 대해 설명했습니다. 그렇다면 어떻게 되는가에 대해 부처님께서는 이어서 "upekkhako viharati평온하게 지낸다; 좋아하지도 않고 싫어하지도 않고 평온하게 계속 알면서 지낸다"라고 설하셨습니다. 그리고 마지막으로 "sato새기고 sampajāno

바르게 알며 viharati지내기 때문이다"라고 어떻게 좋아하지도 않고 싫어하지도 않고 평온하게 지낼 수 있는지 그 이유를 설하셨습니다. 새김을 확립해서 사실대로 바르게 알고 있기 때문이라는 뜻입니다. 물질과 정신이 생겨날 때마다 그것을 새겨 물질의 성품, 정신의 성품, 무상과 괴로움과 무아의 성품을 사실대로 바르게 알면서 지내기 때문이라는 의미입니다. 매우 중요한 내용입니다. 게송으로 다음과 같이 표현했습니다.

형색보고 관찰해 바르게알아

"Cakkhunā rūpaṁ disvā neva sumano hoti na dummano, upekkhako viharati sato sampajāno"라는 경전 구절 중 "cakkhunā rūpaṁ disvā(눈으로 형색을 보고 나서)"라는 내용을 "형색보고"라고, "sato(새기고)"라는 내용을 "관찰해"라고,[152] "sampajāno(바르게 알고)"라는 내용을 "바르게알아"라고 표현했습니다. 게송을 그냥 아무렇게나 만든 것이 아닙니다. 경전 번역과 일치하도록 만든 것입니다. "형색보고 관찰해 바르게알아", '형색을 보면 관찰하고 새겨서 물질과 정신의 성품, 무상과 괴로움과 무아의 성품을 바르게 알기를'이라는 뜻입니다. 그렇게 바르게 알면 어떻게 되는가에 대해 "안좋아해 안싫어 관찰평온해"라고[153] 표현했습니다. 같이 독송합시다.

안좋아해 안싫어 관찰평온해

152 원래 게송에는 '관찰하고 새겨라'라는 의미가 포함됐다.

153 원래 게송에는 '행복함과 함께하지 않고 마음이 상하지도 않고 관찰하며 평온하게 지낸다'라는 의미가 포함됐다.

'사실대로 바르게 알면 행복함도 생겨나지 않고 슬픔도 생겨나지 않으면서 평온하게 관찰하며 지낼 수 있는 결과를 얻을 수 있다'라는 뜻입니다. 아무리 좋아할 만한 형색을 보더라도 행복해하지 않습니다. 아무리 싫어할 만한 형색을 보더라도 불쾌해하지 않습니다. 그렇다면 어떻게 될까요? 평온하게 관찰하면서 지낸다는 뜻입니다. 이렇게 지낼 수 있는 사람은 누구일까요? 바로 아라한입니다. 아라한이라면 볼 때마다 계속해서 언제든지 이렇게 평온하게 지낼 수 있습니다. 아무리 좋아할 만하고 즐길 만한 대상과 만나더라도 아라한에게는 좋아함이 없습니다. 행복함이 없습니다. 아무리 싫어할 만하고 혐오할 만한 대상과 만나더라도 불쾌함이나 싫어함이 없습니다. 성냄이 없습니다. 그러한 형색이나 보는 성품의 생멸만을 사실대로 바르게 알고서 평온하게 지낼 수 있습니다. 단지 알기만 알 뿐, 이렇게 관찰하면서 지낸다는 뜻입니다. 이것은 아라한의 덕목입니다.

"그렇다면 지금 수행자들도 아라한처럼 될 수 있습니까?"라고 질문한다면 "될 수 있습니다"라고 대답해야 합니다. 주석서에 다음과 같이 설명돼 있기 때문입니다.

Taṁ āraddhavipassako bhikkhu kātuṁ sakkoti. (AA.iii.52)

대역

Taṁ그것은; 여섯 구성요소 평온은 āraddhavipassako처음 열심히 위빳사나를 노력하는 bhikkhu비구가 kātuṁ행하는 것이 sakkoti가능하다.[154]

154 『위빳사나 수행방법론』 제1권, pp.405~412 참조.

언제 가능할까요? 방금 언급한 대로 정신·물질 구별의 지혜[155]에 이르렀을 때 가능합니다. 지금처럼 설하는 정도, 듣는 정도로 생겨날 것이라고는 장담하지 못합니다. 진실로 열심히, 충분하게 수행하면 생겨날 것이라고는 말할 수 있습니다.

스스로 점검해 보라

어떤 수행지도 스승들은 자신의 제자들을 치켜세우며 법문하기도 합니다. "우리의 법문을 한 번 듣는 것만으로 수다원이 된다. 두 번 듣는 것만으로 사다함이 된다"라는 등으로 치켜세웁니다. 사람들을 쉽게 따르게 해서 자신의 교세를 넓히려는 의도일 것입니다. 그러한 스승들의 말대로 따라 했을 때 자신이 그렇게 되는지 안 되는지 방금 설명했던 위빳사나 지혜 단계를 통해, 혹은 법의 거울dhammādāsa이라는 네 가지 가르침을 통해[156] 스스로 점검해 볼 필요가 있습니다. 거울을 보고 자신의 모습을 알 수 있듯이 수행자는 법의 거울을 통해 자신의 수행단계(혹은 지혜단계)를 결정할 수 있습니다. 자신은 아무것도 모르는데 스승이 "당신은 수다원입니다"라고 말했다고 해서 수다원에 도달했다고 생각하는 것은 적당하지 않습니다. 수다원이라면 부처님의 덕목을 지혜로 경험해서 알기 때문에 부처님에 대한 믿음이 확고해야 합니다. "죽이겠다"라고 하더라도 부처님을 버리지 못할 정도로 믿음이 확고합니다.[157] 그것을 "buddhe aveccapasāda(부처님에 대한 동요하지 않

155 저본에는 이렇게 '정신·물질 구별의 지혜'라고 표현됐지만 본서 p.235에는 "형성평온의 지혜가 생겨날 때 여섯 구성요소 평온도 갖추게 됩니다"라고 설명했다. 또한 바로 위의 '처음 열심히 위빳사나를 노력하는 수행자'에는 여린 생멸의 지혜를 갖춘 수행자도 제일 낮은 단계로 포함된다. 『위빳사나 수행방법론』 제1권, pp.405~412 참조.

156 『위빳사나 수행방법론』 제2권, pp.434~443 참조.

157 『위빳사나 수행방법론』 제2권, pp.446~449 참조.

는 존경)"라고 말합니다. 부처님에 대해 지혜로 경험해 알고서 믿고 존경하는 믿음을 말합니다. 이것이 네 가지 법의 거울 중 첫 번째입니다. 이 내용을 기억하도록 짧게 다음과 같이 표현했습니다.

붓다덕목 알고봐 굳건히믿어[158]

수행자라면 부처님께서 설하신 그대로 물질과 정신만 존재한다는 사실을 직접 경험합니다. 모든 물질·정신이 한순간도 끊임없이 생멸하고 있다는 사실, 무상하고 괴로움이고 자아가 아닌 무아의 성품법일 뿐이라는 사실도 직접 경험합니다. 도의 지혜로 열반도 경험합니다. 과 증득에 입정해서[159] 과의 지혜로도 열반을 경험합니다. 그래서 부처님을 진짜 부처님, 바른 부처님이라고 확고하게 믿게 됩니다. 약을 먹고 병이 사라졌을 때 그 약을 처방해 준 의사의 능력을 알고 믿는 것과 같습니다.

이렇게 스스로 지혜로 경험해서 부처님을 확고하게 믿는 것과 마찬가지로 도와 과, 열반이라는 법도 스스로 증득해서 확고하게 믿습니다. 그리고 '법을 실천해서 도와 과에 도달한 성자의 모임인 승가도 나와 비슷하구나'라고 확고하게 믿습니다. 이것이 네 가지 법의 거울 중 두 번째와 세 번째입니다.

담마덕목 알고봐 굳건히믿어[160]
승가덕목 알고봐 굳건히믿어[161]

---

158 부처님의 위력을 직접 경험해서 알기 때문에 믿음이 확고하다.

159 증득samāpatti이란 '얻음, 성취'라는 뜻이다. 색계·무색계 선정 마음이나 과 마음이 계속 생겨나는 것이다. 『아비담마 강설 1』, p.334 참조.

160 가르침의 위력을 직접 경험해서 알기 때문에 믿음이 확고하다.

161 승가의 위력을 직접 경험해서 알기 때문에 믿음이 확고하다.

또한 성자들이 칭송하는 오계도 범하지 않고 완벽하게 갖추고 지냅니다. 이것이 네 가지 법의 거울 중 마지막입니다.

성자칭송 오계를 완전히구족[162]
성수다원 법거울 네가지구족[163]

이 법의 거울 네 가지를 잣대 삼아 스스로를 살펴봐야 합니다. 그중 "오계를 갖춘다"라는 것은 본래 성품에 따라 깨끗해져서 갖춘다는 뜻입니다. '나는 수행자니 오계를 갖추도록 노력해야지'라고 반조해서 단속하며 지키는 것을 말하는 것이 아닙니다. 범하려는 의도조차 생겨나지 않을 정도로, 계를 범할 만큼 매우 거친 마음조차 생겨나지 않을 정도로 계를 갖춘 것을 말합니다. 이러한 덕목을 갖추었는지 갖추지 못했는지 살펴봐야 합니다. 그렇게 살펴보지 않으면 어떤 사람처럼 '물러난 수다원'이 될까 염려됩니다.

물러난 수다원

예전에 어떤 거사가 본승을 찾아왔습니다. 그 거사는 평범한 사람이 아니었습니다. 견문도 어느 정도 갖춘 상류층 사람이었습니다. 그는 자신이 어떤 스승 밑에서 수행을 한 적이 있는데 수행을 마쳤을 때 그 스승이 "당신은 수다원입니다"라고 인가했다는[164] 말을 본승에게 했습니다. 성자법과 관련해서 부처님을 제외한 다른 제자 아라한이나

162 성자들이 칭송하고 아끼는 오계를 완전히 갖춘다.

163 성자聖者인 수다원은 네 가지 법의 거울을 갖춘다.

164 수행의 성취를 스승이 제자에게 인정하며 알려주는 것을 대승불교에서 '인가'라고 표현한다. 그 표현을 따랐다.

장로가 그렇게 인가해 주었다는 사실은 삼장 어디에도 없습니다. 본승은 부처님의 제자가 다른 이를 인가해서는 안 된다고 항상 말합니다. 지혜단계 법문만[165] 설합니다. 지혜단계 법문과 비교해서 스스로 결정하도록 지도합니다. 그 거사는 스승이 자신을 수다원이라고 인가해서 자신도 스스로 수다원이 됐다고 믿었다고 합니다. 그래서 수다원이기 때문에 오계도 잘 지키려 했습니다. 그러던 어느 날 그가 평소 존경하던 다른 큰스님을 찾아뵙고 자신이 수행했던 것, 보고 경험했던 것과 함께 수다원이 됐다고 인가받은 것 등을 말씀드렸습니다. 그 큰스님은 본승이 스승처럼 모실 정도로 가까운 사이입니다. 그 큰스님은 삼장에 대해서도 아주 밝으십니다. 세납이 90세에 가까운데도 지금도 매우 정정하십니다. 그는 다음과 같이 큰스님께 말씀드렸습니다.

"스님, 저는 수행을 좀 했습니다. 몸을 관찰하면 요소나 성품법들이 하나하나 드러납니다. 수행지도 스승도 저를 수다원이 됐다고 인가했습니다. 그래서 저도 수다원이라고 믿고 있습니다, 스님."

그러자 큰스님은 다음과 같이 말했습니다.

"자네는 아직 법을 얻은 것이 아니네. 수다원과는 더욱 거리가 머네."

그러자 그 거사는 자기에게 일어난 일에 대해 사실대로 말씀드렸습니다.

"스님, 저는 스님 말씀대로 사실 아무것도 아니었습니다. 수행지도

165 위빳사나 지혜를 모두 갖췄다고 생각되는 수행자, 한 달 반이나 두 달 등 충분한 시간 동안 수행했다고 생각되는 수행자에게 들려주는 법문이다. 위빳사나 지혜가 생겨나는 모습, 수행자가 경험하는 모습이 자세하게 설명돼 있다.

스승이 제가 수다원이라고 했기 때문에 수다원의 실천행과 일치하도록 오계를 확실하게 지키려고 노력했습니다. 지금 스님께서 '아무것도 아니네'라고 말씀하시니 이제 오계도 지키지 않으려 합니다."

그러자 큰스님은 다음과 같이 격려했습니다.

"그러지 마시게. 누가 무어라 말하든 처음에는 스스로 수다원이라고 믿는 일이 있을 수 있다네. 그러니 뒤로 물러나지 마시게. 오계도 이전처럼 잘 지키도록 하시게."

그 거사처럼 '물러난 수다원'이 되지 않도록 하는 것이 중요합니다.

스스로 경험해야 알 수 있다

지금 설명하고 있는 여섯 구성요소 평온chaḷaṅgupekkhā은 진실로 생겨나는 것입니다. 어떻게 생겨날까요? 형성평온의 지혜에 도달하면 볼 때마다 계속해서 형색을 관찰해서 생멸하는 것을 사실대로 압니다. 그때는 좋아할 만한 대상을 만나더라도 기뻐하지 않고 단지 알기만 알면서 관찰할 수 있습니다. 스스로 경험해서 알 수 있습니다. 아직 범부인데도 경험합니다. 하지만 형성평온의 지혜는 마치 성자들이 경험하는 것처럼 매우 좋습니다. 아무리 좋아할 만한 대상을 보더라도 좋아함이 생겨나지 않습니다. 아무리 싫어할 만한 대상을 보더라도 아무렇지도 않습니다. 참을 수 있습니다. 단지 알기만 아는 상태로 알아 나갑니다. 생겨나면 사라져 버리고, 다시 생겨나면 사라져 버리고, 이렇게 생멸하는 성품만 계속 알아 나갑니다. 그래서 이 지혜단계에 이른 수행자라면 아라한이 갖춘 이 여섯 구성요소 평온의 덕목을 자신도 갖췄다는 사실을 알 때 자신이 매우 존경스러울 것입니다. 다른 사람들은 알지 못해 자신을 존경하지 않더라도 상관없습니다. 자신 스스로 성자의 상태를 경험하고 있기 때문에 자신을 매우 존경하는 것입니다. 마음도 매우 미묘하고 부드럽습니다. 탐욕이 생길 만한 대상에 대해 탐욕이 생겨나지 않습니다. 성냄이 생길 만한 대상에 대해 성냄이 생겨나지 않습니다. 좋아할 만한 것에 대해 좋아하지 않습니다. 싫어할 만한 것에 대해 싫어하지 않습니다. 계속 평온하게 지냅니다. 한 시간 수행하면 한 시간 내내, 두세 시간 수행하면 두세 시간 내내, 하루 종일 수행하면 하루 종일 단지 알기만 아는 상태로 계속 끊임없이 관찰합니다. 방해나 장애가 전혀 없습니다. 매우 좋습니다. 이러한 법의 맛을 경험하고 싶으면 직접 수행해 보십시오. 스스로 수행해야 경험할 수 있습니다. 본승이 설하는 것만으로 그러한 법의 맛이 드러나는 것이 아닙니다. 이 내용을 게송으로 "나한처럼 수행자 관찰가능해"라고 표현했습니다. 여섯 구성요소 평온은 아라한들의 덕목이지만 위빳사나 수행자도 관찰하면 가능하다는 주석서의 설명에 따라 게송으로 표현한 것입니다. 같이 독송합시다.

나한처럼 수행자 관찰가능해[166]

좋아할 만한 대상을 보고도 좋아하지 않고 싫어할 만한 대상을 보고도 싫어하지 않으면서 단지 알기만 아는 상태로 평온하게 관찰할 수 있는 것은 아라한의 덕목입니다. 하지만 수행자도 계속 관찰해서 형성평온의 지혜에 도달하면 이 덕목이 생겨날 수 있다는 의미입니다. 진짜 생겨나는지 생겨나지 않는지 직접 경험해 보십시오. 수행해 보면 확실하게 경험할 수 있을 것입니다.

166 아라한처럼 위빳사나 수행자도 관찰하면 여섯 구성요소 평온을 갖추는 것이 가능하다.

형색을 볼 때뿐만 아니라 소리를 들을 때나 냄새를 맡을 때 등 모든 경우에도 마찬가지입니다. 이 내용을 요약해서 게송으로 표현했습니다. 같이 독송합시다.

소리듣고 관찰해 바르게알아
냄새맡고 관찰해 바르게알아
맛을알고 관찰해 바르게알아
감촉닿고 관찰해 바르게알아
성품알고 관찰해 바르게알아
안좋아해 안싫어 관찰평온해
나한처럼 수행자 관찰가능해

이 게송은 여섯 문에서 여섯 구성요소 평온이 생겨나는 모습입니다. 간략하게 말하면 "여섯 문에서 아무리 좋은 대상과 만나더라도, 즉 어떤 형색을 보더라도, 어떤 소리를 듣더라도, 어떤 냄새를 맡더라도, 어떤 맛을 맛보더라도, 어떤 감촉을 닿더라도, 어떤 생각을 하더라도 좋아하지 않고, 아무리 나쁜 대상과 만나더라도 싫어하지 않는다. 그러면 어떻게 지내는가? 단지 알기만 아는 상태로 평온하게 관찰하며 지낸다"라는 뜻입니다. '생겨나서는 사라지므로 무상하다. 생멸이 괴롭히므로 괴로움일 뿐이다. 각각 성품에 따라 생멸해 버리므로 무아의 성품법일 뿐이다'라고 입으로만 읊조리는 것이 아닙니다. 저절로 알아지는 것입니다. 계속 관찰하면서 저절로 앎이 분명해집니다. 마치 손으로 잡아서 보듯이 확실하게 알 수 있습니다. 그렇게 알기 때문에 좋아할 만한 대상도 좋아하지 않고 싫어할 만한 대상도 싫어하지 않습니다. 평온하게 지냅니다. 한 시간 관찰하고 있으면 한 시간 내내 지속됩니다. 주위 사람들이 무슨 말을 하든지, 무슨 일이 일어나든지 전혀 신경 쓰지 않습니다. 관찰하던 대로 관찰하기만 합니다. 새김과 대상, 다시 새김과 대상, 이렇게 관찰하기만 합니다. 두 시간도 진행됩니다. 세 시간도 진행됩니다. 자세도 그대로 유지됩니다. 저림이나 통증 등 받아들이기 힘든 느낌도 생겨나지 않습니다. 이 지혜 단계에 도달하면 원래 있던 병으로 인한 괴로운 느낌도 사라집니다. 또한 사라진 뒤에 다시 생겨나지도 않습니다. 단번에 사라집니다. 여섯 문에서 평온하게 관찰할 수 있는 이 덕목은 아라한이라면 항상 갖추고 있습니다. 그 밖의 사람은 수행하고 있을 때만 갖출 수 있습니다. 그러므로 위빳사나 수행자도 수행하기만 하면 아라한의 덕목을 갖추면서 지낼 수 있습니다. 자신에게 아라한의 덕목이 갖춰졌다면 매우 좋을 것입니다. 자신이 매우 존경스러울 것입니다. 그러한 사람을 아무것도 모르고 비난하고 트집을 잡는 사람에게는 큰 허물이 생겨날 것입니다. 이것도 주의해야 합니다. 그러니 조건이 마련될 때 그러한 법들을 수행해 보는 것도 잊지 말기 바랍니다. 본승은 부처님을 대신해서 전할 뿐입니다. 설하기만 할 수 있습니다. 부처님께서도 설하시기만 할 수 있습니다. 더 어떻게 해 줄 수 없습니다. 사람마다 직접 실천해야 스스로 경험해서 알 수 있습니다. 여섯 구성요소 평온chaḷaṅgupekkhā에 대한 설명은 이 정도면 충분한 것 같습니다.

성자의 집 ❺ 독자적 진리를 잘라냈다

독자적 진리

성자의 집 전체 게송에서 "다섯제거 육구족 하나보호해"라는 게송에 따라 다섯 가지 장애를 제거하는 모습, 여섯 덕목을 구족하는 모습, 보호함 하나를 갖추는 모습을 설명했습니다. 이어서 "넷을의지 독자견 거부해야해"라는 게송 중에서 의지해야 하는 네 가지를 의지하는 모습도 설명했습니다. 이제 '독자견獨自見'이라고 표현한 독자적 진리를 제거하는 모습을 간략하게 설명하겠습니다.[167]

독자적 진리란 간단하게 상견sassataditthi과 단견ucchedaditthi 두 가지입니다. 세상에서 상견을 가진 이는 '중생들은 죽은 후에도 계속 유지된다'라고 말합니다. 어느 한 곳에서 다른 곳으로 영혼이나 목숨이 옮겨가면서 그대로 유지되고 존재한다고 생각합니다. 반대로 단견을 가진 사람들은 '개인이나 중생이 죽으면 전혀 존재하지 않게 된다. 모두 사라지게 된다'라고 믿고 고집합니다. 이들은 '죽은 뒤에 저 세상, 이 세상이 존재한다는 말은 전혀 쓸모없는 말이다. 틀린 말이다. 옳지 않은 말이다'라고 말합니다. 요즘 세상의 물질론rūpavāda과 같은 종류입니다.

상견과 단견을 가진 사람들은 자기 견해만 맞고 다른 견해는 모두 틀렸다고 거부합니다. 이것은 사견을 가진 이들이 으레 가는 길입니다. 다른 사람들의 견해가 맞다고 한다면 자기의 견해가 틀린 것이 되기 때문입니다. 그러나 고유성품 법sabhāva dhamma에 비추어 살펴보면 모

167 이 덕목에 관한 빠알리어 원문과 대역, 해석이 저본에 없어 그대로 따랐다. 빠알리어 원문과 해석은 본서 pp.296~299 참조.

두 틀린 견해입니다. 그래서 그러한 사견을 '독자적 진리paccekasacca'라고 말합니다. 그러한 진리를 제거하는 것도 '아리야와사ariyāvāsa'라는 성자의 집 하나를 마련하는 것입니다. 독자적 진리를 제거하기 위해서 특별히 따로 무엇을 해야 할 필요는 없습니다. 앞서 언급했듯이 형성평온의 지혜에 도달하면 여섯 구성요소 평온을 갖추게 되고, 그 단계에서 계속 차례대로 수행해 나가면 수다원도의 지혜에 도달해 독자적 진리가 저절로 완전히 제거됩니다. 그래서 독자적 진리를 제거한다는 성자의 집도 다 설명했다고 말할 수 있습니다. 물론 더 자세하게 설한다면 사견을 집착하는 모습에는 열 가지나 있습니다. 이것을 극단 사견antaggāhikadiṭṭhi이라고 말합니다. 여기서는 간략하게 소개만 하겠습니다.

① 중생은 무너지지 않고 그대로 존재한다.
② 중생은 죽으면 없어진다. 그대로 존재하지 않는다.
③ 중생의 끝과 한계는 존재한다.
④ 중생의 끝과 한계는 존재하지 않는다.
⑤ 영혼과 몸은 하나다.
⑥ 영혼이 따로, 몸이 따로이다.
⑦ 중생은 죽은 뒤에도 존재한다.
⑧ 중생은 죽은 뒤에 존재하지 않는다.
⑨ 중생은 죽은 뒤에 존재하기도 하고 존재하지 않기도 한다.
⑩ 중생은 죽은 뒤에 존재하는 것도 아니고 존재하지 않는 것도 아니다.

이 내용들이 독자적 진리라고 불리는 사견들에 집착하는 모습들입니다. 이 정도로 간략하게 설명을 마치겠습니다. "넷을의지 독자견 거부해야해"라는 게송까지 성자의 집 다섯 항목이 끝났습니다.

성자의 집 ⑥ 추구를 완전히 버리고 그만뒀다

추구 세 가지

이어서 "추구버려 사유청 호흡고요해"라는 게송을 설명하겠습니다.[168] 먼저 "추구버려"란 추구하는 것을 버리고 그만둬야 한다는 뜻입니다. '추구'에는 감각욕망추구kāmesanā, 존재추구bhavesanā, 청정범행추구brahmacariyesanā라는 세 가지가 있습니다. 먼저 '감각욕망추구'란 감각욕망거리, 감각욕망대상을 좋아하고 즐겨서 추구하는 것을 말합니다. 이것은 언제 없어질까요? 앞에서 언급했듯이 새김으로 끊임없이 관찰해 가면 수다원이 됩니다. 그래도 아직 없어지지 않습니다. 사다함이 돼도 없어지지 않습니다. 아나함이 돼야 감각욕망거리를 추구하는 것이 완전히 없어집니다. 모두 사라집니다. 그렇게 아나함이 되도록 수행해야 한다는 뜻입니다.

'존재추구'란 새로운 생, 새로운 존재를 추구하는 것입니다. 이것은 아나함이 돼도 없어지지 않습니다. 아나함이라도 색계존재rūpabhava나 무색계존재arūpabhava를 아직 바라고 있습니다. 자기의 생을 스스로 즐기고 있습니다. 존재추구는 아라한이 돼야 완전히 사라집니다. 그래서 아라한이 되도록 수행해야 한다는 뜻입니다. 감각욕망추구나 존재추구를 제거하기 위해서 특별히 따로 수행할 것은 없습니다. 앞서 말한 새김을 통해 차례대로 관찰해 나가기만 하면 아라한이 됐을 때 모두 사라질 것입니다.

'청정범행추구'란 거룩하다고 생각되는 실천행을 추구하는 것입니다.

168 이 덕목에 관한 빠알리어 원문과 대역, 해석이 저본에 없어 그대로 따랐다. 빠알리어 원문과 해석은 본서 pp.298~299 참조.

즉 진실로 바르고 거룩한 실천행을 아직 모르는 범부들이 이 수행이 맞는 듯, 저 수행이 맞는 듯, 이리저리 따라가며 삿된 견해, 삿된 실천행을 추구하는 것을 말합니다. 그렇게 사견에 해당되는 청정범행추구는 수다원도에 도달하면 진실로 거룩한 실천행인 팔정도를 알게 되기 때문에 완전히 사라집니다. 그래서 감각욕망추구, 존재추구, 청정범행추구라는 세 가지 추구를 제거하는 성자의 집 하나를 갖추도록 수행해야 합니다.

성자의 집 ❼ 생각이 혼탁하지 않다

생각도 깨끗해야 한다

"추구버려"에 이어서 "사유청"이라고[169] 했습니다.[170] 생각도 깨끗해야 한다는 뜻입니다. 이 덕목도 생각이 생겨날 때마다 계속 새김을 통해 관찰하고 있으면 갖춰집니다. 바라고 좋아하면서 생각하는 감각욕망사유kāmavitakka가 생겨나면 즉시 관찰해서 제거합니다. 다른 사람을 죽이려 하거나 파멸시키려는 분노사유byāpādavitakka도 즉시 관찰하면 사라집니다. 다른 사람을 괴롭히려는 해침사유vihiṁsāvitakka도 즉시 관찰하면 사라집니다. 그래서 생각도 깨끗하게 됩니다. 그렇게 관찰해서 아라한이 되면 마음이나 생각이 언제나 깨끗하게 됩니다. 생각을 깨끗하게 하는 성자의 집 하나를 갖추도록 노력해야 합니다.

169 원래는 '사유청정'으로 표현해야 하나 미얀마 게송의 운율을 맞추기 위해 '사유청'으로 표현했다.

170 이 덕목에 관한 빠알리어 원문과 대역, 해석이 저본에 없어 그대로 따랐다. 빠알리어 원문과 해석은 본서 pp.300~301 참조.

성자의 집 ❽ 몸의 형성이 고요하다

호흡도 고요해야 한다

"추구버려 사유청 호흡고요해"라는 게송에서 마지막으로 "호흡고요해"는 들숨날숨이 완전히 고요해진 색계 제4선정도 갖춰야 한다는 뜻입니다.[171] 성자의 집에 해당하는 다른 덕목들은 새김을 통해 차례대로 관찰해 나가면 갖출 수 있지만 제4선정은 특별히 수행해야 얻을 수 있습니다. 아라한이 되는 것만으로 누구나 얻을 수 있는 것이 아닙니다. 육신통 아라한chaḷābhiññā arahantā이나 삼명 아라한tevijjā arahantā[172] 등 특별한 아라한들만 제4선정을 구족합니다. 메마른 위빳사나 행자sukkhavipassaka라고[173] 불리는 아라한들은 제4선정을 갖추지 않았습니다. 제4선정을 갖추지는 못했지만 메마른 위빳사나 아라한도 열반에 도달한 것은 다른 아라한들과 마찬가지입니다. 하지만 제4선정까지 구족한 아라한이 된다면 더 좋을 것입니다. 단계가

171 이 덕목에 관한 빠알리어 원문과 대역, 해석이 저본에 없어 그대로 따랐다. 빠알리어 원문과 해석은 본서 pp.300~301 참조.

172 ①과거 여러 생의 일을 기억할 수 있는 숙명통지pubbenivāsañāṇa, ②보통의 눈으로 볼 수 없는 여러 대상을 볼 수 있는 천안통지dibbacakkhuñāṇa, ③감각욕망애착과 존재애착과 사견과 무명이라는 네 가지 누출번뇌를 완전히 제거하는 누진통지āsavakkhayañāṇa를 삼명tevijjā이라고 한다. 여기에 ④하늘을 날아가고 땅속으로 꺼지는 등 여러 가지 신통변화를 나툴 수 있는 신족통지iddhividhañāṇa, ⑤다른 이의 생각을 알 수 있는 타심통지cetopariyañāṇa, ⑥보통의 귀로는 들을 수 없는 여러 소리를 들을 수 있는 천이통지dibbasotañāṇa를 합해 육신통chaḷabhiññā이라고 한다.

173 사마타 수행을 통한 근접 삼매와 몰입 삼매를 의지하지 않고 위빳사나만으로 관찰하는 수행자를 말한다. 순수 위빳사나 행자suddhavipassanāyānika라고도 한다. 『위빳사나 수행방법론』 제1권, p.159 참조.

더 높다고 말할 수 있습니다. 윗단계와 아랫단계로[174] 나눈다면 선정을 얻지 못한 채 도와 과, 열반에 도달한 이는 아랫단계일 것입니다. 낮은 단계입니다. 선정도 얻고 도와 과도 얻었다면 윗단계일 것입니다. 더욱 좋을 것입니다. 그렇게 윗단계가 더욱 좋기는 하지만 수행자가 그것을 갖추기 위해 따로 노력할 수 있어야 생겨납니다. 제4선정을 갖추기 위해 노력하지 않아서 아랫단계로 열반에 도달하더라도 수행의 일은 끝납니다. 열반에 도달할 때는 부처님이든지, 육신통 아라한이든지, 삼명 아라한이든지, 메마른 위빳사나 아라한이든지 전혀 다르지 않습니다. 고통이 끝난 것은 동일합니다. 그러므로 들숨날숨이 완전히 고요해진 제4선정은 얻으면 더욱 좋고, 얻지 못해도 아라한이 된다면 충분하다는 사실에 주의해야 합니다.

성자의 집 ⑨,⑩ 잘 해탈한 마음과 잘 해탈한 통찰지가 있다

해탈하면 해탈한 줄 안다

성자의 집에 해당하는 마지막 두 덕목을 "마음해탈 혜해탈 열가지덕목"이라고 표현했습니다.[175] 그것들은 확실하게 갖춰야 하는 성자의 집

174 저본에는 '첫 번째 단계와 두 번째 단계'로 구별했으나 두 경우만 있어서 윗단계와 아랫단계로 표현했다.

175 이 덕목에 관한 빠알리어 원문과 대역, 해석이 저본에 없어 그대로 따랐다. 빠알리어 원문과 해석은 본서 pp.302~303 참조.

덕목들입니다. 차례대로 수행해 나가면 마음이 잘 해탈합니다. 탐욕이라는 번뇌의 손아귀에서도 벗어납니다. 성냄이라는 번뇌, 어리석음이라는 번뇌의 손아귀에서도 벗어납니다. 아라한도의 지혜에 도달하면 완전히 벗어납니다. 이것도 '아리야와사ariyāvāsa'라는 성자의 집 하나입니다.

그렇게 해탈하면 '해탈했다'라고 스스로 압니다. 그렇게 해탈한 것을 스스로 반조해서 아는 것을 '해탈통찰지suvimuttapaññā'라고 합니다. '탐욕과 성냄과 어리석음이 생겨나지 못할 정도로 잘 해탈했다'라고 반조해서 아는 통찰지라는 뜻입니다. 이것도 '아리야와사ariyāvāsa'라는 성자의 집 하나입니다.

아라한의 마음은 어떠한 대상들과 만난다 하더라도 잘 해탈해 있습니다. 애착이나 집착이 없습니다. 탐욕으로 애착하지도 않고, 성냄으로 집착하지도 않고, 어리석음으로 집착하지도 않고, 자만으로 집착하지도 않습니다. 어떠한 번뇌들로도 집착하지 않습니다. 완전히 해탈했습니다. 그것을 "suvimuttacitto 잘 해탈한 마음"이라고 설하셨습니다. 게송으로는 '마음해탈'이라고 표현했습니다. 그리고 그렇게 해탈한 것을 반조해서 압니다. 그것을 "suvimuttapaññā 잘 해탈한 통찰지"라고 설하셨습니다. 잘 해탈했다고 돌이켜 숙고하는 반조의 지혜paccavekkhaṇa paññā입니다. 게송에서는 '혜해탈'이라고 표현했습니다. '나의 마음은 잘 해탈했다. 어떠한 장애나 오점도 없다. 완전히 벗어났다'라고 스스로의 지혜로 아는 반조의 지혜를 말합니다.

아라한이 되고 나서야 반조하는 것은 아닙니다. 수다원이 돼도 번뇌가 사라진 만큼 해탈한 것을 압니다. 마음이 과거와 같지 않습니다. 물질·정신 법들을 물질·정신 법들일 뿐이라고 사실대로 바르게 압니다.

중생이나 개인이라고 할 만한 실체가 사라집니다. 본승에게 한 수행자가 와서 다음과 같이 말한 적이 있습니다. "스님, 전에는 돌이켜 숙고해 보면 어떤 실체가 있었습니다. 어떤 영혼이 있는 것 같았습니다. 그런데 지금은 돌이켜 숙고할 때마다 생멸하고 있는 물질과 정신만 존재합니다. 그것만 분명해서 어떤 실체나 영혼이라는 것이 사라졌습니다." 수다원이 된 이후로 존재더미사견sakkāyadiṭṭhi이[176] 사라져서 그렇게 말한 것입니다. 자기 스스로의 지혜로 돌이켜 생각해서 말한 것입니다. 본승이 설해준 것이 아닙니다. 그는 아주 바람직한 수행자였습니다.

또한 수다원이 되면 의심vicikicchā도 사라집니다. 보통 의심은 의심할 만한 것이 없으면 일어나지 않습니다. 하지만 수다원은 부처님과 가르침, 승가와 관련해 어떤 사람이 의심이 생겨나도록 말해도 의심이 생겨나지 않습니다. 누가 뭐라고 말해도 수다원은 부처님과 가르침, 승가와 관련해서 전혀 의심하지 않습니다. 그래서 '의심과 관련해서 마음이 완전히 해탈했다'라는 사실이 수다원에게는 분명합니다. 이러한 방법으로 수다원도 수다원에 적당하게 해탈했습니다. 사다함도 사다함에 적당하게 해탈했습니다. 아나함은 감각욕망애착kāmarāga과 분노byāpāda 등에서 벗어난 사실이 매우 분명합니다. 이러한 사실들은 스스로의 지혜로 아는 것이지 다른 사람이 말해 주는 것을 믿어서 아는 것이 아닙니다. '사라질 만한 번뇌들이 사라졌다. 없다'라는 사실을 스스로 반조할 때마다 계속 분명하게 알 수 있습니다. 그래서 마음의 측면에서도 번뇌에서 해탈했고, 지혜의 측면에서도 '그러한 번뇌들이 나에게 생겨나지 않는다'라고 해탈한 것을 알아야 합니다.

176 존재더미사견이란 분명히 존재하는 것은 물질과 정신일 뿐인데 그것을 사람이나 개인 등 어떤 실체로 견지하는 사견을 말한다. 『헤마와따숫따 법문』, pp.184~185 참조.

스스로 수다원이라고 생각하는 사람이 있다고 합시다. 그런데 그에게 수다원이라면 사라져야 할 번뇌들이 계속 생겨난다면, 악행도 삼가지 않고 다른 생명체를 해치려는 마음도 여전하다면, 그런데도 수다원이라고 계속 불리기를 바란다면 그는 자기합리화를 위해 '수다원은 다른 생명을 죽일 수 있다. 죽인다'라고 확신까지 할 수 있습니다. 그것은 적당하지 않습니다. 술을 좋아하는 사람이 술도 여전히 마시고 싶고 수다원이라는 이름도 여전히 듣고 싶어서 '수다원은 술도 마신다'라고 결론내리기도 합니다. 그것도 적당하지 않습니다. 그렇게 자기 스스로 법에 맞지 않게 결정하면 어찌 되겠습니까? 법에 따라 결정해야 합니다. 그래서 '마음해탈'이라는 표현 그대로 수다원이라면 그에 걸맞게 마음도 번뇌들의 영역에서 벗어나야 합니다. 사다함도 사다함에 걸맞게 벗어나야 합니다. 아나함도 아나함에 걸맞게 벗어나야 합니다. 그렇게 벗어난 사실도 돌이켜 생각할 때마다 계속해서 분명해야 합니다. 직접 경험으로 분명해야 합니다. 책을 보고 분명한 것이 아닙니다. '수행하기 이전에는 생겨날 만한 번뇌들이 생겨났다. 지금 특별한 법을 얻고 나서는 이전에 생겨나던 번뇌들이 더 이상 생겨나지 않는다'라는 사실을 마치 증인이 있듯이 스스로 분명히 안다는 뜻입니다. 게송을 같이 독송합시다.

마음해탈 혜해탈 열가지덕목
성자의집 설하신 거룩한붓다

『아리야와사 법문』을 모두 마칩니다. 마지막으로 게송들을 다시 한 번 독송하겠습니다.

다섯제거 육구족 하나보호해
넷을의지 독자견 거부해야해
추구버려 사유청 호흡고요해
마음해탈 혜해탈 열가지덕목
성자의집 설하신 거룩한붓다

무상한법 알아야해 무상특성 알아야해
무상하다 거듭관찰 세가지를 알아야해
생멸모든 물질정신 무더기가 무상한법
생겨나서 사라지는 특성바로 무상특성
관찰할때 소멸함을 알고보고 경험하여
무상하다 아는것이 무상거듭 관찰지혜

무상보면 苦드러나 苦드러나 무아보네
무아보면 열반성품 들어가 도달한다네

열반을 경험하면 제일 낮은 단계로 수다원이 되어 사악도에서 벗어납니다. 제일 낮은 단계인 수다원에 이를 때까지 "생겨관찰 새겨야 보호항상둬"라는 게송에 따라 새김이라는 보호를 갖추도록 수행해 나가야 합니다. 그보다 더 수행할 수 있다면 아라한도와 아라한과에까지 이르도록 노력해야 합니다.

『아리야와사 법문』을 정성스럽게 들은
청법선업 의도의 공덕으로
성자의 집에 해당하는 법들을 갖추도록 노력하기를.
성자의 집을 잘 짓기를.
성자의 집에서 편안하고 안전하게 지내기를.
그리하여 윤회윤전에서 벗어나
모든 고통이 사라진 거룩한 열반의 행복을
빠르게 증득하기를.

사두, 사두, 사두.

『아리야와사 법문』이 끝났습니다.

부록

부록 1

저본의 주석

저본의 주석 1 수다원의 오계구족

본서 p.78에 '오계가 갖추어지지 않으면 수다원이 아니다'라고 잘 기억하라고 말했습니다. 그 내용에 관해 조금 더 설명하겠습니다. 다시 설명하는 이유는 아직 배움이 적은 이들에게 '들어서 아는 지혜sutamaya ñāṇa'를 향상시켜 주기 위해서입니다. 앞서 말했던 것을 더욱 확고하게 하기 위한 것이 아닙니다. 왜냐하면 부처님 입멸 후 2,500여 년이 지난 지금까지 《본문에서 말한 수다원도 사람을 죽일 수 있다는 글을 쓴 작가를 제외한》 불교 교리에 해박한 이들은 한목소리로 수다원은 오계와 관련해서 매우 청정하고 완벽하다는 것을 인정하고 있기 때문입니다. 더 나아가 불자가 아닌 빠알리어 학자들도 그렇게 인정하고 있습니다.

사실은 그 작가 혼자서 경전 근거 없이 자기만의 견해로 머릿속에 떠오른 것들을 유추해서 쓴 내용입니다. 그 기사를 보고 배움이 적은 이들이 '맞구나'라고 생각해서 그대로 기억하고 말하고 글을 쓰고 설명하는 일들이 많아지면 부처님의 가르침이 손상되고, '술꾼 수다원'이나 '파계 수다원' 등 저속한 말들이 등장할 것입니다. 이것은 불교 교법은 물론이고 많은 사람에게도 좋지 않은 결과를 주기 때문에 상황에 맞게 훈계하는 의미로 이 『아리야와사 법문』에 첨가해서 설명했던 것입니다.

법문 중에 자세히 설명하는 것은 적당하지 않기 때문에 그때는 충분히 설명하지 못했습니다. 책을 펼 때는 배움이 적은 이들을 위해 자세하게 설명하는 것이 적당하다고 생각해서 이와 관련된 경전과 주석서 근거를 부록으로 설명하는 것입니다.

『앙굿따라 니까야』「식카숫따Sikkhāsutta(수련경)」에서[177] 부처님께서는 수다원과 사다함을 다음과 같이 표현하셨습니다.

Sīlesu paripūrakārī hoti samādhismiṁ mattaso kārī paññāya mattaso kārī. (A.i.232/A3:85)

해 석

계의 측면에서는 완성했지만 삼매의 측면에서는 어느 정도만 행했고 통찰지의 측면에서도 어느 정도만 행했다.

"수다원은 계는 완벽하게 실천했지만 삼매와 통찰지는 어느 정도만 실천했다"라는 뜻입니다. 하지만 같은 경에서 아나함과 아라한을 "sīlesu paripūrakārī(계의 측면에서 완성했다)"라고 표현한 것과 동일하게 수다원도 "sīlesu paripūrakārī"라고 동일하게 표현했기 때문에 계에 관해서는 수준이 같은 것으로 두고 설하셨습니다.

그러므로 수다원에게 감각욕망애착kāmarāga이나 분노byāpāda 등의 일부 번뇌가 아직 사라지지 않았다 하더라도 수다원도로 갖춘 믿음과 정진과 새김 등 다섯 기능의 힘을 통해, 비구라면 세상의 허물lokavajja이 있는 수련항목과 관련해서 계가 완벽하게 청정하고 완전하다고, 또한 재가자인 경우에도 오계가 완벽하게 청정하고 완전하다고 명심해야 합니다.

177 PTS에서는 「웃데사숫따Uddesasutta(외움 경)」라고(A3:85) 표현했다. 대림스님 옮김, 『앙굿따라 니까야』 제1권, pp.537~540 참조.

그러지 않고 "수다원에게는 아직 감각욕망애착이나 분노 등의 번뇌들이 사라지지 않았기 때문에 목숨이 위험에 닥치는 매우 긴급한 상황과 만났을 때는 계가 무너질 수 있다"라는 등 자신의 범부 마음으로 유추하고 궁리해서 말하면 그러한 말은 위에서 언급한 「식카숫따」 등 부처님의 가르침을 오염시키고 무너뜨리는 것입니다.

올바르게 이해하는 모습은 다음과 같습니다. 수다원에게는 도의 지혜로 구족된 믿음이 완벽하게 확고합니다. 계목단속pātimokkhasaṁvara이라고도 말하는 수련항목과 관련된 계도 믿음의 힘을 통해 성취되고 구족됐습니다. 간략하고도 분명하게 말하면 이렇습니다. 부처님을 믿는다면 부처님의 말씀을 따를 것이고 그러면 계가 구족될 것이고, 부처님을 믿지 않는다면 부처님의 말씀을 따르지 않을 것이고 그러면 계가 구족되지 않을 것입니다. 비유하자면 환자가 의사를 믿으면 의사의 말을 잘 따르고, 믿지 않으면 따르지 않는 것과 마찬가지입니다.

수다원들은 "buddhe aveccapasādena samannāgato", 부처님에 대해 지혜로 꿰뚫어서 흔들리지 않고 확고한 믿음을 갖추고 있습니다. 그와 마찬가지로 가르침과 승가에도 확고한 믿음을 갖추고 있습니다. 그러므로 부처님께서 "허물이 있으니 행하면 안 된다"라고 제정하고 금지해 놓은 모든 행동을 정성 다해 삼갑니다. 목숨을 버리더라도 지킵니다. 또한 도를 통해 성취한 정진도 갖췄기 때문에 게으르게 여법하지 않은 방법으로 필수품들을 구하지도 않습니다. 정진을 통해 힘들어도 올바른 방법을 통해 바른 생계sammāājīva로 필수품들을 구합니다. 그밖에 앞에서도 말했듯이 도를 통해 성취한 새김으로도 항상 새기고 있기 때문에 다스리지 못할 정도로 심한, 사악도에 가게 하는 탐욕apāyagamanīya lobha 등이 생겨나지 않습니다. 이러한 믿음과 정진과 새김 등 다섯 기능의 힘 때문에도 수다원의 계는 완벽하게 청정하다고 이해하고 명심해야 합니다.

다음의 주석서 내용은 이러한 의미를 직접 보여줍니다.

> Sacepi hi bhavantaragataṁ ariyasāvakaṁ attano ariyabhāvaṁ ajānantampi koci evaṁ vadeyya "imaṁ kunthakipillikaṁ jīvitā voropetvā sakalacakkavāḷagabbhe cakkavattirajjaṁ paṭipajjāhī"ti, neva so taṁ jīvitā voropeyya. Athāpi naṁ evaṁ vadeyya "sace imaṁ na ghātessasi, sīsaṁ te chindissāmā"ti. Sīsamevassa chindeyya, na ca so taṁ ghāteyya.
>
> (MA.iv.75; AA.i.354; VbhA.406)

해석

다른 생에 태어나 머물면서 자신이 성자인 사실을 모른다 하더라도 어떤 사람이 성제자에게 만약 "이 개미를 죽이면 우주 전체를 다스리는 전륜성왕이 될 것이다"라고 말하더라도 그 성제자는 개미를 죽일 수 없다. 또 다르게 말하자면 어떤 사람이 성제자에게 "만약 그대가 이 개미를 죽이지 못한다면 내가 그대의 머리를 자르겠다"라고 말해도 그렇게 말하는 이가 그 성제자의 머리를 자르는 일만 있게 될 것이다.[178] 그 성제자는 개미를 죽이지 못할 것이다.[179]

178 성제자의 머리만 잘릴 것이라는 뜻이다.

179 『위빳사나 수행방법론』 제2권, pp.451~453 참조.

이 주석서의 내용은 앞에서 언급한 “sīlesu paripūrakārī(계의 측면에서 완성했다)”라는 경전 구절과 일치하도록 이해하기 쉬운 근거를 하나 보인 것입니다.

이어서 아래는 수다원들이 스스로의 덕목을 가늠해 볼 수 있도록 부처님께서 설하신 「담마다사숫따Dhammādāsasutta(법 거울 경)」의 내용입니다.[180]

> Idhānanda, ariyasāvako buddhe aveccappasādena samannāgato hoti - ‘itipi so bhagavā arahaṁ … bhagavā’ti.
> Dhamme aveccappasādena samannāgato hoti - ‘svākkhāto bhagavatā dhammo … paccattaṁ veditabbo viññūhī’ti.
> Saṅghe aveccappasādena samannāgato hoti - ‘suppaṭipanno bhagavato sāvakasaṅgho, … anuttaraṁ puññakkhettaṁ lokassā’ti.
> Ariyakantehi sīlehi samannāgato hoti akhaṇḍehi acchiddehi asabalehi akammāsehi bhujissehi viññūpasatthehi aparāmaṭṭhehi samādhisaṁvattanikehi.
> Ayaṁ kho so, ānanda, dhammādāso dhammapariyāyo, yena samannāgato ariyasāvako ākaṅkhamāno attanāva attānaṁ byākareyya - ‘khīṇanirayomhi khīṇatiracchānayoni khīṇapettivisayo khīṇāpāyaduggativinipāto, sotāpannohamasmi avinipātadhammo niyato sambodhiparāyaṇo’ti. (D.ii.79; S.iii.311)

180 『위빳사나 수행방법론』 제2권 pp.434~443 참조.

해 석

아난다여, 여기서; 이 교법에서 성제자는 부처님에 대해 흔들리지 않는 믿음을 갖춘다 - '그 세존께서는 이와 같이; 특별한 공경을 받을 만하시기 때문에도 아라한이시다. … 여러 가지 복덕을 구족하셨기 때문에도 세존이시다'라고.

가르침에 대해 흔들리지 않는 믿음을 갖춘다 - '가르침은 잘 설해졌다. … 현자들이라면 각자 알 수 있다'라고.

승가에 대해 흔들리지 않는 믿음을 갖춘다 - '부처님의 제자는 잘 실천한다. … 세상에 위없는 복밭이다'라고.

성자들이 좋아하는 계를 갖춘다 - '훼손되지 않았고 뚫어지지 않았고 오점이 없고 얼룩이 없고 벗어나게 하고 지자들이 찬탄하고 들러붙지 않고 삼매에 도움이 된다'라고.

아난다여, 법의 거울이라는 가르침의 방편은 바로 이것이니, 이것을 구족한 성제자는 원하기만 하면 스스로 자신에 대해 '나는 지옥을 부수었고, 축생의 모태를 부수었고, 아귀계를 부수었고, 악도와 악처와 파멸처를 부수었다. 나는 수다원이 됐다. 파멸처에 떨어지게 하는 성품이 없고 확실하며 바른 깨달음으로 나아가는 이가 됐다'라고 수기할 수 있을 것이다.[181]

이 법의 거울 항목 중 네 번째가 지금 설명하고자 하는 내용과 관련됩니다. 그 구절을 주석서는 다음과 같이 설명하고 있습니다.

181 ㉯'수기한다byākaroti'는 것은 일반적으로 부처님께서 보살에게 언제 정등각자 부처님이 될 것이라고 확실하게 말하는 것을 뜻한다. 여기서도 틀림없이 확신을 갖고 말한다는 의미로 'byākareyya 수기할 수 있다'라고 표현됐다.

Ariyakantehīti ariyānaṁ kantehi piyehi manāpehi. Pañca hi sīlāni bhavantaragatāpi ariyā na kopenti, evaṁ tesaṁ piyāni. Tāni sandhāyetaṁ vuttaṁ. Akhaṇḍehītiādi sadisavasena vuttaṁ. Mukhavaṭṭiyañhi chinnekadesā pāti khaṇḍāti vuccati, majjhe bhinnā chiddāti, ekasmiṁ padese visabhāgavaṇṇā gāvī sabalāti, nānābinducittā kammāsāti, evameva paṭipāṭiyā ādimhi vā ante vā bhinnaṁ sīlaṁ khaṇḍaṁ nāma, majjhe bhinnaṁ chiddaṁ, yattha katthaci dvinnaṁ vā tiṇṇaṁ vā paṭipāṭiyā bhinnattā sabalaṁ, ekantaraṁ bhinnaṁ kammāsaṁ. Tesaṁ dosānaṁ abhāvena akhaṇḍāditā veditabbā. Bhujissehīti bhujissabhāvakarehi. Viññuppasatthehīti buddhādīhi viññūhi pasaṁsitehi. Aparāmaṭṭhehīti "idaṁ nāma tayā kataṁ, idaṁ vītikkanta"nti evaṁ parāmasituṁ asakkuṇeyyehi. Samādhisaṁvattanikehīti appanāsamādhiṁ upacārasamādhiṁ vā saṁvattetuṁ samatthehi. (SA.iii.308)

해 석

"성자들이 좋아하는"이란 '성자들이 좋아하고 사랑하고 아끼는'이라는 뜻이다. 사실 성자들은 오계를 다른 생에 도달해서도 무너지게 하지 않는다. 이와 같이 성자들이 좋아한다. 그것을[182] 염두에 두고 이 구절을[183] 말한 것이다. "훼손되지 않았고" 등은 같은 방법으로 말씀하셨다. 즉[184] 주둥이의 한 부분

182 ㉯다른 생에 도달해서도 무너지게 하지 않는 오계를.

183 ㉯"성자들이 좋아하는"이라는 구절을.

184 ㉯같은 방법인 모습은 다음과 같다.

이 부서진 그릇을 '훼손됐다'라고 말하고, 중간에 깨진 것을 '뚫어졌다'라고 말하고, 한 부분에 여러 다른 색깔을 가진 암소를 '오점이 있다'라고 말하고, 여러 곳에 많은 얼룩이 있는 암소를 '얼룩졌다'라고 말하듯이 그와 마찬가지로 계목의 차례에 따라서 처음이나 끝의 한 가지를 어긴 계를 '훼손됐다'라고 말하고, 중간의 한 가지를 어긴 계를 '뚫어졌다'라고 말하고, 한 부분의 두 가지나 세 가지를 차례대로 어긴 것을 '오점이 있다'라고 말하고, 띄엄띄엄 어긴 것을 '얼룩졌다'라고 말한다. 이러한 허물들이 없다는 뜻으로 "훼손되지 않았고" 등의 성품을 알아야 한다. ("벗어나게 한다"란 '벗어난 상태를 만들게 한다'라는 뜻이다. "지자들이 찬탄하고"란 '부처님 등의 지자들이 칭송하는'이라는 뜻이다. "들러붙지 않고"란 "'이것을 그대가 행했다. 이것을 그대는 범했다'라고 들러붙지 않는"이라는 뜻이다.)[185] "삼매에 도움이 된다"란 '몰입삼매나[186] 근접삼매를 생겨나게 한다'라는 뜻이다.

이 성전과 주석서를 통해 수다원 성자는 오계 중 어떤 하나도 어기지 않고 완벽하게 계가 청정하다는 사실, 이번 생뿐만 아니라 다음 여러 생에서도 계가 무너지지 않고 완벽하게 청정하다는 사실을 알 수 있습니다. 또한 "samādhisaṁvattanikehi 삼매에 도움이 된다"라는 덕목을 통해 계가 청정해야 진정한 삼매가 생겨난다는 사실도 알 수 있습니다.

185 저본에서 해석이 생략돼 *Mouthi* 본, 『*Mahāvaggasaṁyutta Aṭṭhakathā Nissaya*(상윳따 니까야 마하왁가 상윳따 주석서 대역)』 제2권, pp.411~412를 참조해서 번역했다.

186 ⓐ선정 삼매나 도와 과 삼매.

아래에 인용한 『앙굿따라 니까야』와 『상윳따 니까야』 경전에서는, 특히 성제자들이 삼가는 계목 다섯 가지를 각각 분명하게 보이고 있습니다.

"Yato kho, gahapati, ariyasāvakassa pañca bhayāni verāni vūpasantāni honti, catūhi ca sotāpattiyaṅgehi samannāgato hoti, … so ākaṅkhamāno attanāva attānaṁ byākareyya - 'khīṇanirayomhi khīṇatiracchānayoni khīṇapettivisayo khīṇāpāyaduggativinipāto, sotāpannohamasmi avinipātadhammo niyato sambodhiparāyano"ti.

"Katamāni pañca bhayāni verāni vūpasantāni honti? Yaṁ, gahapati, pāṇātipātī pāṇātipātapaccayā diṭṭhadhammikampi bhayaṁ veraṁ pasavati, samparāyikampi bhayaṁ veraṁ pasavati, cetasikampi dukkhaṁ domanassaṁ paṭisaṁvedayati, pāṇātipātā paṭivirato neva diṭṭhadhammikampi bhayaṁ veraṁ pasavati na samparāyikampi bhayaṁ veraṁ pasavati na cetasikampi dukkhaṁ domanassaṁ paṭisaṁvedeti. pāṇātipātā paṭiviratassa evaṁ taṁ bhayaṁ veraṁ vūpasantaṁ hoti."

"Yaṁ, gahapati, adinnādāyī … kāmesumicchācārī … musāvādī … surāmerayamajjapamādaṭṭhāyī surāmerayamajjapamādaṭṭhānapaccayā diṭṭhadhammikampi bhayaṁ veraṁ pasavati, … surāmerayamajjapamādaṭṭhānā paṭiviratassa evaṁ taṁ bhayaṁ veraṁ vūpasantaṁ hoti. Imāni pañca bhayāni verāni vūpasantāni honti."

"Katamehi catūhi sotāpattiyaṅgehi samannāgato hoti? Idha, gahapati, ariyasāvako buddhe aveccappasādena samannāgato hoti … dhamme … saṅghe aveccappasādena samannāgato hoti … ariyakantehi sīlehi samannāgato hoti … samādhisaṁvattanikehi. Imehi catūhi sotāpattiyaṅgehi samannāgato hoti. …

"Yato kho, gahapati, ariyasāvakassa imāni pañca bhayāni verāni vūpasantāni honti, imehi catūhi sotāpattiyaṅgehi samannāgato hoti, so ākaṅkhamāno attanāva attānaṁ byākareyya - 'khīṇanirayomhi … sotāpannohamasmi … sambodhiparāyano'ti."

(S.i.297; A.iii.404)

해 석

"장자여, 어느 때 성제자에게 다섯 가지 위험과 원한이 적멸하고, 수다원 구성요소 네 가지도 구족했다면 … 그때 그 성제자는 원한다면 '나에게 지옥이 다했고[187], 축생의 모태가 다했고, 아귀계가 다했고, 악도와 악처와 파멸처가 다했다. 나는 수다원이다. 파멸처에 떨어지지 않는다. 확실하다.[188] 바른 깨달음으로만 나아간다[189]'라고 스스로 스스로에 대해 수기할 수 있다.

"어떤 다섯 가지 위험과 원한이 적멸하는가? 장자여, 생명을 빼앗는 자는 생명을 빼앗는 것을 조건으로 금생의 위험과 원한도 낳는다. 내생의 위험과 원한도 낳는다. 정신적인 괴로움

187 ㉯지옥에 재생연결하는 것이 다했다는 뜻이다. 나머지도 마찬가지다.

188 ㉯'태어남의 지혜가 확실하다. 선처에 태어나는 것이 확실하다'는 뜻이다.

189 ㉯'윗단계의 세 가지 도에 확실히 도달할 것이다'라는 뜻이다.

과 근심도 겪는다. 생명을 빼앗는 것을 삼가는 이는 금생의 위험과 원한도 낳지 않는다. 내생의 위험과 원한도 낳지 않는다. 정신적인 괴로움과 근심도 겪지 않는다. 생명을 빼앗는 것을 삼가는 이는 이와 같은 위험과 원한이 적멸한다."

"장자여, 주지 않은 것을 가지는 자는 … 삿된 음행을 행하는 자는 … 거짓말을 하는 자는 … 곡주나 화과주, 취하고 방일하게 하는 것을 마시는 자는 곡주나 화과주, 취하고 방일하게 하는 것을 조건으로 금생의 위험과 원한을 낳는다. … 곡주나 화과주, 취하고 방일하게 하는 것을 삼가는 이는 이와 같은 위험과 원한이 적멸한다. 이러한 다섯 가지 위험과 원한이 적멸한다."

"어떤 수다원 구성요소 네 가지를 구족하는가? 장자여, 여기 성제자는 부처님에 대해 흔들리지 않는 믿음을 구족한다. … 가르침에 대해 … 승가에 대해 흔들리지 않는 믿음을 구족한다. … 삼매에 도움이 되는 성자들이 좋아하는 계를 구족한다. 이러한 수다원 구성요소 네 가지를 구족한다."

"장자여, 어느 때 성제자에게 이러한 다섯 가지 두려움과 위험도 적멸했고, 이러한 수다원 구성요소 네 가지도 구족했다면, 그때 그 성제자는 원한다면 '나에게 지옥이 다했고, 축생의 모태가 다했고, 아귀계가 다했고, 악도와 악처와 파멸처가 다했다. 나는 수다원이다. 파멸처에 떨어지지 않는다. 확실하다. 바른 깨달음으로만 나아간다'라고 스스로 스스로에 대해 수기할 수 있다."

위의 경전에서 위험과 원한이 생겨나는 모습을 주석서에서는 다음과 같이 설명했습니다.

Bhayaṁ veranti atthato ekaṁ. Verañca nāmetaṁ duvidhaṁ hoti bāhiraṁ ajjhattikanti. Ekena hi ekassa pitā mārito hoti, so cintesi "etena kira me pitā mārito, ahampi taṁyeva māressāmī"ti nisitaṁ satthaṁ ādāya carati. Yā tassa abbhantare uppannaveracetanā, idaṁ bāhiraṁ veraṁ nāma. Yā pana itarassa "ayaṁ kira maṁ māressāmīti carati, ahameva naṁ paṭhamataraṁ māressāmī"ti cetanā uppajjati, idaṁ ajjhattikaṁ veraṁ nāma. Idaṁ tāva ubhayampi diṭṭhadhammikameva. Yā pana taṁ niraye uppannaṁ disvā "etaṁ paharissāmī"ti jalitaṁ ayamuggaraṁ gaṇhato nirayapālassa cetanā uppajjati, idamassa samparāyikaṁ bāhiraveraṁ. Yā cassa "ayaṁ niddosaṁ maṁ paharissāmīti āgacchati, ahameva naṁ paṭhamataraṁ paharissāmī"ti cetanā uppajjati, idamassa samparāyikaṁ ajjhattaveraṁ. Yaṁ panetaṁ bāhiraveraṁ, taṁ aṭṭhakathāyaṁ "puggalavera"nti vuttaṁ. Dukkhaṁ domanassanti atthato ekameva. Yathā cettha, evaṁ sesapadesupi "iminā mama bhaṇḍaṁ haṭaṁ, mayhaṁ dāresu cārittaṁ āpannaṁ, musā vatvā attho bhaggo, surāmadamattena idaṁ nāma kata"ntiādinā nayena veruppatti veditabbā. Aveccappasādenāti adhigatena acalappasādena. Ariyakantehīti pañcahi sīlehi. Tāni hi ariyānaṁ kantāni piyāni. Bhavantaragatāpi ariyā tāni na vijahanti, tasmā "ariyakantānī"ti vuccanti. (SA.ii.68)

해 석

"위험과 원한"은 의미로는 동일하다. 원한이라는 것에도 외부와 내부라는 두 종류가 있다. 즉[190] 어떤 사람이 다른 사람의 아버지를 죽였을 때 죽은 이의 아들이 '나의 아버지를 이 사람이 죽였다고 한다. 나도 그를 죽일 것이다'라고 생각하고 예리한 칼을 가지고 다닌다. 이렇게 생각하며 다니는 이의 외부에 생겨나는 원한의 의도를 '외부의 원한'이라고 한다. 한편 죽인 이에게는 '내가 죽인 이의 아들이 나를 죽이려고 생각하며 다닌다고 한다. 내가 먼저 그를 죽이리라'라는 의도가 생겨난다. 이것을 '내부의 원한'이라고 한다. 방금 언급한 이 두 가지는 모두 금생의 원한이다. 《사람을 죽여서》 지옥에 떨어진 이를 보고서 "이 놈을 치리라"라고 하면서 훨훨 타오르는 쇠망치를 잡는 지옥사자들에게 생겨나는 의도가 내생의 외부 원한이다. '이 지옥사자들이 아무 잘못이 없는 나를 치려고 오는구나. 내가 먼저 그놈들을 치리라'라고 지옥에 태어난 이들에게 생겨나는 의도가 내생의 내부 원한이다. 이전 주석에서는 외부의 원한을 '개인적인 원한'이라고 설명했다. 괴로움과 근심도 의미로는 동일하다. 이와 마찬가지로 나머지 도둑질 등에서도 '이 사람이 나의 재산을 훔쳤다. 나의 아내를 범했다. 거짓말을 해서 나에게 불이익을 끼쳤다. 술을 먹고서 이러한 행위를 했다'라는 등으로 원한이 생기는 모습을 알아야 한다.[191] "흔들리지

190 ㉯자세하게 설명하자면.

191 ㉯성제자들에게는 이러한 모든 원한이 없어졌다는 것을 말한다.

않는 믿음"이란 동요하지 않는 믿음을 갖춘 것을 뜻한다. "성자들이 좋아하는"이란 오계다. 실로 오계를 성자들은 좋아하고 아낀다. 다른 생에 도달해서도 성자들은 오계를 버리지 않는다. 그래서 "성자들이 좋아하는"이라고 말했다.

이 정도로 보인 경전과 주석서 내용에 따라 진짜 수다원이라면 아무리 사소한 것이라도 오계가 무너지지 않는다는 사실, 오계를 완전히 구족하고 완전히 청정하다는 사실을 믿고 결정할 수 있습니다. 따라서 이러한 경전과 주석서 내용을 근거로 불교에 입문한 출가자와 재가자라면 '수다원은 오계를 완전히 구족해 청정하다. 오계를 구족하지 않고서 수다원이라고 불린다면 그러한 수다원은 부처님께서 설하신 경전, 또한 그것을 설명한 주석서의 문헌과 일치하는 진짜 수다원이 아니다. 가짜 수다원이다'라는 사실을 명심해야 합니다.

저본의 주석 2 **바람 요소의 역할**

본서 p.211에 바람 요소의 역할을 설명할 때 "움직이고 이동하네"라는 구절은 "samudīraṇarasā(움직이는 역할)"라는 성전 구절을 표현한 것입니다.(DhsA.368) 『나마루빠 빠릿체다Nāmarūpa pariccheda(정신·물질 구별)』라는 문헌에서는 "samudīraṇarasā"라는 표현 대신에 "samīraṇarasā(동작하는 역할)"라고 설명했습니다. 『아비담마와따라 띠까띠Abhidhammāvatāra Ṭīkāti(아비담마와따라 新 복주서)』에서는 "samudīraṇarasāti kampanarasā(움직이는 역할이란 동요하는 역할이다)"라고 설명했습니다. 그래서 'samudīraṇa(움직임)', 'samīraṇa(동작)', 'kampana(동요)'라는 이 세 단어는 의미로는 '움직이게 하는 것'이라는 뜻을 담고 있습니다. 그런데 『위숫디막가 마하띠까』에서는 '움직이게 한다'라는 의미를 취한 뒤 'pellana[192] 밀어줌'이라는 의미라고 설명했습니다.(Pm.i.448) '밀어줌'이란 자신과 함께 생겨나는 물질이나 자신에게 부딪힌 물질을 다른 곳에서 생겨나도록 밀어붙이는 힘입니다. 그 힘은 움직임이 일어날 때마다 항상 포함돼 있습니다. 하지만 팔이나 다리를 움직일 때 '민다'라고 말하지는 않습니다. '움직인다'라고만 말합니다. 그리고 다른 물질들을 밀어붙이는 바람 요소에는 움직임이라는 성품도 있습니다. 바람 요소는 스스로 움직일 수 있기 때문에 다른 것도 움직이도록 밀 수 있습니다. 비유하면 스스로 움직일 수 있는 소는 자기와 연결돼 있는 수레를 움직이게 할 수 있고 밀어줄 수 있는 것과 같습니다. 따라서 '밂'은 '움직임'에 포함됩니다. 움직임을 알면 밂도 아는 것입니다. 그러므로 많은 사람들이 사용해서 이해하기 쉬운 '움직임'만을 대표로 게송에 '움직이고 이동하네'라고 표현했습니다. 만약 『위숫디막가 마하띠까』의 설명과 일치시킨다면 "움직이고 이동시켜"라고 표현해야 합니다.[193]

192 저본의 'vepulakkhana'라는 단어는 빠알리어 사전에 없어 『위숫디막가 마하띠까』의 표현을 그대로 따랐다.

193 '흔들리고 움직이고 이동하면서 간다'라는 표현을 '흔들리고 움직이고 이동하면서 가게 한다'라고 표현해야 한다는 뜻이다.

저본의 주석 3 바람 요소의 나타남

• 밀고 끈다

본서 p.212에 바람 요소의 나타남을 설명할 때 "원하는곳 밀고끄네"라는 표현에서[194] '원하는곳'이라는[195] 구절은 비유로 말했습니다. "abhinīhārapaccupaṭṭhāna(이끄는 나타남)"에서 'abhinīhāra'는 '지향해서 이끈다'라는 뜻입니다. 그런데 '지향해서'라는 단어는 배움이 적은 이들이 이해하기에는 어렵습니다. 또한 '지향해서'라는 단어를 통해 '선두로', '선구가 되어'라는 뜻도 나타냅니다. '선두로', '선구가 되어'라는 의미도 배움이 적은 이들이 이해하기에는 쉽지 않습니다. 그래서 이러한 단어들 대신 '원하는곳'이라고 표현했습니다. 바람 요소가 끌고 가고 싶은 곳, 지향해서 선두가 되어 나가는 방향이라는 뜻입니다. 그렇게 말할 때 바람 요소에 '원함'이라는 것은 없지만 미얀마 사람들이 평소에 '비는 자기가 내리고 싶은 곳에 내리고, 바람은 자기가 불고 싶은 곳에 분다'라고 말하는 것처럼 여기서도 "바람이 원하는 곳"이라고 의인화해서 말한 것입니다.

이렇게 의인화한 표현은 미얀마 아이들이 골리*golī*[196] 구슬을 굴리면서 놀 때 "이 구슬이 그쪽으로 가려고 하지 않아. 자꾸 저쪽으로 가려고 해"라고 말하는 것과 같습니다. "바람 요소가 자기가 원하는 곳으로 밀면서 이끌어 나간다"라고 말하면 '선두가 되어 지향하는 방향으로 밀

194 미얀마 게송은 '뚜로야베 뚠예사웅디'이다. 게송에서 '뚜'라는 단어는 '그'라는 의미인데 여기서는 바람 요소를 뜻한다. 한국어로 게송을 만들 때 글자 수를 맞추기 위해 생략했다.

195 원래 게송을 직역하면 '원하는 쪽' 혹은 '원하는 방향'이다.

196 미얀마 아이들이 놀이할 때 쓰는 흙이나 돌로 된 작은 원형모양의 구슬.

면서 이끌어간다'라는 뜻이라고 쉽게 이해할 수 있습니다. 그렇게 쉽게 이해하도록 의인화해서 표현한 것입니다.

경전이나 주석서, 복주서에도 다음의 예문들처럼 의인화해서 표현한 구절들이 많습니다.

Cakkhu āviñchati manāpiyesu rūpesu. (S.ii.402)

역해

눈은 마음에 드는 형색들로 끌고 갈 것이다.

Cakkhupetaṁ visamajjhāsayaṁ … rūpacittapupphalatādivicittesuyeva pana abhiramati. (SA.iii.111)

역해

이 눈도 고르지 않은 성향이 있다; 고르지 않은 대상으로 향하려는 성향이 있다. … 다양한 모습의 꽃과 덩굴 등으로 잘 장식된 대상에만 즐거워한다.[197]

Cakkhuṁ kho, māgaṇḍiya, rūpārāmaṁ rūparataṁ rūpasammuditaṁ. (M.ii.171)

역해

마간디야여, 눈은 형색을 좋아하고 형색을 기뻐하고 형색을 즐긴다.

197 해석은 *Mouthi* 본, 『*Saḷāyatanavaggasaṁyutta Aṭṭhakathā Nissaya*(상윳따 니까야 살라야따나왁가 상윳따 주석서 대역)』, p.284 참조.

Cakkhu rūpesu āviñchanarasaṁ. (Vis.ii.74)

역해

눈은 형색들로 끌고 가는 역할이 있다.

Cakkhatīti viññāṇādhiṭṭhitaṁ samavisamaṁ ācikkhantaṁ viya abhibyattaṁ vadantaṁ viya hotīti attho. (Pm.ii.87)

역해

"홀린다"란 의식의 기반으로 고르거나 고르지 않은 것을 말하는 것처럼, 분명하게 말하는 것처럼 생겨난다는 의미다.[198]

그리고 "abhinīhāra 지향해서 이끄는 것"이라는 단어도 「사띠빳타나숫따」 주석의 "purato abhinīhāro gamananti vuccati(앞으로 이끌려 가는 것을 '감'이라고 말한다"라는(MA.i.256) 설명처럼[199] 여기서는 단지 이동하는 것만을 뜻하지는 않습니다. 『위숫디막가 마하띠까』의 "abhinīhāro bhūtasaṅghāṭassa desantaruppattihetubhāvo('이끄는 것'이란 근본 물질 집합이 다른 장소에서 생겨나게 하는 원인인 성질이다)"라는(Pm. i.449)[200] 설명과 일치하게 근본 물질이 다른 장소에서 생겨나도록 바람 요소가 밀어서 끄는 것만을 말합니다. 그래서 "밀고"라는 수식어를 넣어서 "밀고끄네"라고 표현한 것입니다.

특히 주의해야 할 내용은 바람 요소는 업·마음·온도·음식이라는

198 해석은 *Mahāsi Sayadaw*, 『*Visuddhimagga Mahāṭikā Nissaya*(위숫디막가 대복주서 대역)』 제3권, p.189 참조.

199 『마하사띠빳타나숫따 대역』, p.88 참조.

200 해석은 『*Visuddhimagga Mahāṭikā Nissaya*(위숫디막가 대복주서 대역)』 제2권, p.515 참조.

네 가지에 의해 생겨나는데, 그중 마음에 의해 생긴 바람 요소가 원하는 방향, 지향해서 선두가 되는 방향은 바로 그 바람 요소를 생겨나게 하는 마음이 원하는 방향이라는 사실입니다. 그러므로 팔다리의 굽힘이나 폄 등 마음에 의해 생긴 물질들의 나타남을 설명할 때는 마음이 원하는 방향으로 끌고 가는 모습으로 설명하는 것이 좀 더 이해하기 쉽습니다. 위빳사나 방법으로 관찰할 때는 네 가지 원인에 의해 생긴 바람 요소 중 굽힘, 폄, 움직임 등 몸의 여러 동작인, 마음에서 생겨난 바람 요소 물질을 제일 많이 관찰합니다. 따라서 그렇게 마음에서 생긴 바람 요소의 나타남을 분명하게 설명하면 부풂과 꺼짐 등 다른 바람 요소 물질들의《안쪽이나 바깥쪽 등 원하는 방향으로 지향해서 선두가 되어 끌고 감이라는》'나타남'도 분명하게 알 수 있습니다. 그래서 "abhinīhāra 지향해서 이끄는 것"이라는 단어를 마음과 마음에서 생긴 바람 요소를 기본으로 두고 설명한 것입니다.

여기에서 물질의 나타남에 대해 어떤 궤변론자vitaṇḍavādī가 "물질의 나타남을 대상으로 관찰하면 안 된다. 바람 요소의 나타남은 파생 결과인 과보로서의 나타남이다. 개념일 뿐이다"라고 말하고 있기 때문에 그것이 사견이라는 사실을 분명히 밝히기 위해서 간략히 설명하겠습니다.

• 나타남과 가까운 원인을 통해서도 관찰할 수 있다

먼저 『위숫디막가』의 "lakkhaṇarasādivasena pariggahetabbā(특성과 역할 등을 통해 파악해야 한다)"라는(Vis.ii.222) 내용을[201] 『위숫디막가

201 이 내용은 「견해청정」에서 정신과 물질을 구별하는 단계의 관찰방법을 설명할 때 나온다.

마하띠까』에서 "pariggahavidhi pana khandhaniddese vuttā evāti adhippāyo(파악하는 방법은 「무더기 상설」에서 말한 그대로라는 의미다)"라고 설명했습니다. "특성이나 역할 등을 통해 파악하는 방법은 『위숫디막가』의 「무더기 상설」에서 말한 그대로이니 그것을 참조하라"라는 뜻입니다.

『위숫디막가』의 「무더기 상설」을 살펴보면 마음부수라는 정신법을 파악할 때 다음과 같이 ① 특성, ② 역할, ③ 나타남, ④ 가까운 원인이라는 항목을 통해 파악하는 모습, 관찰하는 모습의 차례를 자세하게 설명해 놓은 것을 볼 수 있습니다.

> Phusatīti phasso. Svāyaṁ phusanalakkhaṇo. Saṅghaṭṭanaraso, sannipātapaccupaṭṭhāno, āpāthagatavisayapadaṭṭhāno. (Vis.ii.93)
>
> **역 해**
>
> Phusatīti《대상과》 닿는다고 해서 phasso접촉이다.[202] svāyaṁ 이것은 phusanalakkhaṇo《대상과》 닿는 특성이 있다. saṅghaṭṭanaraso부딪히는 역할이 있다. sannipātapaccupaṭṭhāno《대상과 문과 의식이라는 세 가지가》 만나는 것으로 나타난다. āpāthagatavisayapadaṭṭhāno도달한; 드러난 경계가; 대상이 가까운 원인이다.

202 '대상과 닿는 성품이 접촉이다'라고 번역하면 더욱 매끄럽다. 하지만 단어분석을 설명하는 모습이 분명하게 드러나도록 직역했다. 또한 '결합된 법들을 대상과 닿게 하는 원인이 접촉이다'라고 도구격으로, 혹은 '단지 접촉하는 성품이 접촉이다'라고 호격으로 번역해도 적당하다. 여기서 호격의 의미야말로 엄밀한 뜻이다. 주격이나 도구격의 의미는 비유해서 보인 의미라고, 또한 의도 등의 법에 대해서도 주격의 의미, 도구격의 의미, 호격의 의미도 적당하다고 『위숫디막가 마하띠까』에서 설명했다. *Mahāsi Sayadaw*, 『*Visuddhimagga Myanmarpyan*(위숫디막가 미얀마어 번역)』 제2권, pp.278~279 참조.

마음을 파악하는 모습을 설명할 때도 눈 의식 요소 등 의식을 일곱 요소로 나누어[203] 각각의 특성, 역할, 나타남과 가까운 원인이라는 네 가지 모두를 다 설명한 것을 볼 수 있습니다.(Vis.ii.84)[204]

물질법인 물질 무더기를 파악하는 모습을 설명할 때도 사대 요소부터 시작해서 그와 마찬가지로 특성, 역할, 나타남, 가까운 원인이라는 네 가지 모두를 다 설명한 것을 볼 수 있습니다. 그중에서 사대 요소에 대해서는 다음과 같이 설명하고 있습니다.

Bhūtarūpaṁ catubbidhaṁ - pathavīdhātu āpodhātu tejodhātu vāyodhātūti. Tāsaṁ lakkhaṇarasapaccupaṭṭhānāni catudhātuvavatthāne vuttāni. Padaṭṭhānato pana tā sabbāpi avasesadhātuttayapadaṭṭhānā. (Vis.ii.73)

해석

근본 물질은 땅 요소, 물 요소, 불 요소, 바람 요소라는 네 종류이다. 그 법들의 특성과 역할과 나타남은 「네 가지 요소 분별」에서 이미 설명했다. 그리고 《그곳에서 설명하지 않았던》 가까운 원인은 그 네 가지 모두 나머지 세 요소라는 가까운 원인이 있다.

이 『위숫디막가』의 설명을 통해 사대 요소를 특성과 역할과 나타남으로 관찰하는 모습은 「네 가지 요소 분별」에서 설명한 그대로라는 사

203 『아비담마 길라잡이』 제1권, pp.375~377 참조.

204 「견해청정」에서는 일곱 요소를 분석했고, 「무더기 상설」에서는 특성 등으로 자세하게 분석했다. 『청정도론』 제2권, pp.445~446; 제3권, p.180 참조.

실, 또한 가까운 원인으로 관찰하려면 자신을 제외한 나머지 세 가지 요소라는 가까운 원인으로 관찰해야 한다는 사실을 말하고 있습니다. 그러므로 이제 「네 가지 요소 분별」에서 설명한 내용을 살펴봐야 할 것입니다. 아래는 그 내용입니다.

Lakkhaṇāditoti pathavīdhātu kiṁ lakkhaṇā, kiṁ rasā, kiṁ paccupaṭṭhānāti evaṁ catassopi dhātuyo āvajjetvā pathavīdhātu kakkhaḷattalakkhaṇā, patiṭṭhānarasā, sampaṭicchanapaccupaṭṭhānā. Āpodhātu paggharaṇalakkhaṇā, brūhanarasā, saṅgahapaccupaṭṭhānā. Tejodhātu uṇhattalakkhaṇā, paripācanarasā, maddavānuppadānapaccupaṭṭhānā. Vāyodhātu vitthambhanalakkhaṇā, samudīraṇarasā. Abhinīhārapaccupaṭṭhānāti evaṁ lakkhaṇādito manasikātabbā. (Vis.i.361)

해 석

"특성 등에 따라서"라는 구절에서 '땅 요소는 무슨 특성이 있는가? 무슨 역할이 있는가? 무슨 나타남이 있는가?'라고 이와 같이 사대 요소 모두에 대해 전향한 뒤[205] '땅 요소는 딱딱한 특성, 기반인 역할, 받아들이는 나타남이 있다. 물 요소는 흘러내리는 특성, 불어나게 하는 역할, 결합하는 나타남이 있다. 불 요소는 뜨거운 특성, 익게 하는 역할, 부드러움을 제공하는 나타남이 있다. 바람 요소는 팽팽한 특성, 움직이는[206] 역할,

205 저본에는 '숙고한 뒤'라고 일반적으로 번역했다.

206 저본에는 '움직이게 하는'이라는 번역을 뒤에 첨가했다.

전향해서 이끄는 나타남이 있다'라고 이와 같이 특성 등에 따라 마음 기울여야 한다.[207]

앞서 언급한 『위숫디막가 마하띠까』와 지금 인용한 『위숫디막가』를 통해 정신법이나 물질법이나 모두 특성과 역할로 관찰해야 하는 것처럼 나타남을 통해서도 관찰해야 한다는 사실이 매우 분명합니다.

그리고 아래의 주석서와 복주서의 내용을 통해 물질을 나타남과 가까운 원인을 통해서도 관찰할 수 있다는 사실을 분명하게 보여주고 있습니다.

Iti rūpanti idaṁ rūpaṁ, ettakaṁ rūpaṁ, ito uddhaṁ rūpaṁ natthīti ruppanasabhāvañceva bhūtupādāyabhedañca ādiṁ katvā lakkhaṇarasapaccupaṭṭhānapadaṭṭhānavasena anavasesarūpapariggaho vutto. (DA.ii.53)

해 석

"이것이 물질이다"란 '이것이 물질이다. 이 정도가 물질이다. 이보다 넘어선 물질은 없다'라고 무너짐이라는 고유성품만을, 또는 근본 물질과 파생 물질을 시작으로 특성과 역할과 나타남과 가까운 원인을 통해 남김없이 물질을 파악하는 것을 말한다.

Tattha lakkhaṇaṁ nāma tassa tassa rūpavisesassa anaññasādhāraṇo sabhāvo. Raso tasseva attano phalaṁ pati paccayabhāvo.

207 『청정도론』 제2권, pp.265~266 참조.

Paccupaṭṭhānaṁ tassa paramatthato vijjamānattā yāthāvato ñāṇassa gocarabhāvo. Padaṭṭhānaṁ āsannakāraṇaṁ, tenassa paccayāyattavuttitā dassitā. (DAṬ.ii.53)

해 석

그중 '특성'이란 그 각각의 특정 물질이[208] 다른 물질과[209] 공유하지 않는 고유성품이다.[210] 역할이란 자신의 결과에게 도움을 행하는 성품이다. 나타남이란 그 물질이 절대 성품으로서 분명하게 존재하는 상태이기 때문에 사실대로 바르게 지혜의 영역, 대상이 되는 상태이다. 가까운 원인이란 가까운 조건이다. 그것을 통해 그 물질의 조건과 관련된 상태를 보였다.[211]

위의 『디가 니까야』 주석서와 복주서의 내용은 물질을 관찰하는 모습을 보인 "iti rūpaṁ(이것이 물질이다)"이라는 경전 구절에 대한 해석들입니다. 그 경전 구절도 보살에게 정신·물질 파악의 지혜nāmarūpa pariggaha ñāṇa가[212] 생겨나는 모습을 보인 구절일 뿐입니다.[213] 이렇게 물질만을 따로 관찰하는 모습을 설명할 때 특성, 역할, 나타남, 가까운

208 ㉾땅 요소 등의 특정 물질이.

209 ㉾물 요소 등의 다른 물질과.

210 ㉾딱딱함 등의 고유성품이다.

211 『마하사띠빳타나숫따 대역』의 부록에는 아래의 인용문도 제시됐다.
Lakkhaṇa … vasenāti kakkhaḷattādilakkhaṇavasena sandhāraṇādirasavasena sampaṭicchanādipaccupaṭṭhānavasena bhūtattayādipadaṭṭhānavasena ca. (SAṬ.ii.58)
해 석
'특성과 역할과 나타남과 가까운 원인 등으로'란 '딱딱함 등의 특성을 통해서, 토대가 됨 등의 역할을 통해서, 받아들임 등의 나타남을 통해서, 나머지 세 가지 무더기 등의 가까운 원인을 통해서 (남김없이 물질을 파악하는 것을 보인 것이다)'란 뜻이다.

212 정신·물질 구별의 지혜nāmarūpa pariccheda ñāṇa를 말한다.

213 각묵스님 옮김, 『디가 니까야』 제2권, p.82 참조.

원인이라는 네 가지 모두를 통해 관찰하는 모습을 확실하게 보여 놓았기 때문에 물질을 나타남을 통해 관찰해도 좋다는 사실이 매우 분명합니다. 그와 마찬가지로 가까운 원인을 통해서 관찰해도 좋다는 사실도 매우 분명합니다.

이렇게 물질을 나타남을 통해 관찰하는 모습을 경전과 주석서, 복주서에서 분명하게 설명해 놓았기 때문에 "물질을 나타남을 통해 관찰해서는 안 된다"라고 거부하며 말하는 이는 위에서 언급한 『디가 니까야』 경전, 주석서, 복주서, 그리고 『위숫디막가』와 『위숫디막가 마하띠까』를 거부하는 것이 되고 따라서 궤변론자임을 자처하는 것입니다. 물질과 정신, 둘 모두를 가까운 원인을 통해 관찰해서는 안 된다고 거부하며 말하는 이도 그와 마찬가지로 위에서 인용한 경전과 주석서, 복주서를 거부하는 것이 됩니다. 궤변론자들은 사실을 거짓이 되게 의미를 잘못 취하고 고집하면서 말해 현자들의 마음을 동요하게 하는 교리를 가진 이들입니다.[214]

• 바람 요소의 나타남도 빠라맛타 절대 성품이다

Paccupaṭṭhānaṁ tassa paramatthato vijjāmānattā yāthāvato ñāṇassa gocarabhāvo. (DAṬ.ii.53)

해 석

나타남이란 그 물질이 절대 성품으로 분명하게 존재하기 때문에 사실대로 바르게 지혜의 대상이 되는 성품이다.

위의 『디가 니까야』 복주서에서 "절대 성품으로 분명하게 존재하기 때문

214 가까운 원인을 통해 관찰해도 좋은 모습은 『마하사띠빳타나숫따 대역』, pp.300~303 참조.

에 사실대로 바르게 지혜의 대상이 된다"라고 분명하게 설해 놓았으므로 바람 요소의 '이끎이라는 나타남abhinīhārapaccupaṭṭhāna'도 절대 성품으로 분명하게 존재하는, 사실대로 바른 지혜에 드러나는 절대 성품이라고 알아야 합니다. 궤변론자들의 말처럼 개념일 뿐이라고 알아서는 안 됩니다.

절대 성품일 뿐만 아닙니다. 관찰해야 하는 진짜 요소이기도 하다는 사실을 아래 『위숫디막가 마하띠까』 내용을 통해 알아야 합니다.

Padaṭṭhānaṁ panettha aññadhammatāya na uddhaṭaṁ.

(Pm.i.449)

해 석

가까운 원인은 원래 관찰해야 하는 대상에서 벗어난 다른 법이기 때문에 이 특성 등으로lakkhaṇādito 관찰하는 곳에 주석서의 스승이 드러내어 보이지 않았다.

『위숫디막가』에 '특성 등으로lakkhaṇādito'라는 구절에 따라 관찰하는 모습을 자세하게 보인 곳에서 사대 요소를 특성, 역할, 나타남을 통해 관찰하는 모습만 보였습니다. 가까운 원인을 통해 관찰하는 모습은 보이지 않았습니다. 가까운 원인을 통해 관찰하는 모습을 보이지 않은 이유를 『위숫디막가 마하띠까』에서 위와 같이 설명한 것입니다. 말하고자 하는 바는 다음과 같습니다. 땅 요소 등 네 가지 요소 각각의 가까운 원인은 자신을 제외한 다른 세 가지 요소입니다. 따라서 땅 요소를 관찰하기를 원하는 이에게 땅 요소의 가까운 원인인 물 요소, 불 요소, 바람 요소는 원래 관찰대상인 땅 요소와 다른, 벗어난 법일 뿐입니다. 그와 마찬가지로 물 요소를 관찰하기를 원하는 이에게 땅 요소, 불 요소, 바람 요소는, 또한 불 요소를 관찰하기를 원하는 이에게 땅 요소, 물 요소, 바람 요소는, 또한 바람 요소를 관찰하기를 원하는 이에게 땅 요소, 물 요소, 불 요소는 원래 관찰대상인 바람 요소와 다른, 벗어난 법일 뿐입니다. 따라서 원래 관찰하고자 하는 요소만 바로 직접 관찰하도록 보인 이 '특성 등으로'라는 구절에 따라서 관찰하는 방법에는 원래 관찰해야 하는 법인 특성, 역할, 나타남만 보였고, 원래 관찰해야 하는 대상과 다른, 벗어난 법인 (나머지 세 가지 요소라는) 가까운 원인은 보이지 않았다는 뜻입니다.

이 복주서에서 각 요소의 가까운 원인인 다른 요소 세 가지를 '원래 관찰대상과 벗어난 다른 어떠한 법aññadhamma'이라고 말한 것을 통해 '특성 등으로'라는 구절에 따라 관찰하는 방법에서 보여 놓은 특성과 역할과 나타남은 원래 관찰해야 하는 대상에서 벗어난 다른 어떠한 법이 아닙니다. 원래 관찰해야 하는 절대 성품, 요소법일 뿐입니다. 그래서 그것들을[215] '특성 등으로'라는 구절에 따라 관찰하는 방법에서 보여 놓았다고도 말하는 것이 됩니다. 따라서 바람 요소의 특성과 역할이 절대 성품으로서 진정한 바람 요소인 것과 마찬가지로 바람 요소의 '이끎이라는 나타남abhinīhārapaccupaṭṭhāna'도 절대 성품으로서의 진정한 바람 요소라고 확실하게 기억해야 합니다.

이렇게 바람 요소의 '이끎이라는 나타남'도 관찰할 만한, 관찰해도 되는 원래 관찰 대상인 절대 성품으로서의 진정한 바람 요소이기 때문에 관찰할 만한, 관찰해도 되는 바람 요소에서 벗어난, 단지 '파생 결과로서의 나타남phalapaccupaṭṭhāna' 정도가 아닙니다. 관찰하는 위빳사나 지혜에 분명히 드러나는 '양상으로서의 나타남ākārapaccupaṭṭhāna'입니

215 특성, 역할, 나타남을 말한다.

다.[216] 이 사실을 아래 『위숫디막가 마하띠까』의 설명을 통해 확실하게 알아야 합니다.

> Sampaṭicchanākārena ñāṇassa paccupatiṭṭhatīti sampaṭicchana-paccupaṭṭhānā. (Pm.i.449)
>
> **해 석**
>
> 같이 생겨나는 법을 받아들이는 양상으로 지혜에 드러나기 때문에 '받아들임이라는 나타남'이라고 한다.

이 인용문은 땅 요소의 받아들임이라는 나타남을 설명해 놓은 구절입니다. 이 구절을 통해 나머지 물 요소, 불 요소, 바람 요소의 나타남도 '드러나는 양상으로서의 나타남upaṭṭhānākārapaccupaṭṭhāna'이라는 사실을 알게 합니다. 바로 그러한 연유로 그 세 가지 요소에 대해서는 나타남의 구절을 다시 설명하지 않았습니다.

이 정도를 통해 바람 요소의 '이끎이라는 나타남'은 개념도 아니고, 파생 결과로서의 나타남phalapaccupaṭṭhāna도 아니고 양상으로서의 나타남ākārapaccupaṭṭhāna이라는 절대 성품으로서의 바람 요소라는 사실, 바로 그렇기 때문에 그 '이끎이라는 나타남'에 따라서도 바람 요소를 관찰해야 한다는 사실, 관찰해도 좋다는 사실을 확실하게 기억할 수 있을 것입니다.

『아리야와사 법문』의 부록이 끝났습니다.

216 『마하사띠빳타나숫따 대역』, p.305에 '이끎이라는 나타남'으로 번역한 것을 교정했다.

부록2

「아리야와사숫따」 빠알리어와 해석

아리야와사숫따

Ariyāvāsasutta

나모 땃사 바가와또 아라하또 삼마삼붓닷사॥

Namo tassa bhagavato arahato sammāsambuddhassa.

서문

0 에왕 메 수땅॥ 에깡 사마양 바가와 꾸루수 위하라띠
Evaṁ me sutaṁ. Ekaṁ samayaṁ bhagavā kurūsu viharati

깜마사담망 나마 꾸루낭 니가모॥ 따뜨라 코 바가와
kammāsadhammaṁ nāma kurūnaṁ nigamo. Tatra kho bhagavā

빅쿠 아만떼시 "빅카오"띠॥ "밧단떼"띠 떼 빅쿠
bhikkhū āmantesi "bhikkhavo"ti. "Bhaddante"ti te bhikkhū

바가와또 빳짯소숭॥ 바가와 에따다오짜॥
bhagavato paccassosuṁ. Bhagavā etadavoca.

성자의 집 경

아라한이며 정등각자이신 거룩한 세존께 예경 올립니다.

서문

0 이와 같이 나는 들었습니다. 한때 세존께서는 깜마사담마라는 꾸루 국의 도읍에 머무셨습니다. 그때 세존께서는 비구들에게 "비구들이여"라고 부르셨습니다. 그 비구들은 "세존이시여"라고 세존께 대답했습니다. 세존께서는 이 내용을 말씀하셨습니다.

성자의 집 열 가지

1 "다사이메 | 빅카웨 | 아리야와사 | 예 아리야 아와싱수
Dasayime, bhikkhave, ariyāvāsā, ye ariyā āvasiṁsu

와 아와산띠 와 아와싯산띠 와 || 까따메 다사 ||
vā āvasanti vā āvasisissanti vā. Katame dasa?

이다 | 빅카웨 | 빅쿠 빤짱가윕빠히노 호띠 |
Idha, bhikkhave, bhikkhu pañcaṅgavippahīno hoti,

찰랑가사만나가또 | 에까락코 | 짜뚜라빳세노 |
chaḷaṅgasamannāgato, ekārakkho, caturāpasseno,

빠눈나빳쩨까삿쪼 | 사마와야삿테사노 | 아나윌라상깝뽀 |
paṇunnapaccekasacco, samavayasaṭṭhesano, anāvilasaṅkappo,

빳삿다까야상카로 | 수위뭇따찟또 | 수위뭇따빤뇨 || "
passaddhakāyasaṅkhāro, suvimuttacitto, suvimuttapañño.

① 다섯 가지 구성요소를 제거했다

2 "까탄짜 | 빅카웨 | 빅쿠 빤짱가윕빠히노 호띠 |
"Kathañca, bhikkhave, bhikkhu pañcaṅgavippahīno hoti?

이다 | 빅카웨 | 빅쿠노 까맛찬도 빠히노 호띠 |
Idha, bhikkhave, bhikkhuno kāmacchando pahīno hoti,

뱌빠도 빠히노 호띠 | 티나믿당 빠히낭 호띠 |
byāpādo pahīno hoti, thinamiddhaṁ pahīnaṁ hoti,

웃닷짜꾹꿋짱 빠히낭 호띠 | 위찌낏차 빠히나 호띠 ||
uddhaccakukkuccaṁ pahīnaṁ hoti, vicikicchā pahīnā hoti.

에왕 코 | 빅카웨 | 빅쿠 빤짱가윕빠히노 호띠 || "
Evaṁ kho, bhikkhave, bhikkhu pañcaṅgavippahīno hoti."

성자의 집 열 가지

1 "비구들이여, 이 성자의 집은 열 가지이니 그것들을 성자들은 의지해서 살았고 의지해서 살고 있고 의지해서 살 것이다. 열 가지란 무엇인가? 비구들이여, 여기서 비구는 다섯 가지 구성요소를 제거했고, 여섯 가지 구성요소를 갖췄고, 한 가지 보호가 있고, 네 가지 의지처가 있고, 독자적 진리를 잘라냈고, 추구를 완전히 버리고 그만뒀고, 생각이 혼탁하지 않고, 몸의 형성이 고요하고, 잘 해탈한 마음이 있고, 잘 해탈한 통찰지가 있다."

① 다섯 가지 구성요소를 제거했다

2 "비구들이여, 비구는 어떻게 다섯 가지 구성요소를 제거했는가? 비구들이여, 여기서 비구는 감각욕망바람을 제거했다. 분노를 제거했다. 해태·혼침을 제거했다. 들뜸·후회를 제거했다. 의심을 제거했다. 비구들이여, 비구는 이와 같이 다섯 가지 구성요소를 제거했다."

② 여섯 가지 구성요소를 갖췄다

3 "까탄짜। 빅카웨। 빅쿠 찰랑가사만나가또 호띠।
"Kathañca, bhikkhave, bhikkhu chaḷaṅgasamannāgato hoti?

이다। 빅카웨। 빅쿠 짝쿠나 루빵 디스와 네와 수마노 호띠
Idha, bhikkhave, bhikkhu cakkhunā rūpaṁ disvā neva sumano hoti

나 둠마노। 우뻭카꼬 위하라띠 사또 삼빠자노॥
na dummano, upekkhako viharati sato sampajāno.

소떼나 삿당 수뜨와 … 가네나 간당 가이뜨와 …
Sotena saddaṁ sutvā … ghānena gandhaṁ ghāyitvā …

지와야 라상 사이뜨와 … 까예나 폿탑방 푸시뜨와 …
jivhāya rasaṁ sāyitvā … kāyena phoṭṭhabbaṁ phusitvā …

마나사 담망 윈냐야 네와 수마노 호띠 나 둠마노।
manasā dhammaṁ viññāya neva sumano hoti na dummano,

우뻭카꼬 위하라띠 사또 삼빠자노॥ 에왕 코। 빅카웨।
upekkhako viharati sato sampajāno. Evaṁ kho, bhikkhave,

빅쿠 찰랑가사만나가또 호띠॥"
bhikkhu chaḷaṅgasamannāgato hoti."

③ 한 가지 보호가 있다

4 "까탄짜। 빅카웨। 빅쿠 에까락코 호띠।
"Kathañca, bhikkhave, bhikkhu ekārakkho hoti?

이다। 빅카웨। 빅쿠 사따락케나 쩨따사 사만나가또 호띠॥
Idha, bhikkhave, bhikkhu satārakkhena cetasā samannāgato hoti.

에왕 코। 빅카웨। 빅쿠 에까락코 호띠॥"
Evaṁ kho, bhikkhave, bhikkhu ekārakkho hoti."

② 여섯 가지 구성요소를 갖췄다

3 "비구들이여, 비구는 어떻게 여섯 가지 구성요소를 갖췄는가? 비구들이여, 여기서 비구는 눈으로 형색을 보고 나서 좋은 마음도 없다. 나쁜 마음도 없다. 평온하게 지낸다. 새기고 바르게 알기 때문이다. 귀로 소리를 듣고 나서 … 코로 냄새를 맡고 나서 … 혀로 맛을 보고 나서 … 몸으로 감촉을 닿고 나서 … 마음으로 법을 알고 나서 좋은 마음이 없다. 나쁜 마음도 없다. 평온하게 지낸다. 새기고 바르게 알기 때문이다. 비구들이여, 비구는 이와 같이 여섯 가지 구성요소를 갖췄다."

③ 한 가지 보호가 있다

4 "비구들이여, 비구는 어떻게 한 가지 보호가 있는가? 비구들이여, 여기서 비구는 새김이라는 보호가 있는 마음을 갖췄다. 비구들이여, 비구는 이와 같이 한 가지 보호가 있다."

④ 네 가지 의지처가 있다

5 "까탄짜 | 빅카웨 | 빅쿠 짜뚜라빳세노 호띠 |
"Kathañca, bhikkhave, bhikkhu caturāpasseno hoti?

이다 | 빅카웨 | 빅쿠 상카예깡 빠띠세와띠 |
Idha, bhikkhave, bhikkhu saṅkhāyekaṁ paṭisevati,

상카예깡 아디와세띠 | 상카예깡 빠리왓제띠 |
saṅkhāyekaṁ adhivāseti, saṅkhāyekaṁ parivajjeti,

상카예깡 위노데띠 || 에왕 코 | 빅카웨 | 빅쿠
saṅkhāyekaṁ vinodeti. Evaṁ kho, bhikkhave, bhikkhu

짜뚜라빳세노 호띠 ||"
caturāpasseno hoti."

⑤ 독자적 진리를 잘라냈다

6 "까탄짜 | 빅카웨 | 빅쿠 빠눈나빳쩨까삿쪼 호띠 |
"Kathañca, bhikkhave, bhikkhu paṇunnapaccekasacco hoti?

이다 | 빅카웨 | 빅쿠노 야니 따니 뿌투사마나브라흐마나낭
Idha, bhikkhave, bhikkhuno yāni tāni puthusamaṇabrāhmaṇānaṁ

뿌투빳쩨까삿짜니 | 세야티당 –'삿사또 로꼬'띠 와
puthupaccekasaccāni, seyyathidaṁ - 'sassato loko'ti vā,

'아삿사또 로꼬'띠 와 | '안따와 로꼬'띠 와 |
'asassato loko'ti vā, 'antavā loko'ti vā,

'아난따와 로꼬'띠 와 | '땅 지왕 땅 사리란'띠 와 |
'anantavā loko'ti vā, 'taṁ jīvaṁ taṁ sarīra'nti vā,

'안냥 지왕 안냥 사리란'띠 와 |
'aññaṁ jīvaṁ aññaṁ sarīra'nti vā,

④ 네 가지 의지처가 있다

5 "비구들이여, 비구는 어떻게 네 가지 의지처가 있는가? 비구들이여, 여기서 비구는 어떤 것은 성찰하고서 수용한다. 어떤 것은 성찰하고서 참는다. 어떤 것은 성찰하고서 삼간다. 어떤 것은 성찰하고서 없앤다. 비구들이여, 비구는 이와 같이 네 가지 의지처가 있다."

⑤ 독자적 진리를 잘라냈다

6 "비구들이여, 비구는 어떻게 독자적 진리를 잘라냈는가? 비구들이여, 여기서 비구는 많은 사문·바라문들이 가지는 많은 독자적 진리, 즉 '세상은 영원하다'라거나 '세상은 영원하지 않다'라거나 '세상은 유한하다'라거나 '세상은 무한하다'라거나 '영혼과 몸은 같은 것이다'라거나 '영혼과 몸은 다른 것이다'라거나

'호띠 따타가또 빠랑 마라나'띠 와|
'hoti tathāgato paraṁ maraṇā'ti vā,

'나 호띠 따타가또 빠랑 마라나'띠 와|
'na hoti tathāgato paraṁ maraṇā'ti vā,

'호띠 짜 나 짜 호띠 따타가또 빠랑 마라나'띠 와|
'hoti ca na ca hoti tathāgato paraṁ maraṇā'ti vā,

'네와 호띠 나 나 호띠 따타가또 빠랑 마라나'띠 와|
'neva hoti na na hoti tathāgato paraṁ maraṇā'ti vā,

삽바니 따니 눈나니 혼띠 빠눈나니 짯따니 완따니 뭇따니
sabbāni tāni nunnāni honti paṇunnāni cattāni vantāni muttāni

빠히나니 빠띠닛삿타니|| 에왕 코| 빅카웨| 빅쿠
pahīnāni paṭinissaṭṭhāni. Evaṁ kho, bhikkhave, bhikkhu

빠눈나빳쩨까삿쪼 호띠||"
paṇunnapaccekasacco hoti."

⑥ 추구를 완전히 버리고 그만뒀다

7 "까탄짜| 빅카웨| 빅쿠 사마와야삿테사노 호띠||
"Kathañca, bhikkhave, bhikkhu samavayasaṭṭhesano hoti?

이다| 빅카웨| 빅쿠노 까메사나 빠히나 호띠|
Idha, bhikkhave, bhikkhuno kāmesanā pahīnā hoti,

바웨사나 빠히나 호띠| 브라흐마짜리예사나 빠띱빳삿다||
bhavesanā pahīnā hoti, brahmacariyesanā paṭippassaddhā.

에왕 코| 빅카웨| 빅쿠 사마와야삿테사노 호띠||"
Evaṁ kho, bhikkhave, bhikkhu samavayasaṭṭhesano hoti."

'여래는[217] 사후에 존재한다'라거나 '여래는 사후에 존재하지 않는다'라거나 '여래는 사후에 존재하기도 하고 존재하지 않기도 한다'라거나 '여래는 사후에 존재하는 것도 아니고 존재하지 않는 것도 아니다'라는 그 모든 것을 잘라내고 도려내고 버리고 토하고 놓아버리고 제거하고 다시 내버렸다. 비구들이여, 비구는 이와 같이 독자적 진리를 잘라냈다."

⑥ 추구를 완전히 버리고 그만뒀다

7 "비구들이여, 비구는 어떻게 추구를 완전히 버리고 그만뒀는가? 비구들이여, 여기서 비구는 감각욕망추구를 제거했다. 존재추구를 제거했다. 청정범행추구를 완전히 가라앉혔다. 비구들이여, 이와 같이 비구는 추구를 완전히 버리고 그만뒀다.

217 성전의 'tathāgato'라는 표현 그대로 해석했다. '일반 중생'을 의미한다고도 설명한다

⑦ 생각이 혼탁하지 않다

8 "까탄짜ı 빅카웨ı 빅쿠 아나윌라상.깝뽀 호띠ıı
"Kathañca, bhikkhave, bhikkhu anāvilasaṅkappo hoti?

이다ı 빅카웨ı 빅쿠노 까마상.깝뽀 빠히노 호띠ı
Idha, bhikkhave, bhikkhuno kāmasaṅkappo pahīno hoti,

뱌빠다상.깝뽀 빠히노 호띠ı 위힘사상.깝뽀 빠히노 호띠ı
byāpādasaṅkappo pahīno hoti, vihiṁsāsaṅkappo pahīno hoti.

에왕 코ı 빅카웨ı 빅쿠 아나윌라상.깝뽀 호띠ıı"
Evaṁ kho, bhikkhave, bhikkhu anāvilasaṅkappo hoti."

⑧ 몸의 형성이 고요하다

9 "까탄짜ı 빅카웨ı 빅쿠 빳삿다까야상.카로 호띠ıı
"Kathañca, bhikkhave, bhikkhu passaddhakāyasaṅkhāro hoti?

이다ı 빅카웨ı 빅쿠 수캇사 짜 빠하나 둑캇사 짜 빠하나
Idha, bhikkhave, bhikkhu sukhassa ca pahānā dukkhassa ca pahānā

뿝베와 소마낫사도마낫사낭 앗탕가마
pubbeva somanassadomanassānaṁ atthaṅgamā

아둑카마수캉 우뻭카사띠빠리숫딩 짜뚯탕 자낭
adukkhamasukhaṁ upekkhāsatipārisuddhiṁ catutthaṁ jhānaṁ

우빠삼빳자 위하라띠ıı 에왕 코ı 빅카웨ı 빅쿠
upasampajja viharati. Evaṁ kho, bhikkhave, bhikkhu

빳삿다까야상.카로 호띠ıı"
passaddhakāyasaṅkhāro hoti."

⑦ 생각이 혼탁하지 않다

8 "비구들이여, 비구는 어떻게 생각이 혼탁하지 않은가? 비구들이여, 여기서 비구는 감각욕망생각을 제거한다. 분노생각을 제거한다. 해침생각을 제거한다. 비구들이여, 비구는 이와 같이 생각이 혼탁하지 않다."

⑧ 몸의 형성이 고요하다

9 "비구들이여, 비구는 어떻게 몸의 형성이 고요한가? 비구들이여, 여기서 비구는 행복도 제거되고 괴로움도 제거되고 즐거움과 근심은 이전에 사라졌기 때문에 괴롭지도 않고 행복하지도 않으며 평온 때문에 새김이 완전히 청정한 제4선정에 도달하여 지낸다. 비구들이여, 비구는 이와 같이 몸의 형성이 고요하다."

⑨ 잘 해탈한 마음이 있다

10 "까탄짜 | 빅카웨 | 빅쿠 수위뭇따찟또 호띠 ||
"Kathañca, bhikkhave, bhikkhu suvimuttacitto hoti?

이다 | 빅카웨 | 빅쿠노 라가 찟땅 위뭇땅 호띠 |
Idha, bhikkhave, bhikkhuno rāgā cittaṁ vimuttaṁ hoti,

도사 찟땅 위뭇땅 호띠 | 모하 찟땅 위뭇땅 호띠 |
dosā cittaṁ vimuttaṁ hoti, mohā cittaṁ vimuttaṁ hoti.

에왕 코 | 빅카웨 | 빅쿠 수위뭇따찟또 호띠 ||"
Evaṁ kho, bhikkhave, bhikkhu suvimuttacitto hoti."

⑩ 잘 해탈한 통찰지가 있다

11 "까탄짜 | 빅카웨 | 빅쿠 수위뭇따빤뇨 호띠 ||
"Kathañca, bhikkhave, bhikkhu suvimuttapañño hoti?

이다 | 빅카웨 | 빅쿠 '라고 메 빠히노 웃친나물로
Idha, bhikkhave, bhikkhu 'rāgo me pahīno ucchinnamūlo

딸라왓투까또 아나바왕까또 아야띵 아눕빠다담모'띠
tālāvatthukato anabhāvaṁkato āyatiṁ anuppādadhammo'ti

빠자나띠 | 도소 메 빠히노 … '모호 메 빠히노
pajānāti, doso me pahīno … 'moho me pahīno

웃친나물로 딸라왓투까또 아나바왕까또 아야띵
ucchinnamūlo tālāvatthukato anabhāvaṁkato āyatiṁ

아눕빠다담모'띠 빠자나띠 || 에왕 코 | 빅카웨 |
anuppādadhammo'ti pajānāti. Evaṁ kho, bhikkhave,

빅쿠 수위뭇따빤뇨 호띠 ||"
bhikkhu suvimuttapañño hoti."

⑨ 잘 해탈한 마음이 있다

10 "비구들이여, 비구는 어떻게 잘 해탈한 마음이 있는가? 비구들이여, 여기서 비구의 마음은 탐욕에서 해탈했고, (비구의) 마음은 성냄에서 해탈했고, (비구의) 마음은 어리석음에서 해탈했다. 비구들이여, 이와 같이 비구는 잘 해탈한 마음이 있다."

⑩ 잘 해탈한 통찰지가 있다

11 "비구들이여, 비구는 어떻게 잘 해탈한 통찰지가 있는가? 비구들이여, 여기서 비구는 '나에게 애착이 제거됐고, 뿌리가 잘렸고, 야자수의 그루터기처럼 됐고, 존재하지 않게 됐고, 나중에 다시 일어나지 않게 됐다'라고 안다. '나에게 성냄이 … 나에게 어리석음이 제거됐고, 뿌리가 잘렸고, 야자수의 그루터기처럼 됐고, 존재하지 않게 됐고, 나중에 다시 일어나지 않게 됐다'라고 안다. 비구들이여, 비구는 이와 같이 잘 해탈한 통찰지가 있다."

결어

12 "예 히 께찌 | 빅카웨 | 아띠따맛다낭 아리야 아리야와세
"Ye hi keci, bhikkhave, atītamaddhānaṁ ariyā ariyāvāse

아와싱수 | 삽베 떼 이메와 다사 아리야와세 아와싱수;
āvasiṁsu, sabbe te imeva dasa ariyāvāse āvasiṁsu;

예 히 께찌 | 빅카웨 | 아나가따맛다낭 아리야 아리야와세
ye hi keci, bhikkhave, anāgatamaddhānaṁ ariyā ariyāvāse

아와싯산띠 | 삽베 떼 이메와 다사 아리야와세 아와싯산띠;
āvasissanti, sabbe te imeva dasa ariyāvāse āvasissanti;

예 히 께찌 | 빅카웨 | 에따라히 아리야 아리야와세 아와산띠 |
ye hi keci, bhikkhave, etarahi ariyā ariyāvāse āvasanti,

삽베 떼 이메와 다사 아리야와세 아와산띠 ||
sabbe te imeva dasa ariyāvāse āvasanti.

이메 코 | 빅카웨 | 다사 아리야와사 | 예 아리야 아와싱수
Ime kho, bhikkhave, dasa ariyāvāsā, ye ariyā āvasiṁsu

와 아와산띠 와 아와싯산띠 와 ||"
vā āvasanti vā āvasissanti vā"

아리야와사숫땅 닛티땅 ||
Ariyāvāsasuttaṁ niṭṭhitaṁ.

결어

12 "비구들이여, 과거에 어떤 성자들이 성자의 집을 의지해서 살았다면 그들 모두는 바로 이러한 열 가지 성자의 집을 의지해서 살았다. 비구들이여, 미래에 어떤 성자들이 성자의 집을 의지해서 살 것이라면 그들 모두는 바로 이러한 열 가지 성자의 집을 의지해서 살 것이다. 비구들이여, 지금 어떤 성자들이 성자의 집을 의지해서 산다면 그들 모두는 바로 이러한 열 가지 성자의 집을 의지해서 살고 있다. 실로, 비구들이여, 이 성자의 집은 열 가지이니 그것들을 성자들은 의지해서 살았고 의지해서 살고 있고 의지해서 살 것이다."

「아리야와사숫따」가 끝났습니다.

부록 3

칠청정과 지혜단계들

1. 계청정sīla visuddhi·戒淸淨

2. 마음청정citta visuddhi·心淸淨

3. 견해청정diṭṭhi visuddhi·見淸淨
   (1) 정신·물질 구별의 지혜nāmarūpa pariccheda ñāṇa·名色區別智

4. 의심극복청정kaṅkhāvitaraṇa visuddhi·度疑淸淨
   (2) 조건파악의 지혜paccaya pariggaha ñāṇa·緣把握智

5. 도·비도 지견청정maggāmagga ñāṇadassana visuddhi·道非道智見淸淨
   (3) 명상의 지혜sammasana ñāṇa·思惟智
   (4-1) 생멸 거듭관찰의 지혜udayabbayānupassanā ñāṇa·生滅隨觀智 (약한 단계)

6. 실천 지견청정paṭipadā ñāṇadassana visuddhi·行道智見淸淨
   (4-2) 생멸 거듭관찰의 지혜udayabbayānupassanā ñāṇa·生滅隨觀智 (성숙된 단계)
   (5) 무너짐 거듭관찰의 지혜bhaṅgānupassanā ñāṇa·壞隨觀智
   (6) 두려움 드러남의 지혜bhayatupaṭṭhāna ñāṇa·怖畏現起智
   (7) 허물 거듭관찰의 지혜ādīnavānupassanā ñāṇa·過患隨觀智
   (8) 염오 거듭관찰의 지혜nibbidānupassanā ñāṇa·厭離隨觀智
   (9) 벗어나려는 지혜muñcitukamyatā ñāṇa·脫欲智

(10) 재성찰 거듭관찰의 지혜paṭisaṅkhānupassanā ñāṇa·省察隨觀智

(11) 형성평온의 지혜saṅkhārupekkhā ñāṇa·行捨智

(12) 수순의 지혜anuloma ñāṇa·隨順智

(13) 종성의 지혜gotrabhū ñāṇa·種姓智 *청정에는 포함 안 됨

7. 지견청정ñāṇadassana visuddhi·智見淸淨

(14) 도의 지혜magga ñāṇa·道智

(15) 과의 지혜phala ñāṇa·果智 *청정에는 포함 안 됨

(16) 반조의 지혜paccavekkhaṇa ñāṇa·觀察智 *청정에는 포함 안 됨

부록4

31 탄생지

<table>
<tr><th colspan="3">탄생지 31</th><th colspan="4">영 역</th><th>수 명</th></tr>
<tr><td colspan="2" rowspan="4">무색계 탄생지</td><td rowspan="4">4</td><td rowspan="4"></td><td>31</td><td colspan="2">비상비비상처천</td><td>84,000대겁</td></tr>
<tr><td>30</td><td colspan="2">무소유처천</td><td>60,000대겁</td></tr>
<tr><td>29</td><td colspan="2">식무변처천</td><td>40,000대겁</td></tr>
<tr><td>28</td><td colspan="2">공무변처천</td><td>20,000대겁</td></tr>
<tr><td colspan="2" rowspan="16">색계탄생지</td><td rowspan="16">16</td><td rowspan="7">4선정천</td><td>27</td><td rowspan="5">정거천</td><td>색구경천</td><td>16,000대겁</td></tr>
<tr><td>26</td><td>선견천</td><td>8,000대겁</td></tr>
<tr><td>25</td><td>선현천</td><td>4,000대겁</td></tr>
<tr><td>24</td><td>무열천</td><td>2,000대겁</td></tr>
<tr><td>23</td><td>무번천</td><td>1,000대겁</td></tr>
<tr><td>22</td><td colspan="2">무상유정천</td><td>500대겁</td></tr>
<tr><td>21</td><td colspan="2">광과천</td><td>500대겁</td></tr>
<tr><td rowspan="3">3선정천</td><td>20</td><td colspan="2">변정천</td><td>64대겁</td></tr>
<tr><td>19</td><td colspan="2">무량정천</td><td>32대겁</td></tr>
<tr><td>18</td><td colspan="2">소정천</td><td>16대겁</td></tr>
<tr><td rowspan="3">2선정천</td><td>17</td><td colspan="2">광음천</td><td>8대겁</td></tr>
<tr><td>16</td><td colspan="2">무량광천</td><td>4대겁</td></tr>
<tr><td>15</td><td colspan="2">소광천</td><td>2대겁</td></tr>
<tr><td rowspan="3">초선정</td><td>14</td><td colspan="2">대범천</td><td>1아승기겁</td></tr>
<tr><td>13</td><td colspan="2">범보천</td><td>1/2아승기겁</td></tr>
<tr><td>12</td><td colspan="2">범중천</td><td>1/3아승기겁</td></tr>
<tr><td rowspan="11">욕계탄생지 11</td><td rowspan="7">욕계선처 7</td><td rowspan="6">6</td><td rowspan="6">육욕천</td><td>11</td><td colspan="2">타화자재천</td><td>16,000천상년</td></tr>
<tr><td>10</td><td colspan="2">화락천</td><td>8,000천상년</td></tr>
<tr><td>9</td><td colspan="2">도솔천</td><td>4,000천상년</td></tr>
<tr><td>8</td><td colspan="2">야마천</td><td>2,000천상년</td></tr>
<tr><td>7</td><td colspan="2">도리천</td><td>1,000천상년</td></tr>
<tr><td>6</td><td colspan="2">사대왕천</td><td>500천상년</td></tr>
<tr><td>1</td><td>인간</td><td>5</td><td colspan="2">인간</td><td>정해지지 않음</td></tr>
<tr><td rowspan="4">악처</td><td rowspan="4">4</td><td rowspan="4">악처</td><td>4</td><td colspan="2">아수라 무리</td><td>정해지지 않음</td></tr>
<tr><td>3</td><td colspan="2">아귀계</td><td>정해지지 않음</td></tr>
<tr><td>2</td><td colspan="2">축생계</td><td>정해지지 않음</td></tr>
<tr><td>1</td><td colspan="2">지옥</td><td>정해지지 않음</td></tr>
</table>

부록 5

빠알리어의 발음과 표기

빠알리어는 고유의 표기법을 가지고 있지 않습니다. 그래서 나라마다 자신의 언어로 표시합니다. 한국어의 경우 지금까지 빠알리어에 대한 한국어 고유의 표기법이 없어 소리 나는 대로 비슷하게 표현한 후 영어 표기법을 병기하여 표시했으나, 본 책에서는 순전히 한글로만 빠알리어를 나타냈습니다. 각각의 표기와 발음은 아래와 같습니다.

일반적인 표기

단모음	a아	i이	u우
장모음	ā아	ī이	ū우
복모음	e에	o오	

자음

	무성무기음	무성대기음	유성무기음	유성대기음	비음
후음	ka까	kha카	ga가	gha가	ṅa앙
구개음	ca짜	cha차	ja자	jha자	ña냐
권설음	ṭa따	ṭha타	ḍa다	ḍha다	ṇa나
치음	ta따	tha타	da다	dha다	na나
순음	pa빠	pha파	ba바	bha바	ma마
반모음	ya야	ra라	la라	va와	vha와
마찰음	sa사				
기식음	ha하				
설측음	ḷa라				
억제음	ṁ앙				

특별한 경우의 표기

″ 자음중복

예를 들어 '밋체야″ miccheyya'라는 단어의 '체야″'라는 표기에서 그냥 '체야'라고 표현하면 '야'가 'ya'인지 'yya'인지 알 수 없습니다. 그래서 ' ″ '라는 표기를 사용하여 자음이 중복됨을 표현합니다. 비슷한 예로 '울로″께야̂″타 ullokeyyātha'라는 단어에서 그냥 '울로'라고 표현하면 '로'의 'ㄹ'이 'l' 하나임을 나타내므로 'l'이 두 개임을 나타내기 위해 '울로″'라고 표현합니다.

ˆ '야'의 표기

예를 들어 '깝빳타̂잉 kappaṭṭhāyiṁ'이라는 단어에서 그냥 '잉'이라고 표현하면 'iṁ'으로 오해할 수 있습니다. 그래서 'yiṁ'임을 나타내기 위해 '잉̂'이라고 표현합니다.

ˇ '와'의 표기

예를 들어 '이다마오̌짜 idamavoca'라는 단어에서 그냥 '오'라고 표현하면 'o'라고 오해할 수 있습니다. 그래서 'vo'을 나타내기 위해 '오̌'라고 표현합니다.

받침의 표기

받침으로 쓰일 수 없는 중복된 받침은 'ㅅ', 'ㄱ', 'ㅂ' 으로 통일합니다. 한글 맞춤법 규정에 따라 '짜, 자, 따̣, 다̣, 따, 다'의 자음이 중복될 때는 모두 앞의 자음에 'ㅅ' 받침으로 표기합니다. '까, 가'의 자음이 중복될 때는 모두 앞의 자음에 'ㄱ' 받침으로 표기합니다. '빠, 바'의 자음이 중복될 때는 모두 앞의 자음에 'ㅂ' 받침으로 표기합니다.

발음

모음의 발음

• 모음은 표기된 대로 발음하면 됩니다.
• '아'의 발음은 실제로는 우리말의 '어'에 가까운 소리로 발음합니다.

단음

– 단모음 '아', '이', '우'는 짧게 발음합니다.
– 복모음 '에', '오'가 겹자음 앞에 올 때도('엣타'의 '에') 짧게 발음합니다.

장음

– 장모음 '아̄', '이̄', '우̄'는 길게 발음합니다.
– 복모음 '에', '오'가 단자음 앞에 올 때도('삼모디'의 '모') 길게 발음합니다.

– 단모음이 겹자음 앞에 올 때와('빅쿠'의 '빅') 억제음(앙) 앞에 올 때도('짝쿵'의 '쿵') 길게 발음합니다.

– 단모임이나 복모음이 장음으로 발음되는 경우, 표현의 복잡성을 고려하여 따로 자음부호 '‾ '를 붙이지 않았습니다. 〈독송할 때 참조하기 바랍니다.〉

자음의 발음

후음 (까, 카, 가, 가̊, 앙̇)

혀뿌리를 여린입천장(입천장 안쪽의 부드러운 부분)에 부딪히면서 낸다고 설명하기도 하고 목청에서 소리를 낸다고 설명하기도 합니다. 대부분 표기된 대로 발음하면 됩니다. 특히 '가̊'는 강하게 콧소리로 '가' 하고 발음합니다. '앙̇'은 보통 받침으로 많이 쓰입니다. 대표적인 예가 '상̇가̊상sanghaṁ'이고, '앙'이라고 발음합니다.

구개음 (짜, 차, 자, 자̊, 냐)

혀 가운데로 단단입천장(입천장 가운데 부분의 딱딱한 부분)에 부딪히면서 냅니다. 마찬가지로 '자̊'는 '가̊'와 마찬가지로 강하게 콧소리로 '자'하고 발음합니다. 'ㄴ̰'는 '아' 모음 앞에 올 때는 '냐'로 발음하고, 받침으로 올 때는 'ㅇ'이나 'ㄴ'으로 발음합니다. 즉 뒤에 오는 자음이 목구멍에서 가까우면 'ㅇ', 멀면 'ㄴ'으로 발음합니다. 즉 'patañjalī 빠딴̰잘리̄'의 경우에는 '빠딴잘리'로, 'milindapañha 밀린다빤̰하'의 경우에는 '밀린다빵하'로 발음합니다.

권설음 (따̥, 타̥, 다̥, 다̥̊, 나̥)

입천장 머리(입천장의 한가운데 부분)를 혀끝으로 반전하며 소리를 냅니다. 마찬가지로 '다̥̊'는 입천장 머리를 혀끝으로 반전하며 강하게 콧소리로 '다'하고 발음합니다.

치음 (따, 타, 다, 다̊, 나)

혀끝을 윗니의 정면으로 부딪히며 소리를 냅니다. '다̊'는 정면에 부딪히며 강하게 콧소리로 '다'하고 발음합니다.

순음 (빠, 파, 바, 바̊, 마)

두 입술로 소리를 냅니다. 마찬가지로 '바̊'는 강하게 콧소리로 '바'하고 발음합니다.

반모음 (야, 라, 라̃, 와)

'야'는 그대로 '야'로 발음하고, '라'는 혀 가운데를 경구개에 부딪히면서 '라'하고 발음합니다. '라̃'는 혀끝을 윗니의 정면에 부딪히면서 '을라'하고 발음합니다. '와'는 모음 앞에서는 독일어의 'w'처럼 '봐'로 발음한다고 설명하기도 하고, 입을 둥글게 오므린 뒤 '와'하고 발음해야 한다고(미얀마) 설명하기도 합니다. 자음 뒤에서는 일반적으로 영어의 'w'처럼 '와'로 발음합니다. 표기할 때는 모두 '와'로 통일했습니다. 특별한 경우로 'yha'라는 단어는 '야'라고 표기했습니다. 표기는 '샤'로(미얀마) 발음합니다.

마찰음 (사)

이를 서로 마찰시키면서 '싸'하고 발음합니다. 약한 '사' 발음보다는 조금 강한 '싸'의 발음에 더 가깝습니다.

기식음 (하)

한국어의 '하' 발음과 같습니다.

설측음 (랗)

입천장 머리(입천장의 한가운데 부분)를 혀의 양끝으로 반전하며 소리를 냅니다.

억제음 (앙)

음성학적으로는 '까, 카, 가, 가' 등 후음 앞에서는 '앙'과 마찬가지로, '짜, 차, 자, 자' 등 구개음 앞에서는 '안'과 마찬가지로, '따, 타, 다, 다' 등 권설음 앞에서는 '안'과 마찬가지로, '따, 타, 다, 다' 등 치음 앞에서는 '안'으로, '빠, 파, 바, 바' 등 순음 앞에서는 '암'으로 발음됩니다. 그 이외의 자음이나 모음 앞, 또는 단독으로 쓰이는 한 단어나 문장의 끝에 올 경우에는 '암'으로(미얀마), 혹은 '앙'으로(스리랑카) 받침을 넣어 발음합니다. 이 책에서는 모두 '앙'으로 표시했습니다.

역자후기

"경을 소홀히 대해서는 안 된다."

이 훈계는 마하시 사야도께서 제6차 결집 때 율장과 경장, 논장을 점검하는 법문을 하시다가 경장을 점검하는 차례에 이르러 하신 말씀입니다. 일반적으로 사람들은 경은 쉽다고 생각해서 소홀히 대하는 경향이 있습니다. 그러나 부처님께서 설하신 경·율·논 삼장은 우위를 가릴 수 없이 그 의미가 깊고 어려운 가르침이기 때문에 경 또한 가볍게 대하지 않아야 한다고 당부하시기 위한 것이었습니다. 이 훈계에 이어서 대중들이 경의 중요성을 더 잘 이해할 수 있도록 『아리야와사 법문』의 처음에 나오는 "경전은 먹줄과 같다"라는 의미를 포함해 '경전sutta'이 지닌 다섯 가지 의미를 설명하셨습니다.

사실 각묵스님이 번역하신 『디가 니까야』 부록으로 실린 『디가 니까야 주석서』 서문 중 경이 지닌 다섯 가지 의미 부분에서 "목수에게 실 줄이 그 표준이 되듯이 이것도 지자들에게 실 줄이 되기 때문이다. 그리고 실 줄에 의해서 꽃들이 결집되어서 흩어지지 않고 부서지지 않는 것과도 같다"라는(제3권, p.571) 내용을 이전에 읽은 적이 있습니다. 하지만 그때는 특별히 숙고하지 않고 그냥 지나쳤습니다. 그러다가 마하시 사야도의 『아리야와사 법문』을 읽었을 때 '표준이 된다'라는 것의 깊은 의미가 와 닿았습니다. 너무도 중요한 내용이었습니다. 그래서 마하시 사야도의 저서 중 역자가 가장 먼저 번역한 『위빳사나 수행방법론』

의 역자후기도 수행의 바른 표준을 찾는 이들에게 도움이 되고자 먹줄의 비유로 시작했던 것입니다.

마하시 사야도께서 『아리야와사 법문』을 먹줄의 비유로 시작하신 것도 참으로 절묘하다고 느낍니다. '아리야와사'란 윤회윤전의 모든 위험과 고통에서 벗어나서 안온한 '성자의 집'을 말합니다. 유능한 목수라면 집을 지을 때 필요한 목재들에 먹줄을 튕기고 작업을 시작하듯, 마하시 사야도께서도 성자의 집을 지을 때 필요한 여러 덕목을 부처님의 경전인 「아리야와사숫따」라는 먹줄을 튕기며 설명을 시작하셨기 때문입니다.

부처님께서는 이렇게 「아리야와사숫따」라는 먹줄을 통해 성자의 집이 갖춘 여러 구성요소와 함께 건축도면, 건축방법까지 설해 놓으셨습니다. 지혜가 예리한 이들이라면 부처님의 설법만 듣고도 성자의 집을 잘 지을 수 있을 것입니다. 하지만 많은 이에게는 그 가르침만으로는 설명이 부족합니다. 그래서 주석서 스승들이 조금 더 자세히 설명하셨지만 그 설명도 충분하지 않습니다. 그래서 마하시 사야도께서는 법을 구하고자 하는 믿음과 열의, 정진을 갖춘 이들이라면 충분히 이해할 수 있도록 수행할 때 실제로 경험하는 현상들과 함께 더욱 상세하게 『아리야와사 법문』을 설해 주셨습니다. 덧붙여 한국마하시선원의 우 소다나 사야도께서도 2009년 8월 호두마을, 2010년 4월 강릉 인월사 담마선원 집중수행에서 마하시 사야도의 『아리야와사 법문』을 한국 수행자들에게 소개하시며 성자의 집 덕목 하나하나를 상세히 설명해 주셨습니다.

부처님을 위시한 여러 성제자 덕분에 성자의 집을 얻는 데 필요한 재료들과 건축도면, 건축 방법 등을 모두 얻었습니다. 이제 실제로 수행을 실천하면서 성자의 집을 지어가는 것은 여러분들의 몫입니다. 이 『아리야와사 법문』이라는 가르침을 먹줄로 삼아 한 덕목, 한 덕목씩 벽돌을 쌓으며 안온한 성자의 집을 지어나가기를 바랍니다.

마하시 사야도의 『아리야와사 법문』이라는 성자의 집 건축도면 번역에는 언제나 그랬듯 한국마하시 우 소다나 사야도의 도움이 컸습니다. 저본이 구어체로 많이 표현돼 사야도께 많이 의지해야 했습니다. 다시 한번 감사의 예경을 올립니다. 그리고 은사 스님께서 입적하신 지도 벌써 3년이 지났습니다. 은사 스님께 특별히 이 공덕을 회향합니다. 미얀마와 위빳사나를 처음 접하게 해 주셨으며 중간중간 수행의 경책을 일러주시는 법산스님, 마하시 수행법으로 마음껏 법담을 나눌 수 있는 범라스님과 현암스님, 늘 앞서 이끌어주시는 일묵스님과 여러 도반 스님, 또한 여러 빠알리어 성전을 훌륭하게 번역해 놓으신 각묵스님과 대림스님, 전재성 박사님을 비롯한 많은 분께 감사드립니다.

필수품과 법으로 불법을 뒷받침하는 한국마하시선원과 호두마을, 진주녹원정사 회원들을 비롯해 여러 재가불자들과 가족들, 특히 이 책의 출판 관련 법보시자 수망갈라 님과 수마나 님 가족분들, 이장천, 권봉화, 김춘화, 김동률, 이종철, 김정림, 이진비 가족분들의 신심에도 사두를 외칩니다. 특히 『아리야와사 법문』을 꼭 책으로 만나고 싶다고 청하면서 우 소다나 사야도의 법문을 직접 녹취해 주신 수마나 님의 선업에도 사두를 외칩니다.

특별히 거칠었던 문장을 잘 다듬어 주신 홍수연 작가님, 꼼꼼히 원고를 교정해 주신 까루나 님, 난다싸리 님, 수마나 님, 수뭇따 님, 향원 님, 책 뒷면의 성자의 집을 잘 표현해 주신 담마시리 님, 좋은 책을 만들어 주신 나눔커뮤니케이션 관계자 여러분에게도 사두를 외칩니다. 이 모든 분에게, 그리고 성자의 집을 지으려하는, 짓고 있는, 이미 지은 모든 분께 이 공덕몫을 회향합니다.

성자의 집을 지으십시오.
방랑자의 삶에 염증을 느끼신다면.
번변한 집을 마련하지 못한 채
서른하나 탄생지 이리저리 떠돌며
태어남과 늙음, 병듦과 죽음,
슬픔과 비탄, 고통과 근심,
이런저런 괴로움을 계속 겪는
윤회의 방랑생활을 끝내십시오.

성자의 집을 지으십시오.
돈은 그리 중요하지 않습니다
믿음과 열의, 그리고 정진
이 정도만 있으면 지을 수 있습니다.

성자의 집은 어떻게 짓습니까?
성자들이 갖춘 법을 자신도 갖추면 됩니다.
성자들이 갖춘 법은 어떻게 갖춥니까?

새김확립 수행을 실천하면 됩니다.
새김확립 수행을 열심히 실천해서
성자들이 갖춘 법을 스스로 갖춰서
진정 안전하고 행복한
성자의 집을 의지해서 지내십시오.

불기 2566년(서기 2022년) 5월
안양의 한국마하시선원과 천안의 호두마을을 오가며
비구 일창 담마간다Dhammagandha 삼가 씀

참고문헌

번역 저본

Mahāsi Sayadaw, 『Ariyāvāsa tayato』, Yangon, Buddhasāsanānuggaha aphwe, 2008(제8쇄).

저본의 영역본

Translated by U Ay Maung, 『A Discourse on the Ariyāvāsa sutta』, Yangon, Buddhasāsānuggaha aphwe, 2011(New ed.).

빠알리 삼장 및 번역본

Mahāsi Sayadaw, 『Visuddhimagga Myanmarpyan』 4vols, Yangon, Buddhasāsanānuggaha aphwe, 1992.

____________, 『Visuddhimagga Mahāṭikā Nissaya』 4vols, Yangon, Buddhasāsanānuggaha aphwe, 1968.

Mouthi 본, 『Mahāvaggasaṁyutta Aṭṭhakathā Nissaya』, Pitakatounboun Pāḷito Nissaya Asoung, Nissaya DVD-ROM, Yangon, Buddhacetaman, Seinyatanā Dhammācariya Sāthintaik.

_________, 『Saḷāyatanavaggasaṁyutta Aṭṭhakathā Nissaya』, Pitakatounboun Pāḷito Nissaya Asoung, Nissaya DVD-ROM, Yangon, Buddhacetaman, Seinyatanā Dhammācariya Sāthintaik.

각묵스님 옮김, 『디가 니까야』 전3권, 초기불전연구원, 2006.
대림스님 옮김, 『청정도론』 전3권, 초기불전연구원, 2004.
__________, 『맛지마 니까야』 전4권, 초기불전연구원, 2012.
__________, 『앙굿따라 니까야』 전6권, 초기불전연구원, 2006~2007.
마하시 사야도 지음, 비구 일창 담마간다 옮김, 『마하사띠빳타나숫따 대역』, 불방일, 2016.
비구 일창 담마간다 편역, 『보배경 강설』, 불방일, 2020.
전재성 역주, 『비나야삐따까』, 한국빠알리성전협회, 2020.

사전류

Sayadaw U Paññissarābhivaṃsa 등, 『Pāḷi-Myanmar Abhidhān』 제4권, Yangon, Sāsanāyeiwangyiṭhāna Sāsanāyeiujyiṭhāna pounheiktaik, 1980.

전재성, 『빠알리-한글사전』, 한국빠알리성전협회, 2005.

기타 참고도서

Ashin Sīlānandabhivaṁsa, translated by U Min Swe, 『Biography of The most venerable Mahāsi Sayādaw』, part I, Yangon, Buddhasāsanānuggaha aphwe, 2017.
Mahāsi Sayadaw, 『Cittānupassanā tayatogyi hnin Dhammānupassanā tayatogyi』, Yangon, Buddhasāsanānuggaha aphwe, 2018.
__________, 『Āsīvisopamathouk tayato』, Yangon, Buddhasāsanānuggaha aphwe, 2008.

각묵스님 옮김, 『네 가지 마음챙기는 공부』, 초기불전연구원, 2008(개정판2쇄).
대림스님/각묵스님 옮김, 『아비담마 길라잡이』 전2권, 초기불전연구원, 2002, 전정판 2017.
마하시 사야도 법문, 비구 일창 담마간다 편역, 『위빳사나 백문백답』, 이솔출판사, 2014.
마하시 사야도 지음, 비구 일창 담마간다 옮김, 『위빳사나 수행방법론』 전2권, 불방일, 2016.
______________________, 『아낫딸락카나숫따 법문』, 불방일, 2021.
______________________, 『헤마와따숫따 법문』, 불방일, 2020.
비구 일창 담마간다 지음, 『부처님을 만나다』, 불방일, 2018(개정판 1쇄).
______________, 『가르침을 배우다』, 불방일, 2021(개정판 1쇄).
우 소다나 사야도 법문, 비구 일창 담마간다 편역, 『아비담마 강설 1』, 불방일, 2021.
우 소다나 사야도 법문, 비구 일창 담마간다 옮김, 『통나무 비유경』, 한국마하시선원, 2015.
한국마하시선원, 『법회의식집』, 2018(개정초판).
__________, 『수행독송집』, 2014(개정판).

번역술어

A

āďīnava ñāṇa 허물의 지혜
ahiṁsā 해침없음
anatta 무아
anattalakkhaṇa 무아특성
anattānupassanā 무아 거듭관찰
anattānupassī 무아 거듭관찰자
anicca 무상
aniccalakkhaṇa 무상특성
aniccānupassanā ñāṇa 무상 거듭관찰의 지혜
aniccānupassī 무상 거듭관찰자
antaggāhikadiṭṭhi 극단 사견
anuloma ñāṇa 수순의 지혜
anusaya kilesa 잠재번뇌
ariya 성자
ariyāvāsa 아리야와사 성자의 집

B

bhaṅga ñāṇa 무너짐의 지혜
bhāvanāmaya ñāṇa 수행해서 아는 지혜 ·修慧
bhavesanā 존재추구
bhaya ñāṇa 두려움의 지혜
bhikkhu 비구
brahmacariyesanā 청정범행추구
byāpāda 분노
byāpādavitakka 분노사유

C

chaḷābhiññā arahantā 육신통 아라한
chaḷaṅgupekkhā 여섯 구성요소 평온
chanda 열의
cintamaya ñāṇa 생각해서 아는 지혜·思慧

D

dhammādāsa 법의 거울

dhammapīti 법 희열

dhammarasa 법의 맛

domanassa 근심

dosa 성냄

dukkha 고통

dukkha 괴로움

dukkhalakkhaṇa 괴로움특성

dukkhānupassanā 괴로움 거듭관찰

dukkhavedanā 괴로운 느낌

K

kāmacchanda 감각욕망바람

kāmaguṇa 감각욕망거리

kāmavitakka 감각욕망사유

kāmesanā 감각욕망추구

kamma 갈마

kiriyaparihāni 행함의 부족

L~N

lakkhaṇa 특성

muñcitukamyatā ñāṇa 벗어나려는 지혜

nāmarūpapariccheda ñāṇa 정신·물질 구별의 지혜

nibbidā ñāṇa 염오의 지혜

P

paccayapariggaha ñāṇa 조건파악의 지혜

paccekasacca 독자적 진리

paccupaṭṭhāna 나타남

padhāna 정근

pāpamitta 저열한 친구

paramattha 절대 성품

pariyuṭṭhāna kilesa 현전번뇌

paṭisaṅkhā ñāṇa 재성찰의 지혜

puthujjana 범부

R~S

rasa 역할

saddhā 믿음

samathapabandhasamādhi 사마타 연속삼매

sammasana ñāṇa 명상의 지혜

sampajañña 바른 앎

saṅkhārupekkhā ñāṇa 형성평온의 지혜

sassatadiṭṭhi 상견
satipaṭṭhāna 새김확립
somanassa 즐거움
sukha 행복
sukkhavipassaka 메마른 위빳사나 행자
sutamaya ñāṇa 들어서 아는 지혜·聞慧
sutta 숫따·經
suvimuttapaññā 해탈통찰지

T

tevijjā arahantā 삼명 아라한
thīnamiddha 해태·혼침
ṭhitakappī 겁 중지자

U

ucchedadiṭṭhi 단견
udayabbaya ñāṇa 생멸의 지혜
uddhaccakukkucca 들뜸·후회
upacchedakakamma 단절업
upekkhā 평온

V

veḷuriya 청금석
vicikicchā 의심
vihiṁsāvitakka 해침사유
viññāṇa 의식
vipassanā khaṇikasamādhi 위빳사나 찰나삼매
vīriya 정진
vītikkama kilesa 위범번뇌
vitthambhanalakkhaṇa 지탱하는 특성

찾아보기

ㅂ

ㅅ

ㅇ

저자

마하시 사야도 우 소바나U Sobhana

1904년 7월 29일 미얀마 세익쿤 출생. 1916년 사미계, 1923년 비구계를 수지했다. 1930년부터 따운와인갈레이 강원에서 강사로 지내다가 1932년 밍군 제따완 사야도의 가르침을 받아 위빳사나 수행을 직접 실천했다. 1942년 사사나다자 시리빠와라 담마짜리야(국가인증우수법사) 칭호를 받았다. 1949년부터 양곤의 마하시 수행센터에서 위빳사나 수행을 지도하며 국내는 물론 국외로도 바른 위빳사나 수행법을 널리 선양했다. 1954년 악가마하빤디따(최승대현자) 칭호를 받았고, 같은 해부터 2년간 열린 제6차 경전결집 때 질문자와 최종결정자의 역할을 맡았다. 1982년 8월 14일, 세랍 78세, 법랍 58세로 마하시 수행센터에서 입적했다. 『Vipassanā Shunikyan위빳사나 수행방법론』, 『Visuddhimagga Mahāṭīkā Nissaya위숫디막가 대복주서 대역』을 비롯해 100권이 넘는 저서와 법문집이 있다.

감수자

우 소다나U Sodhana 사야도

1957년 미얀마 머그웨이 주 출생. 1972년 사미계, 1978년 비구계를 각각 수지했다. 1992년 담마짜리야 법사 시험에 합격했고 잠시 먀다웅 강원에서 강사로 재직했다. 1995년 마하시 수행센터에서 수행한 뒤 외국인 법사학교에서 5년간 수학했다. 그 뒤 마하시 수행센터에서 수행지도법사로 수행자를 지도하다 2002년 처음 한국에 왔다. 2007년 8월부터 한국마하시선원 선원장으로 지내며 경전과 아비담마를 강의하면서 천안 호두마을과 강릉 인월사 등지에서 위빳사나 수행을 지도하고 있다. 2013년 양곤 마하시 수행센터 국외 나야까 사야도로 임명됐고, 2017년 12월 공식적으로 칭호를 받았다. 2019년 3월 미얀마 정부에서 수여하는 마하깜맛타나짜리야(수행지도 큰스승) 칭호를 받았다.

역자

비구 일창 담마간다Dhammagandha

1972년 경북 김천 출생. 1996년 해인사 백련암에서 원융스님을 은사로 출가했다. 범어사 강원을 졸업했고 2000년과 2005년 두 차례 미얀마에 머물면서 비구계를 수지한 뒤 미얀마어와 빠알리어, 율장 등을 공부했으며 찬매 센터, 파옥 센터, 마하시 센터 등에서 수행했다. 현재 진주 녹원정사에서 정기적으로 초기불교 강의를 하고 있으며, 한국마하시선원과 호두마을을 오가며 우 소다나 사야도의 법문을 통역하면서 위빳사나 수행의 기초를 지도하고 있다. 2019년 12월 양곤 마하시 수행센터에서 깜맛타나짜리야(수행지도 스승) 칭호를 받았다. 저서로 『부처님을 만나다』와 『가르침을 배우다』, 역서로 『위빳사나 수행방법론』(전2권), 『위빳사나 백문백답』, 『통나무 비유경』, 『마하사띠빳타나숫따 대역』, 『어려운 것 네 가지』, 『담마짝까 법문』, 『알라와까숫따』, 『헤마와따숫따 법문』, 『보배경 강설』, 『아비담마 강설 1』, 『아낫딸락카나숫따 법문』 등이 있다.

법보시 명단

감 수 | 우 소다나 사야도
번 역 | 비구 일창 담마간다
녹 취 | 수마나
교 정 | 까루나, 난다싸리, 수마나, 수뭇따, 향원, 홍수연
그 림 | 담마시리
보 시 | 수망갈라, 수마나 가족들
이장천, 권봉화, 김춘화, 김동률, 이종철, 김정림, 이진비

삽바다낭 담마다낭 지나띠.
Sabbadānaṁ dhammadānaṁ jināti.
모든 보시 중에서 법보시가 으뜸이니라.

이당 노 뿐냥 닙바낫사 빳짜요 호뚜.
Idaṁ no puññaṁ nibbānassa paccayo hotu.
이러한 우리들의 공덕으로 열반에 이르기를.

이망 노 뿐냐바강 삽바삿따낭 바제마.
Imaṁ no puññabhāgaṁ sabbasattānaṁ bhājema.
이러한 우리들의 공덕몫을 모든 존재에게 회향합니다.

특별히 故 이효선 님에게 회향합니다.

사두, 사두, 사두.
Sādhu, Sādhu, Sādhu.
훌륭합니다, 훌륭합니다, 훌륭합니다.

• 이 책에서 교정할 내용을 아래 메일주소로 보내주시면 다음에 책을 펴낼 때 큰 도움이 될 것입니다. 많은 관심 부탁드립니다.(nibbaana@hanmail.net)

• 한국마하시선원에서 운영하는 도서출판 불방일에서는 마하시 사야도의 법문은 「큰북」 시리즈로, 우 소다나 사야도의 일반 법문은 「불방일」 시리즈로, 아비담마 법문은 「아비담마 강설」 시리즈로, 비구 일창 담마간다의 법문은 「법의 향기」 시리즈로, 독송집이나 법요집은 「큰북소리」 시리즈로 출간하고 있습니다. 여러 분들의 많은 법보시를 기원합니다.(농협 355-0041-5473-53 한국마하시선원)

불방일 출판도서 안내

큰북 시리즈

- 마하시 사야도의 『마하사띠빳타나숫따 대역』
  비구 일창 담마간다 옮김 / 신국판(양장) / 350쪽
  정가: 25,000원
  (1쇄 2016년, 2쇄 2018년)
- 마하시 사야도의 『위빳사나 수행방법론』 (1/2)
  비구 일창 담마간다 옮김 / 신국판(양장)
  제1권: 736쪽 / 제2권: 640쪽
  정가: 각권 30,000원
  (이솔 초판 2013년, 2쇄 2013년
  불방일 개정판 2016년)
- 마하시 사야도의 『위빳사나 백문백답』
  비구 일창 담마간다 편역 / 신국판 / 252쪽
  정가: 13,000원
  (이솔 초판 2014년, 불방일 개정판 예정)
- 마하시 사야도의 『담마짝까 법문』
  비구 일창 담마간다 옮김 / 신국판(양장) / 532쪽
  정가: 30,000원 / 2019년
- 마하시 사야도의 『헤마와따숫따 법문』
  비구 일창 담마간다 옮김 / 신국판(양장) / 412쪽
  정가: 25,000원 / 2020년
- 마하시 사야도의 『아낫딸락카나숫따 법문』
  비구 일창 담마간다 옮김 / 신국판(양장) / 484쪽
  정가 28,000원 / 2021년

불방일 시리즈

- 우 소다나 사야도의 『통나무 비유경』
  비구 일창 담마간다 옮김 / 46판 / 116쪽
  법보시 / 2015년
- 우 소다나 사야도의 『어려운 것 네 가지』
  비구 일창 담마간다 옮김 / 46판 / 279쪽
  법보시 / 2019년
- 우 소다나 사야도의 『알라와까숫따』
  비구 일창 담마간다 옮김 / 46판 / 191쪽
  법보시 / 2019년

법의 향기 시리즈

- 『부처님을 만나다』
  비구 일창 담마간다 지음 / 신국판(양장) / 528쪽
  정가: 23,000원
  (초판 1쇄 2012년, 3쇄 2014년, 개정판 1쇄 2018년)
- 『가르침을 배우다』
  비구 일창 담마간다 지음 / 신국판(양장) / 456쪽
  정가: 28,000원
  (초판 1쇄 2017년, 개정판 1쇄 2021년)
- 『보배경 강설』
  비구 일창 담마간다 편역 / 135mm / 252쪽
  정가: 18,000원 / 2020년

아비담마 강설 시리즈

- 우 소다나 사야도의 『아비담마 강설 1』
  비구 일창 담마간다 편역 / 신국판(양장) / 488쪽
  정가: 28,000원 / 2021년

큰북소리 시리즈

- 『법회의식집』
  비구 일창 담마간다 편역 / 46배판 / 268쪽
  법보시 / 2018년
- 『수행독송집』
  비구 일창 담마간다 편역 / 105×175mm / 363쪽
  법보시 / 2014년
- 『빳타나(조건의 개요와 상설)』
  비구 일창 담마간다 편역 / 46판 / 176쪽
  법보시 / 2018년

마하시 사야도의

아리야와사 법문

• 성자의 집 경 해설 •

초판 1쇄 발행일 | 2022년 5월 8일

지 은 이 | 마하시 사야도
번 역 | 비구 일창 담마간다
감 수 | 우 소다나 사야도

펴 낸 이 | 사단법인 한국마하시선원
디 자 인 | (주)나눔커뮤니케이션 02)333-7136

펴 낸 곳 | 도서출판 불방일
등 록 | 691-82-00082
주 소 | 경기도 안양시 만안구 경수대로 1201번길 10
(석수동 178-19) 2층
전 화 | 031)474-2841
팩 스 | 031)474-2841
홈페이지 | http://koreamahasi.org
카 페 | https://cafe.naver.com/koreamahasi
이 메 일 | nibbaana@hanmail.net

값 22,000원
ISBN 979-11-970021-5-1

03220
9 791197 002151
ISBN 979-11-970021-5-1